本书获教育部人文社会科学研究青年基金项目“组织网络偏离行为形成机理及干预管理实证研究”（项目批准号：14YJC630217）资助

组织网络偏离行为研究

Research on Organizational Internet Deviant Behavior

周 勇◎著

经济管理出版社
ECONOMY & MANAGEMENT PUBLISHING HOUSE

图书在版编目（CIP）数据

组织网络偏离行为研究 / 周勇著．—北京：经济管理出版社，2019.12
ISBN 978-7-5096-6974-7

Ⅰ．①组…　Ⅱ．①周…　Ⅲ．①企业管理—组织管理学—研究　Ⅳ．①F272.9

中国版本图书馆 CIP 数据核字（2019）第 290332 号

组稿编辑：赵亚荣
责任编辑：赵亚荣
责任印制：黄章平
责任校对：陈晓霞

出版发行：经济管理出版社
（北京市海淀区北蜂窝 8 号中雅大厦 A 座 11 层　100038）
网　　址：www. E-mp. com. cn
电　　话：（010）51915602
印　　刷：三河市延风印装有限公司
经　　销：新华书店
开　　本：720mm×1000mm /16
印　　张：16.25
字　　数：258 千字
版　　次：2019 年 12 月第 1 版　2019 年 12 月第 1 次印刷
书　　号：ISBN 978-7-5096-6974-7
定　　价：69.00 元

前　言

计算机和网络技术在组织中的广泛使用，给组织带来了巨大效益，与此同时，员工网络偏离行为所引致的生产力降低、资源浪费、信息安全、法律责任和对组织声誉的负面影响等正成为困扰管理者的难题。而基于控制员工行为的严格的管控措施与人性化、网络化管理趋势的冲突也使管理陷入困境。

随着信息技术的发展，网络已经成为人们生活中的一部分，由此对人们工作造成影响的关联和趋势，对新兴网络环境下网络偏离行为的研究具有重要的价值。

现有研究中，组织网络偏离行为的复杂多样性及学者对分类和概念尚未达成共识的现状，组织网络偏离行为中的兴趣行为对虚拟团队及组织绩效的促动效应，以及网络偏离行为的普遍性和管理工具效度的不理想状况，需要对组织网络偏离行为的构念、分类及行为的驱使和诱使因素进行系统分析，需要对组织网络偏离行为与组织绩效之间的相互作用机制进行更深入的研究、分析与解释。现实管理工作也需要更先进的理论体系为管理网络偏离行为提供有效的理论支持与管理依据。

本书从中国情境下的组织角度出发，综合运用定量质性统合方法，构建组织网络偏离行为概念模型，分析组织网络偏离行为的影响因素与形成机理，并以此为基础，探索干预管理体系，为组织网络偏离行为的有效管理提供科学的理论基础与管理实践建议。

一是从理论探索与现实问题出发，构建组织网络偏离行为的概念模型。一方面，从大量组织行为现象和研究问题的角度出发，运用扎根理论方法挖掘并归纳出日常发生但传统理论无法解释（或尚未解决）的组织网络偏离行为问题，对此进行概括和描述，提出拟研究的问题——中国情境下组织网络偏离行为现象及问题。另一方面，回顾大量的组织行为管理、心理学和社会心理学文献，运用内容分析法在比较研究和逻辑推理的基础上，提出组织网络偏离行为构念，构建组织网络偏离行为的概念模型。

二是组织网络偏离行为关键影响因素及形成机理实证研究。这一部分为本书的重点内容。在文献研究的基础上提出并验证组织网络偏离行为的影响因素与形成机理。整合已有文献中组织网络偏离行为的影响因素，主要包括个人、群体、组织、社会等层面因素，还包括规范性力量（组织压力、期望等）与关联性力量（习惯、资源可获得性等）的影响与作用，采用实证研究方法对竞争模型做出拟合指标的比较，对影响因素进行筛选，厘清其中的因果链，甄别中介因素和调节因素。

三是基于中国情境的组织网络偏离行为干预管理体系研究。从强调前因和强调后果两个方面来架构组织网络偏离行为的干预管理体系。一方面，从组织网络偏离行为的影响因素与形成机理的视角提出干预策略，前述研究为干预管理体系提供实证依据；另一方面，从组织网络偏离行为的后果角度提出管理策略，调查研究为干预管理体系提供实践依据。

本书的特色在于提出了一个组织网络偏离行为理论模型，以期对现有研究做出两点贡献。

第一，与组织行为学中“组织公民行为”（Organizational Citizenship Behavior，OCB）概念类似，首先用现有文献中的相关定义，通过归纳性的方法，统合了丛林般的不同名称，确定了一个有本土意义的概念——组织网络偏离行为（Organizational Internet Deviant Behavior，OIDB），并对其做出界定；其次，通过归纳性的方法、扎根理论与开放式调查确定与定义相匹配的行为，证实现有研究中的维度并发现新的维度。组织网络偏离行为是一个中性的概念，更能客观地反映实际情况。本书用更严谨、科学而熟悉的概念描述众多相关的新现象，演绎性地建立有关中国情境的创设，用情境化的手段为一个众所周知的现象加入新的内容，体现研究的创新性与继承性。

第二，现有的研究大多为美国、澳大利亚、欧洲（如德国、希腊等）、新加坡和中国台湾地区的学者所做的研究，缺乏中国本土情境化的系统研究，而中国本土情境下的相关研究成果将对中国的组织管理者具有很大的借鉴意义与重要的管理意义。我们强调模型的中国情境性（本土化）方面（徐淑英，2005），不仅研究对象与案例是大陆本土嵌入的，而且还有机地将中国文化交往特点与中国文化传统性特征融入网络偏离行为形成机制的研究过程中，从而较好地解决从单一层面和单一方向研究组织网络偏离行为问题的不足。此外，本理论模型还阐述了有效管理组织网络偏离行为的策略（员工的适应性自我调节，组织的前置干预调节与后继干预调节）与过程的情境性。换言之，之前的研究有助于管理者降低网络偏离行为的发生概率及影响，但本书关注于帮助管理者识别与特定情境相关的网络偏离行为的干预策略。现代关于策略的研究发现，那些根据情境需求和目标特征而使用多种策略的管理者比使用单一策略的管理者更有效。

本书为教育部青年基金项目（项目号：14YJC630217）的主要研究成果之一，感谢教育部人文社会科学基金的资助。感谢我的研究生鲁金玉、杨兰、张美灵、晏芬、王睿智、邓绍敏、刘小露等，他们参与了课题的研究，为本书的出版做出了贡献。感谢很多学者和研究人员的思想对我写作的启发，感谢本书所有参考文献的作者及其相关研究者。最后感谢经济管理出版社的赵亚荣编辑在该书出版过程中所做的贡献。

由于笔者的研究水平和写作能力的局限，加之写作时间仓促，书中存有的错误和不足之处恳请广大读者批评指正。

周 勇

2019 年 6 月于沙湖之滨

目　录

1

组织网络偏离行为：值得关注的员工行为

1.1 引言

从传统互联网到移动互联网时代，计算机、网络技术和移动通信技术的快速发展及其在组织中的广泛应用很好地满足了组织在数据交换及与员工、供应商、客户沟通等方面的需要（Chou, Sinha & Zhao, 2008），同时也使员工的工作方式发生了很大变化。网络资源的丰富性和易获取性使员工工作更迅速、完成任务更快，极大地提高了生产力（Chen, Chen & Yang, 2008; Henle & Blanchard, 2008）。但是，与此同时，员工在利用互联网从事与工作相关的业务活动时，不可避免地会产生非工作目的的互联网使用行为。由此引致的生产力下降、流量浪费、信息安全及法律责任和对组织声誉的负面影响日益成为困扰管理者的难题（Young, 2000; Liberman et al., 2011; Rajah & Lim, 2011）。

在信息化、网络化、智能化时代，组织中员工的职场行为的根本类型并未发生太大的变化，按照对组织的贡献程度，员工的职场行为大体分为三类：绩效行为、组织公民行为与机能障碍行为（Griffin & Moorhead, 2007）。机能障碍行为在信息时代呈现出网络化特点，也有了更多表现形式，其中比较突出的就是组织网络偏离行为较之前大大增加了。组织网络偏离行为是指员工在工作时间、工作地点，利用互联网资源进行的与工作无关的各种在线活动行为（Friedman, 2000; Case & Young, 2002; Griffiths, 2003; Mahatanankoon,

2004)。

组织网络偏离行为具有普遍性。随着计算机及网络在工作领域中的广泛使用，信息系统在给组织带来巨大效益的同时，员工利用组织的网络资源出现的非工作上网行为（组织网络偏离行为）已经成为组织中普遍存在的现象。Websense公司委托美国公司Dynamics-Markets Limited进行的调查显示，中国员工每周花在网上处理私人事务的时间高达5.6小时，而亚太地区整体的平均上网时间是4.2小时/周。在中国，有60%的员工上网浏览个人信件。该项调查中对管理人员的调查发现，有83%的中层管理人员在办公时间内浏览与工作无关的网站，这些与工作无关却又最受关注的五类网站分别为新闻网站（51%）、网上银行（38%）、邮件网站（37%）、旅游网站（22%）和运动、购物网站（15%）。由此可见，网络偏离行为在中国已成为员工工作偏离行为的一种主要形式。在中国，中国互联网络信息中心（CNNIC）发布的《第41次中国互联网络发展状况统计报告》显示，截至2017年12月底，中国网民人数已突破7.72亿人，互联网普及率为55.8%，其中手机网民规模达7.53亿人，网民中使用手机上网人群占比为97.5%，工作人员占网民总人数的58.1%，企事业单位的一般员工上网比例占企事业单位所有上网人数的86.7%。Entensys公司对全球范围内的1600家企业的41200名员工的调查结果显示：20%的员工每天会访问社交网站、博客和个人网站；26%的员工每天会访问娱乐、游戏、在线聊天和即时通信网站。

此外，组织网络偏离行为具有很强的隐蔽性，被称为20世纪员工的“磨洋工”行为在新技术下的“新鲜”的表现形式。员工利用电脑或移动通信工具上网进行的怠工行为很难直接观察到，管理者对该行为的管理难度较大，况且工作目的的上网与个人目的的上网之间很难区分（陈维政，2008）。美国相关调查统计表明，YouTube和Facebook等社交网站的在线访问量逐年增多，已由2005年占在线人数的8%上升到2009年的47%（Lenhart et al.，2010）。美国市场研究机构IDC（Information and Direction Center）的调查指出，企业员工中有30%~40%的Internet使用是与工作不相关的。

现实中，对组织网络偏离行为的管控面临两大难题：第一，严管措施的局限性与不合时宜。一般地，为了应对非工作上网行为，组织制定了严格的管理措施，购买上网行为管理产品，采用有效拦截、禁止登录、记录IP等技术手段对员工的上网行为进行管控。但在新技术条件下，特别是在网络、移动环境普及的情况下，要完全杜绝员工网络偏离行为已不太可能。管理者如果理解片面或管理不当，会降低员工工作效率，激化员工与组织的冲突，阻碍组织发展。

第二，人本化的管理趋势不可阻挡。人性化的管理理念日益深入人心，对员工上网行为实行严格的管控一方面在一定程度上会引致员工隐私方面的相关问题；另一方面与强调对员工的尊重与参与式管理、充分授权这样的管理趋势格格不入，严管还会引致员工的不满与投诉，进而降低员工的努力程度，降低生产效率和工作积极性。

如上所述，基于控制员工行为的严格的管控措施与人性化、网络化管理趋势的冲突使管理陷入困境。如何预防与管理组织网络偏离行为已经成为新的管理环境下组织必须面对的难题，解决此难题的前提是必须了解此类行为为什么产生以及是如何产生的，这类行为的后效影响到底怎样，以期提升管理的针对性与有效性。

1.2 研究中存在的主要问题

1.2.1 国外研究中存在的主要问题

由互联网引起的各种行为问题，特别是组织网络偏离行为，越来越受到行为学家、管理学家、社会学家及企业界的广泛关注。组织网络偏离行为是机能障碍行为（Dysfunctional Behavior）的一种（Griffin & Moorhead, 2007），指员工在工作时间、工作地点，利用互联网资源进行的与工作无关的各种在线行为（Friedman, 2000；Case & Young, 2002；Griffiths, 2003；Mahatanankoon, 2004；Liberman et al., 2011；Lim et al., 2012；Jia et al., 2013；Moody & Siponen, 2013）。“Non-work Related Computing”“Cyberloafing”“Cyberslacking”“Cyberbludging”“On-line Loafing”“Internet Deviance”“Problematic Internet

Use in the Workplace”“Personel Web Usage at Work”(PWUW)“Internet Dependency”“Internet Abuse”“Internet Addiction”“Internet Addiction Disorder”和“Goldbricking”等术语均是对“组织网络偏离行为”的描述（Lim, 2002; Kim & Bryne, 2011)。

国外关于组织网络偏离行为的研究呈阶段性，20 世纪末 21 世纪初是一个高峰，近几年又呈现出一个热潮。

近三年，在国际重要期刊如 *Computers in Human Behavior* 上均有美国、澳大利亚、德国、新加坡等国家的学者发表的相关研究成果（理论研究与实证研究)，研究主要集中于网络偏离行为发生的动因及如何管理、控制员工的网络偏离行为方面。而且有意思的是，已有的为数不多的实证研究得出了相反的研究结论（Lim & Teo，2005；Lim & Chen，2012；Oravec，2002；Anandarajanm，Paravastu & Simmers，2006)。相关的研究成果还未形成完善的理论体系，相关的理论研究还存在较大的发展空间。

从研究的偏好看，国外学者的研究一般都将这类行为归为员工不良行为(Employee Misbehavior)，关于此类行为的概念、类型、前因与结果变量、形成机理及管理策略等方面都有一些研究结论与成果，而且多用实证方法从员工个人行为动机、心理等角度切入，说明个人心理动机对网络偏离行为的影响是不容忽视的，值得本书借鉴。

但是国外的研究也存在以下一些局限：从研究样本来看，缺乏大样本数据研究。目前，大部分的研究关注有限数目的网络偏离行为或很少的、缺乏代表性的研究样本（Jesssica et al.，2011)。从关注的网络活动来看，研究较多地关注传统的网络活动，而较少关注新兴网络交际工具（如 SNS)、移动互联网工具及实践活动（Jessica et al.，2011；Dongil et al.，2016)。新兴网络环境下的网络偏离行为的研究对管理者具有重要的借鉴意义。从研究的重点来看，众多学者选取了相关的影响变量并进行相关的实证分析，但是，由于学者分析的侧重点不同，得出的结论也存在很大的差异（结论甚至是相反相对的)。从研究者地域及专业方向来看，学者主要来自美国、澳大利亚、德国等欧洲国家和新加坡等亚洲部分国家和地区的计算机及信息管理专业方向。

1.2.2 国内研究中存在的主要问题

在多元全球化背景下，国内对组织网络偏离行为的研究还未引起足够的重视，研究尚处于起步阶段，中国背景下的网络偏离行为的理论体系、跨层次研究，以及其对个人绩效、团队绩效和组织绩效的影响等问题方面少有研究。

张燕和陈维政（2008）对工作场所偏离行为进行了深入的研究，该研究着重基于员工对人力资源管理感知的工作场所偏离行为研究，重点研究了工作压力与员工工作场所偏离行为的关系。研究表明，工作压力与员工工作场所偏离行为正相关。员工压力越大，希望通过一些与工作无关的事情发泄舒解压力的行为越多。组织网络偏离行为是工作场所偏离行为的一种表现形式。

相较而言，国内少数学者用实证研究的方法探讨了员工非工作上网行为影响因素及管控效果（涂晓春、常亚平和张金隆，2010；田军，2013）。

涂晓春等（2010，2011，2013，2015）通过对 450 名员工进行问卷调查，基于员工因素和组织因素两方面对员工非工作上网行为的影响因素进行了实证研究，研究表明，思想认知、员工个人习惯、心理依赖、收益需求、人际交往需要和对相关规范的了解程度、工作安排匹配性、组织惩戒力度、工作量、组织监控力度和组织氛围等是导致员工非工作上网行为发生的显著因素。田军等（2013）运用实证研究的方法，基于 209 名中国公务员的问卷调查，研究了互联网政策的使用与电子监控两种管控手段与方式的效果。戴春林等（2014）从概念、测量、理论解释和影响因素方面对网络怠工做了一个综述性的研究。涂晓春等（2014）基于组织视角对非工作上网行为进行研究，开发双维度量表，确定了 15 个自变量。毛丽红（2012）开发了网络怠工问卷，问卷分为三个维度，共 18 个项目。

总的来看，目前国内较多关注公众的网络行为和工作场所偏离行为、越轨行为等，研究的焦点集中于公众网络行为道德、公众网络行为监控、网络监控可能涉及的隐私保护及相关法律等方面的问题，而侧重工作场所网络行为的研究不多，尚处于起步阶段。

少数学者关注了非工作上网或网络怠工行为的内涵、外延、影响因素的研究，还有对此类行为管控效果的研究。少数对网络怠工行为的表现形式、不利影响和防范措施的研究偏思辨的方法，实证研究支持不足。

少数学者关注了员工非工作上网行为个人影响因素、组织因素的实证研究，如涂晓春等（2013，2015，2016），但该类研究并未系统揭示员工是如何受到外界的影响，并最终产生行为意向和行为。

整体来看，国内研究尚处于起步阶段，相关研究还未得到全面的开展。一方面，对组织网络偏离行为的解释还不够，没有形成明确的概念界定和有效的测量手段。特别是对组织网络偏离行为的形成机理探讨明显缺乏。另一方面，现有研究明显缺乏对组织网络偏离行为形成机理或过程机制的探讨，明显缺乏对中国情境下组织网络偏离行为的系统性的预测、解释与治理研究。而现实情况是，许多组织都采用了不同的方式对这类行为进行管控，但是此类行为仍然大量普遍存在，这两者之间的悖论令管理者困惑不已，管理实践者急需科学的理论研究指导实际管理工作。所以，这是一个非常值得国内管理学者关注的方向，亟待更多学者的加入与深入。

欣喜的是，近五年来以美国为代表的学者做了大量的研究工作，欧洲地区的希腊、德国等学者也开始了此类研究，亚洲地区如新加坡和中国台湾地区的学者的相关研究有一定借鉴作用，但是，国内外研究现状表明，基于中国大陆本土的情境化系统研究明显缺乏。情境化是指在对现象进行实证研究时，识别并考察它们所在情境中相关的和有意义的元素。情境化既是研究工具也是研究哲学，归根结底在于深入了解情境客观现实及渴望解决该情境中的重要问题（徐淑英和贾良定，2012）。

1.2.3 研究需要聚焦的问题

从国内外研究综述可以发现，近几年国外对网络偏离行为的研究呈上升趋势，从发表的研究论文数量来看有所增长。

国外关于组织网络偏离行为的结构及测度研究，多采用 Lim 的量表测量，一是缺乏中国情境性；二是所开发的量表几乎都没有将此概念作为一个中性概念，缺乏与相近概念进行区分效度检验，没有说明相近概念之间的关系。

此外，使用广泛的Lim量表，难以反映社会技术发展变化对该类行为造成的影响，量表中缺乏对移动智能网络上网行为维度的测度。本书开发了中国情境的组织网络偏离行为量表，并且进行初步验证，在此基础上将组织网络偏离行为与工作场所偏离行为进行区分效度检验。在量表验证完成后进行量表的初步应用。

从前述国外的研究可以看出，国外的研究者对此类行为的界定较多，尚未达成共识。明显的研究趋势之一是聚焦对形成机制的研究，从多个角度提出了不同的解释模型，但是同时也使对此类行为形成机理的解释众说纷纭。那么，究竟有没有一个综合性、整合性的公认的模型？从综述可以发现，研究中存在解释行为的几个重要维度——对行为的态度或行为偏好、主观规范、知觉行为控制及社会情境因素，此四方面对行为具有较高的预测效度。而上述思路，是计划行为理论（TPB）、交往行为理论（TIB）、理性行为理论（TRA）之集大成内容。所以，综合上述理论有望构建一个整合的组织网络偏离行为过程模型。

相关的研究成果还未形成完善的理论体系，相关的理论研究还存在较大的发展空间。在多元全球化及ITCs广泛应用的背景下，国内对组织网络偏离行为的研究还未引起足够的重视，研究尚处于起步阶段，明显缺乏中国背景下的网络偏离行为的理论体系及有效管理实践等方面的研究。此外，组织网络偏离行为的复杂多样性、动态性，以及学者对分类及概念尚未达成共识的现状、网络偏离行为的普遍性和管控措施效果的不理想，都亟待开启对组织网络偏离行为结构及过程机制的系统分析。同时，现实管理工作也急需科学、系统的组织网络偏离行为理论体系提供支持、依据与指引。

其一，基于现有管理举措的现实困境和现有理论对组织网络偏离行为解释的不足，本书尝试把行为合理化与中国传统价值取向影响引入到组织网络偏离行为研究中来，拟以员工行为态度、情感和集体主义倾向为自变量，以行为合理化为调节变量，开辟一个解释中国情境下组织网络偏离行为意向产生的新视角；以网络偏离行为意向、个体人格特征、组织伦理氛围为中介变量与调节变量，构建中国情境下的组织网络偏离行为多层次中介和调节过程模型。

其二，本书将综合运用文献调查、焦点小组座谈和深度访谈、问卷调查等质化与实证方法，通过选取组织网络偏离行为发生普遍的知识型企业，探索组织网络偏离行为的类型特征和测量，并验证所提出的模型。本书对于揭示组织网络偏离行为的心理过程机制，弥补国内及传统理论对组织网络偏离行为动机解释的不足，丰富和发展组织行为理论，指导组织运用适当的策略有效治理组织网络偏离行为有重要的意义。

其三，本书拟采用的方法包括文献研究、焦点小组访谈、深度访谈、关键事件报告、问卷调查、案例研究等，针对不同的研究目标拟订的研究方案如下：

（1）研究准备阶段。对与组织网络偏离行为相关的研究文献进行分析。自20世纪90年代以来，工作偏差行为或反生产行为的研究受到国内外学者的关注，研究相对较为成熟，已经有比较丰富的理论和实证研究。这些都可以作为本书研究开展的借鉴。但是组织网络偏离行为属于一个较突出的与时代紧密关联的组织员工行为现象，我们的探索性研究发现，此行为不同于一般的不良行为或反生产行为，该行为的发生有一定的建设性效应与补偿效应，不能与工作偏差行为（负面行为）效应等同，而且管理者易陷入管理困境，所以对此类行为开展深入的研究具有重要的意义与价值。但目前国内相关研究尚处于发展阶段，相对成熟的直接研究为数不多。因此，在研究准备阶段首先要对相关主题的研究文献进行梳理和分析。在文献分析的基础上，进一步完善组织网络偏离行为的概念、特征、结构等基础内容，确保研究基础的科学性。其次，基于文献分析提炼既符合问题特征，又体现理论价值的科学命题，并对研究的观点进行修正，确保研究命题的科学性。

（2）研究验证阶段。在研究准备的基础上，本阶段将对研究内容进行验证。根据TPB理论、TIB理论和TRA理论，结合组织网络偏离行为的特征，选择合适的研究视角与基础理论，设计研究模型、提出研究假设、编制测量问卷并根据研究需要选择调研对象，通过现场调研、网络调研等多种方式收集数据，然后按照实证研究的规范流程进行数据整理、统计分析、结果分析与解释，并结合研究内容提出建设对策与研究展望。

具体的研究技术路径设计如下：

1）关于组织网络偏离行为的分类，拟通过深度访谈和关键行为事件报告技术探测组织网络偏离行为动机，然后组织专家小组座谈归纳网络偏离行为的类别特征，并通过文献研究参考国内外的相关研究对其进行分类。

2）预调研。初步确定 100 人的预调研样本规模，直接发放问卷与网络调研相结合，以知识型员工为主，主要验证问卷和量表的信度和效度，采用常见的信效度检验方法（如内部一致性检验、探索性因子分析、验证性因子分析）等，根据检验结果对量表和问卷做进一步修订。

3）正式调研。计划分四轮取 1000 人的样本规模，每轮完成 300~400 份有效样本调研，以直接发放问卷和委托调研为主，以知识型员工为主要调研对象。

4）在数据检验的基础上，利用 SPSS、AMOS 等常用的统计分析工具，采用结构方程检验等方法对研究假设进行验证。基于研究的复杂性，利用不同组样本分别验证组织网络偏离行为过程机制，以及相关因素的调节效应。

（3）策略设计阶段。研究结果出来以后通过讨论其理论贡献、应用价值和未来研究方向得出本书的研究结论。同时，本书也将根据研究结论提出建设性的组织网络偏离行为治理策略。在实证分析的基础上，根据组织网络偏离行为的形成过程机制，从前置与后继两个视角，通过前置干预和后继管控多重组合的策略，探讨组织网络偏离行为的治理。

1.3 研究意义

本书通过实证研究中国背景下的组织网络偏离行为及其管理，分析组织网络偏离行为的内涵、发生机理，明确组织网络偏离行为对个人/团队/组织绩效的影响效应，并在此基础上探讨中国背景下团队层面与组织层面管理网络偏离行为的管理实践，这将为有效管理组织网络偏离行为提供重要的理论支撑与实践指引。

（1）本书以现有理论为基础，基于中国情境进行研究，以实现对现有理论的继承性发展与丰富。

在多元全球化及 ITCs 广泛应用的背景下，国内对组织网络偏离行为的研究还未引起足够的重视，研究尚处于起步阶段，明显缺乏对中国背景下的网络偏离行为的理论体系及有效管理的研究。

如前综述，近些年来国内外学者关于组织网络偏离行为的相关研究呈上升态势，近几年国外学者发表了一定数量的高质量研究论文，如 Jessica 等（2011）对“Cyberslacking”的综述性研究和实证研究，Liberman 等（2011）对工作态度、组织特征与网络偏离行为的影响研究，Ugrin 等（2013）对网络偏离行为控制与管理作用机制的研究，König 等（2014）从建设性视角的探索性研究等。但是，国内仅有少量学者（如前所述）关注与探讨组织网络偏离行为问题，同时组织网络偏离行为的复杂多样性、动态性，以及现有研究对分类及概念尚未达成共识的现状、网络偏离行为的普遍性和管理工具的效果的不理想，都需要开展对组织网络偏离行为构念及过程机制的系统分析。特别地，现有研究发现，组织网络偏离行为的影响因素与形成过程具有复杂性与动态性的特点，迫切需要对中国情境下的组织网络偏离行为的构念、分类及行为过程机制进行系统研究，中国管理者实践需要更科学、更先进的理论体系为管理网络偏离行为提供有效的理论支持与管理依据。研究中国背景下的网络偏离行为的理论与实践，进而分析这些行为对个人绩效、团队绩效及组织绩效的影响，顺应了国际学术界研究趋势。对于中国情境下的组织网络偏离行为的研究由于考虑到其管理情境性及整个管理学界管理研究本土化的研究趋势，加强中国情境下的组织网络偏离行为的理论与实证研究，有助于丰富与充实现有的组织网络行为管理理论体系。

（2）组织网络偏离行为构念的提出将改变将关系绩效等同于组织公民行为并认为关系绩效均是积极行为的研究框架，因而具有重大的意义。与组织公民行为一样，组织网络偏离行为的提出是对“以任务绩效为中心”的传统工作绩效范畴的有益拓展和补充，将打破“唯任务绩效至上”的封闭绩效管理格局，具有独特的理论价值和实践意义。

同时，组织网络偏离行为构念的提出解析了网络时代工作场所员工行为的规律与现象。与组织行为学中“组织公民行为”概念类似，首先用现有文献中的相关定义，通过归纳性的方法，统合了丛林般的不同名称，确定了一个有本土意义的概念——组织网络偏离行为，并对其做出界定；其次通过归纳性的方法、扎根理论与开放式调查确定与定义相匹配的行为，证实现有研究中的维度，发现新的维度。在此基础上，提炼开发测量量表将是一项有意义的开创性工作，可为后续相关的研究做出贡献。

（3）本书探讨有效管理组织网络偏离行为的策略与过程的情境性，对组织网络偏离行为治理具有较大的现实意义。

随着互联网的普及和无纸化办公时代的到来，组织网络偏离行为在工作场合普遍存在，组织网络偏离行为的普遍性及其引发的危害引起了国内外学者的关注。国内对组织网络偏离行为的研究迟于西方，但随着国内无线网络时代的到来，智能手机的应用广泛普及，组织网络偏离行为变得更具隐蔽性，不容易被管理者察觉，员工使用自己的手机上网具有一定的私密性，如果管理不善就会与员工的隐私权形成冲突。管理员工网络偏离行为，不是单靠制度禁令或技术管控就能解决的，必须在深层次上探究这类行为背后的原因。为了更好地预测与管理员工的网络偏离行为，本书从多个角度与层面探讨行为产生的动机和意图，通过构建网络偏离行为意向模型来探讨员工网络偏离行为意向的形成过程，丰富与充实组织网络行为管理理论体系，并为中国情境下有效管理组织网络偏离行为提供重要的理论支撑与应用指导。

相对而言，之前的研究有助于管理者减少网络偏离行为的发生及影响，但本书有助于帮助管理者识别与特定情境相关的网络偏离行为的管理策略。现代关于策略的研究发现，那些根据情境需求和目标特征而使用多种策略的管理者比使用单一策略的管理者更有效。

2

组织网络偏离行为：概念演进与辨析

2.1 概念模型：时间视角

2.1.1 组织网络偏离行为的相关概念

"Deviant" 通常包含的意思有 "越轨的" "不轨的" "偏离的" "偏差的" "不符合的" "出位的" "变态的" "反常的" "不正常的" "离经叛道的" 等。因此，"Deviant Behavior" 常被用来形容或描述那些偏离常轨、惯例、规则、正道或价值准则等的行为。作为一个科学的概念，本书中将其译为 "偏离行为"。

20 世纪末期，美国英特尔公司宣布研制成功世界上最快的超级计算机，它的诞生为人类开辟了一个崭新的信息时代。伴随着信息时代的到来，员工组织网络偏离行为问题开始为人力资源管理和组织行为学研究人员所重视。但是，这一时期最大的特点是组织网络偏离行为的研究主要分散在其他学科领域（如社会学、心理学和信息管理学等），并没有得到组织行为学领域学者的足够重视，其主要探讨内容包括组织网络偏离行为的一些具体形式，缺乏系统的研究。在中国，组织网络偏离行为也称为非工作上网行为、磨洋工、生产性偏离行为等，是工作场所偏离行为的一种表现形式。文献研究发现，国内上网行为管理最早始于计算机领域的学者关注于从计算机技术角度研究应该如何监控网络流量使用、管理和审计企业内外网用户的上网行为等。

由互联网引起的各种行为问题越来越受到行为学家、心理学家、社会学家及企业界的广泛关注。研究表明，Guthrie 和 Gray（1996）最早开始从行为的界定、分类、产生原因和如何管控四个方面对此类行为进行了阐述。随后，相关研究主要集中于行为、行为产生的原因、行为造成的影响及如何管控四个方面（Byun et al., 2009）。

21 世纪以来，多位学者对这类行为现象从不同角度进行了研究，提出并产生了众多相关概念。如"Problematic Internet Use in the Workplace"（PIUW，工作场所问题网络使用行为）、"Personal Web Usage in the Workplace"（PWUW，工作场所个人上网行为）、"Non-work Related Computing"（NRC，非工作电脑行为）、"Cyberloafing"（网络怠工）、"Goldbricking"（逃避行为、懒汉行为）、"Cyberbludging"（网络偷懒）、"Cyberslacking"（网络闲散）、"Internet Abuse"（互联网滥用）、"Internet Deviance"（网络偏离）、"Internet Leisure Browsing"（网络闲逛）等术语均是对"网络偏离行为"的描述（Lim, 2002；Kim & Bryne, 2011）。

其内涵研究呈现出两个趋势：一是界定越来越具体，即对组织网络偏离行为包括哪些形式和内容界定得愈益仔细。二是主要是从不良行为的角度进行界定，如 Friedman（2000）、Lim（2002）、Griffiths（2003）、Walter Block（2001）、张燕和陈维政（2008）等的界定。

2.1.2　组织网络偏离行为概念陈述

以时间为轴，对此类行为的研究及内涵的界定呈现出多种表述：

Kamin（1995）首次使用了"Cyberloafing"一词来指代员工在工作期间上网娱乐的工作偏差行为。之后不同研究者对该类行为冠以不同名称并做出不同界定。

Guthrie 和 Gray（1996）较早对组织网络偏离行为进行阐述，他们运用了 Junk Computing（垃圾计算机行为）这个概念来指电脑的无效运用，即以一种不符合组织目标的方式使用信息系统的行为，他们特别强调该类行为的无用性特征。

Teo 和 Lim（1997）运用了 Internet Abuse 这一概念，并通过对新加坡电脑使用者及其使用情况的案例进行研究分析，从组织层面指出 Internet Abuse 是对组织不公的一种行为反应。

Young（1999）明确界定了 Workplace Internet Abuse（工作场所互联网滥用）的概念，并提出该行为可以分为以下五类：Cybersexual Addiction（网络性上瘾行为）、Cyber-relationship Addition（网络关系上瘾行为）、Net Compulsions（网络强制行为）、Information Overload（信息超载行为）和 Computer Addiction（计算机上瘾行为）。

Friedman（2000）概括了上班过程中员工的不良习惯，提出 Cyberslacking 是在公司的上班时间从事一般的非经营性互联网活动，并利用公司资源进行的与工作无关的使用行为，其中包括访问色情和新闻网站、购物、股票交易、假期规划、游戏、聊天等。

Marron（2000）从 Cyberslacking 的危害性出发将网络怠工定义为“员工在工作时间网上娱乐从而浪费时间与公司资源的行为”。

Juline（2001）等运用 Cyberslacking 来描述和归纳这一现象，是指上班期间利用单位网络处理私事、娱乐消遣等行为。

Anandarajan（2002）提出 Personal Web Usage（PWU，个人网络行为）概念，指出员工在工作期间利用组织资源自发地进行与工作无关的外部网络活动，并且这种网络行为超出了组织工作要求范围，这些行为都称为个人网络行为，包括阅读新闻、安排旅游计划、网上购物、网上求职等。

Lim（2002）使用 Cyberloafing 来指代网络工作闲散行为，具体是指工作人员上班期间在没有被组织允许的情况下使用组织的网络资源做一些与工作无关的事情，如下载视频等。Lim（2002）认为，网络怠工是员工在工作时间自发地使用公司网络浏览与工作无关的网站及收发与工作无关的邮件的行为。而这些行为都与工作无关，是生产性偏离行为（Production Deviance）的一种表现。Lim（2002）还编制了相应的测量工具，从员工在工作时间使用互联网浏览与工作无关的网站、发送个人邮件这两个维度编制了 11 个项目的二维量表。Lim（2002）对网络怠工的定义得到了广泛的引用和论证，在所查阅的文献中，提出网络怠工定义的有 36 篇，其中 19 篇引用了 Lim（2002）的定义。其他学者也使用了不同的名称，如 Anandarajan 和 Simmers（2004）提出的

“私用组织互联网”、Lee 和 Lim（2005）提出的“与工作无关的计算机行为”、Whitty 和 Carr（ 2006）的“网络闲逛”都是对这种行为的描述与界定。

Griffiths（2003）表明，Internet Abuse in the Workplace（工作场所网络滥用）是员工在上班期间最严重的网络资源损失形式。他指出，员工在工作中最常见的时间浪费就是网络滥用，这是一种员工不恰当使用网络的行为，比如网络性骚扰、网上交友、散布谣言及网上信息滥用导致犯罪等行为。

Mahatananankoon（2004）用 Personal Web Usage in the Workplace 这个概念对员工网络行为进行了补充，指出凡是员工在上班时间利用组织网络资源，不是为了满足工作需要，而是去浏览一些与工作无关的网页或者接收、查看与工作无关的邮件的行为都属于个人网络行为。

Lee 等（2005）提出了 Non-work-related Computing 这个概念，并将其定义为员工为了个人目的私自使用组织网络资源的一种行为，这种行为与组织的目标无直接联系。即员工使用公司网络来满足私人的需求，而这些都不是以达成组织目标为前提的。他还在文章中谈到，查阅文献发现大部分网络怠工都是引用 Lim 的定义。有学者进一步描述，在工作场所无效率地使用计算机，其中包括利用计算机做与工作无关的事情，这些行为都称为网络怠工。

Whitty 和 Carr（2006）认为，Internet Leisure Browsing 是指员工在工作期间私自使用组织网络所进行的只是为了达成个人目的的行为。

Blanchard（2008）指出，Cyberloafing 就是员工利用公司电脑，以工作为幌子，做自己的事情，浪费时间的一种表现行为。

Garrett 和 Danziger（2008）开始对 Cyberslacking 的影响因素进行较深入探讨。他们对该行为的人口学变量研究显示，男性由于自己的性别优势，常常比女性更易于利用网络处理自己的事情。他们还指出，工作中享有的权利、薪酬、所受教育程度与网络闲散行为比例呈正相关关系。

Henle 等（2008）通过实证研究发现，角色冲突和角色模糊会导致 Cyberloafing。关于工作压力与网络怠工关系的研究显示，角色超载会降低员工网络怠工行为，这也从另一个方面表明，当员工无所事事时，他们会通过网络怠工来打发时间。

Blanchard 和 Henle（2008）将 Cyberloafing 分为两种类型：轻微的网络怠工（Minor Cyberloafing）和严重的网络怠工（Serious Cyberloafing）。轻微的网

络怠工（如在工作时间内收发个人邮件等）的危害性相对较小，但也会给企业的生产造成一定的损害；而严重的网络怠工（如网上赌博、浏览成人网站等）具有违法性质，对企业的危害不言而喻。

Zobgbi（2009）认为，员工工作规范感越高，Cyberloafing 与组织公正感具有越强的负相关，即员工工作规范感越高，知觉到组织越公正，则网络怠工的可能性越低，同时也指出，员工能感觉到组织的控制和监管、害怕被惩罚的心理也会影响到偏离行为。

Bock 等（2010）在研究中沿用 Lee、Lim 的概念描述 Non-Work-Related Computing，含义大致相同。

Stephen（2010）在其博士论文中提出 Personal Internet Usage in the Workplace（PIUW，工作场所个人网络使用行为）的概念，这个概念与 Anandarajan 和 Simmers（2002）提出的 PWU 含义相同，并且通过实证研究方法将个人网络行为分为三大类：社会交流相关的网络滥用行为（Social PIUW）、获取信息相关的网络滥用行为（Information PIUW）和成人相关的网络滥用行为（Adult-related PIUW）。

Anandarajan 和 Simmers（2011）认为，Personal Web Usage in the Workplace 是指工作人员在上班时间使用公司网络做一些工作之外的事情。

Liberman 等（2011）认为，Cyberloafing 是指员工在工作时间与亲朋好友进行电子邮件、网站信息、音乐、视频等共享，同时也包括在线购物、网络游戏等。这种网络闲逛是降低组织工作效率的直接原因之一（Young，2004）。

Askew 等（2014）从个体和团队两个层面出发，对 Cyberloafing 的形成机制进行了全面的阐述。

国内对于网络偏离行为的研究始于计算机工作者对于网络资源使用的监控与管理和审计部门工作人员的上网行为的关注等。

徐阳（1999）最早注意到了西方社会的网络怠工现象，他首次使用“网络怠工”这一术语，但仅限于对西方网络怠工现象的描述，并没有对网络怠工行为进行更深入的研究。

梁志（2006）认为，网络怠工是指企业员工通过网络在工作时间进行个人娱乐活动和非法传播从而导致消极怠工的现象统称，并且指出“网络怠工”是管理学界出现的新名词。他指出，这种偏离行为叫作“网络偏差”，具体是说员工在工作期间非法传播或者处理个人私事而给企业带来消极影响的偏差行为。

王群等（2009）率先使用“非工作上网”的概念，其是指员工上班期间在不是以工作为前提的状况下所进行的上网活动。员工在工作时间因为非工作关系的需要而进行的上网行为称为非工作上网行为，如 QQ 聊天、网上购物、浏览新闻、发送私人邮件等。

王旭（2009）从计算机技术方面对用户上网行为进行研究，指出通过对数据包采集结果进行处理，再利用目前非常成熟的 SSH 技术开发端口，从而实现员工上网行为分析功能。

涂晓春等（2011）指出，“员工非工作上网行为”是指员工在工作时间非因工作需要而进行的上网行为，如下载音乐、炒股、浏览网页等。

韩碧（2011）将网络怠工行为主要分为四种类型——交流沟通、网络娱乐、商务交易、非法运用，并指出组织目标定位越明确，网络怠工行为越少，而员工的动机对网络怠工行为影响不大，主观规范程度与网络怠工行为呈现显著正相关。

鲁金玉等（2011）主要借鉴了 Friedman（2000）的观点，将电脑怠工定义为员工在工作时间使用公司资源，但行为目的却是与工作无关的，相关行为涉及访问色情网站、浏览新闻、网上购物、网上期货交易、网上旅游计划、游戏和网上聊天等行为，这种行为在组织中具有普遍存在性，并将电脑怠工行为分成利己行为、放松行为和随机行为三种。

毛丽红（2012）指出，网络怠工行为有四个特点，即它是借助互联网进行的，其目的是满足自己私人需要，往往在工作期间发生，带来的后果是组织生产力下降或目标损失。

张美灵等（2012）将这种偏离行为定义为“员工网络偏离行为”，是指员工在正常工作时间、工作场所，利用公司互联网资源进行与工作无关的各种在线活动的行为，并对这类行为进行了如下界定：①网络偏离行为发生时间是在正常的上班时间（休息时间或上班前、下班后的时间不包含在内）；②网络偏离行为发生地点是在公司等工作场所；③网络偏离行为利用的资源为公司资源，包括公司软硬件设备和内外部网络；④网络偏离行为发生是出于与工作无关的私人目的；⑤网络偏离行为内容是获得与工作无关的各种网络资源与信息；⑥网络偏离行为在组织中原则上是不被提倡或不被允许的。

亚当（2012）指出，网络闲散是工作越轨行为的一种，人们会普遍认为短期内它很难对企业造成直接的严重伤害，但是累积起来，这种普遍的工作越轨行为会损害企业利益，给企业带来损失。

杨兰等（2013）首次使用“员工网络偏离行为”（Internet Deviance Behavior，IDB）概念，并将此行为定义为员工在正常工作时间、工作场所，利用公司互联网资源进行与工作无关的各种在线活动的行为，如收发私人邮件、聊天、游戏、赌博、网上购物、网络活动、个人投资、浏览新闻（时政、娱乐、体育等）等。

戴春林等（2014）提出，网络怠工是员工在工作场所利用网络平台产生的一种偏差行为，这种行为是出于个人目的，常常以降低企业生产力或损害组织目标为代价。

涂晓春等（2015）提出，非工作上网行为是指员工在正常上班期间进行的与工作没有任何联系的上网活动。

周勇等（2015，2016）开发了中国情景下的组织网络偏离行为量表，同时指出，组织网络偏离行为是员工为了组织利益在个人生活中做出的牺牲的一种非正式补偿，这种行为不仅是合理的，而且应该采取一定的手段使之合理化。晏芬等（2016）结合中国情景开发组织网络偏离行为量表，开发由社交行为、利己行为、兴趣行为三因子共 16 个条目构成的组织网络偏离行为初始量表，并对每个因子结构进行了定义。

周勇等（2018）指出，组织网络偏离行为是机能障碍行为的一种，是指员工在工作时间、工作地点，利用组织互联网资源或移动网络资源进行的与工作无关的各种在线行为。

如前所述，关于组织网络行为有诸多不同的术语表达，但综合来看，这些术语之间都存在相似性：一是涉及工作场所的网络资源；二是个人在上班期间使用网络流量进行与工作要求无关的活动。从前述关于组织网络偏离行为的众多相关研究者的定义中可以看出，目前对这类行为的界定主要有两大类：一是主要涉及员工网络使用偏好问题，如员工上班时间网上购物、股票期货交易、浏览新闻、网上聊天、玩游戏、看电影、听音乐等行为；二是涉及工作场所伦理法律问题，如员工在工作时间的网络性骚扰和暴力行为、在线交友及网络诈骗等行为。

但是我们也可以发现，学者使用了较多的相关词汇来表述与命名这类行为，概念纷杂从上述陈述中可见一斑。而且，进一步分析我们也可以发现，使用较多的，如“Cyberloafing”“Cyberslacking”等来源于“Loaf”（牛津词典/柯林斯高阶词典/网络释义均解释为“游荡”“闲逛”“虚掷光阴”“懒散地工作”“磨洋工”等）和“Slack”（牛津词典/柯林斯高阶词典/网络释义均解释为“懈怠”“偷懒”“减速”“放松”“松懈”等），这些词汇内含一种“贬义”“消极”“负面”“破坏性”含义在其中。因此，本书借鉴了组织行为学中“组织公民行为”的概念生成与发展，首先用现有文献中的相关定义，通过归纳性的方法，统合了丛林般的不同名称，确定了一个有本土意义的概念——组织网络偏离行为，并对其做出较明确与具体的界定。

综合来看，本书提出的组织网络偏离行为是一个中性的概念，更能客观地反映实际情况。此外，随着移动网络技术的发展，组织网络偏离行为不仅表现在利用组织网络资源，还包括个人移动网络资源。本书采用组织网络偏离行为概念，它是机能障碍行为的一种，指员工在工作时间、工作地点，利用组织互联网资源或移动网络资源进行的与工作无关的各种在线行为。具体地，组织网络偏离行为是员工在工作时间使用网络资源，但行为目的却是与工作无关的，相关行为涉及访问色情网站、浏览新闻、网上购物、网上期货交易、网上旅游计划、游戏和网上聊天等行为。

需要说明的是，本书所指的组织网络偏离行为具有以下几个方面的内涵与关键要素（见图2-1）。

（1）从行为发生的地点及时间上看，组织网络偏离行为发生在工作场所并且处于正常的上班时间。

（2）从行为过程中资源使用情况看，组织网络偏离行为使用的是组织网络资源（包括公司的内外部网络、电脑硬件资源等）或个人移动网络资源。

（3）从行为的目的上看，组织网络偏离行为的发生，从主观上都不涉及与工作有关的目的。

（4）从行为的动机上看，员工是主动并且自愿地做出以上组织网络偏离行为的。

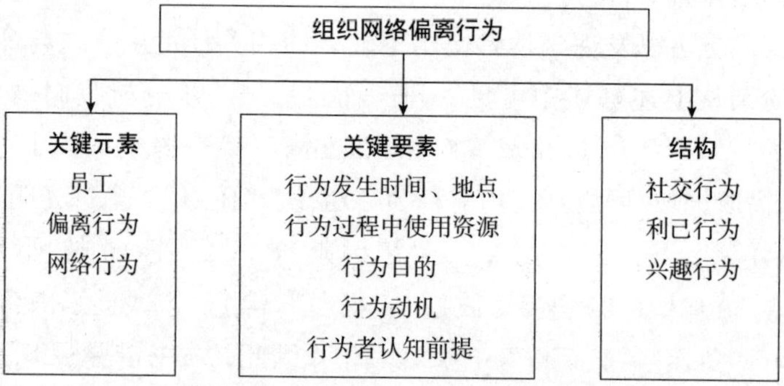

图 2-1　组织网络偏离行为概念模型

（5）从行为者的认识前提上看，员工做出以上行为时确切了解这些行为是公司所不提倡甚至是不允许或禁止的。

（6）从行为主体看，组织网络偏离行为的主体是组织成员，即员工。现代企业组织是一个复杂的开放的社会技术系统，是一个利益相关者系统，构成这个系统的要素即利益相关者主要包括组织员工、股东、客户、供应商、经销商或代理商等。很显然，如果不对行为的主体加以界定，则研究无中心与准心。考虑到组织网络偏离行为的特定时空关系，我们应将组织网络偏离行为的主体确定为组织成员，因为他们是组织最为关注的，也是组织最有可能影响和控制的，而将已离职的员工和其他利益相关者排除在外。

（7）从行为客体看，行为客体是指组织网络偏离行为的作用对象，不仅包括组织本身，也包括组织成员；不仅指有形资源，还可以是成员名誉、组织品牌与声誉，以及组织形象等无形资源。

（8）从行为性质看，对行为性质的确认，需要考虑两个方面：一是行为的意识水平或自觉性。组织网络偏离行为从性质上来看是员工有意识采取的、自主决定的行为。二是行为偏离的标准。由于我们的兴趣集中在工作场所，因此这里所指的标准主要是组织规范，即组织内居于主导地位的管理活动所依循的规范，即组织主文化，而不是亚文化所倡导的规范。

（9）从行为结果看，行为的结果受两方面因素的共同作用：一是危害性大小；二是频率高低。

2.2 概念模型：比较视角

2.2.1 反生产行为

反生产行为是一个集成的概念，是在工作场所中存在的各种消极角色外行为的总和，包括人身攻击、人际冲突、消极怠工和盗窃财物等一系列可能会损害到组织或组织成员，从而影响员工个体绩效和企业整体绩效的各种行为方式（Fox，Spector & Miles，2001）。这个界定主要强调的是行为的意图，即蓄意损害。在这个基础上，Spector 和 Fox（2002）把反生产行为进一步概括为员工在工作场所中实施的蓄意损害组织或组织成员的各种行为。随后，他们又提出，反生产行为是指员工个体表现出的任何对组织或者组织利益相关者合法利益具有或者存在潜在危害的有意行为。类似地，Bennett 和 Robinson（2000）也曾指出，反生产行为是违反组织合法规定，对组织或组织成员利益构成威胁的员工有意的自发性行为，包括偷窃公物、消极怠工、迟到旷工、散布谣言等。Gruys 和 Sackett（2003）则直接将反生产行为概括为员工蓄意违背组织合法利益的行为。

2.2.2 员工越轨行为

员工越轨行为也称为工作偏离行为或工作场所越轨行为。Robinson 等（1995）认为，员工越轨行为是指组织成员故意针对内部其他成员或组织本身而做出的违反或对抗重要的组织规范，从而给组织内其他成员或者整个组织的利益带来损害的行为。

2.2.3 职场偏差行为

Robinson 等（1995）最早关注员工职场偏差行为并将其定义为：员工自

愿发生的违反组织规范并且会对组织或成员造成威胁的行为。由定义可知，职场偏差行为的主体是组织中最容易受各方影响的员工，行为的客体是组织中员工的行为对象，可分为人际偏差和组织偏差。Bagchi 等（2016）研究发现，职场偏差行为（职务犯罪）不仅会导致就业机会的减少，甚至可能造成一个国家的经济衰退。

2.2.4 职场攻击行为

Buss（1961）从行为主义视角，将职场攻击行为定义为一个有机体向另一个有机体施加有害刺激的行为。Baron 和 Neuman（1996）对 Berkowitz（1996）的定义进行了完善，加入了对组织进行攻击的成分，他们将职场攻击行为定义为组织成员故意对组织或其他组织成员造成伤害的行为。

2.2.5 组织不当行为

组织不当行为是指组织成员有意违反组织内部核心价值规范或社会行为规范的行为。Marcus 和 Schuler（2004）指出，33%～75%的员工都有过组织不当行为，总的来说，组织不当行为属于意志行为，是员工为达到自己的目的而侵犯组织的合法利益。Ozgur（2015）认为，员工的组织不当行为是组织失败的重要原因。

2.2.6 组织报复行为

Skarlicki 和 Folger（1997）在其首次提出“组织报复行为”概念的研究文献中，把组织报复行为界定为组织的消极行为，是组织成员在感知到不公平后对组织及其代表采取的惩罚行为，这也是把它称为组织报复行为的原因。组织报复行为的发生频率随着组织成员感知到的组织不公平程度的提高而上涨。同时，他们认为，组织公民行为虽然在组织中容易被忽视，但对组织的生存却会产生重要的影响；而组织报复行为看起来也许没有某些公然的攻击行为那么危险，但总的来看会影响组织功能的发挥。

2.2.7 组织公民行为

Demnis Organ 等（1983）首次创造性地提出了“组织公民行为（Organizational Citizenship Behavior, OCB）”这一术语，他们将组织公民行为定义为：未被正常的报酬体系所明确和直接规定的、员工的一种自觉的个体行为，这种行为有助于提高组织功能的有效性。这些行为一般都超出了员工的工作描述，完全出于个人意愿，既与正式奖励制度无任何联系，又非角色内所要求的行为。组织公民行为是那些有益于组织，但在组织正式的薪酬体系中尚未得到明确或直接确认的行为，由助人行为、运动家道德、组织忠诚、组织遵从、个人首创性、公民道德和自我发展七个维度构成。组织公民行为是一种员工自觉从事的行为，它不包括在员工的正式工作要求中，但这种行为会促进组织的有效运行。樊景立（Farh Jiing-Lih，1997）在华人社会中对 OCB 结构的研究上做出了重要贡献。他提出了 OCB 的十个维度，其中积极主动、帮助同事、观点表述、群体活动参与、提升组织形象五个维度是与西方 OCB 维度所共有的，另有自我培养、公益活动参与、保护和节约公司资源、保持工作场所整洁、人际和睦五个维度是对西方 OCB 维度的拓展。

西方文献对 OCB 维度的分类大都以受益人的不同作为分类标准，据此可以将 OCB 的维度分成三大类：指向同事、指向领导、指向组织（Smith et al.，1983；Williams & Anderson，1991）。Farh（1997）提出了 OCB 同心圆分类模型，该模型采用行为的背景作为分类标准，把研究中发现的十类 OCB 分为自我、群体、组织、社会四个层面。在科技发达、信息爆炸的新经济时代，随着竞争加剧，组织结构的扁平化，组织必须依靠员工主动执行职务外的一些利他行为，才能让整个企业组织发挥无穷的潜力，组织公民行为因而越来越为企业管理者所重视。

特别值得说明的是，组织公民行为概念及其研究的兴起间接地为工作场所偏离行为的诞生奠定了理论基础，也为组织网络偏离行为的产生提供了理论参考。组织网络偏离行为与组织公民行为同属于自发行为，前者为员工消极的自发行为，后者为员工积极的自发行为。组织公民行为与组织网络偏离行为是两类性质截然相反但又高度相关的员工自发的角色外行为。从影响来看，一般认为组织公民行为是有利于提升组织机能的积极角色外行为，而组织网络偏离行为是对组织或组织成员利益构成威胁的消极的角色外行为，两者完全相反。从形式来看，两者又有很多相关之处。首先，两者都是自发的行为。组织正式合同中并没有明确规定员工必须实施组织公民行为或不能实施组织网络偏离行为，两类行为完全受员工主观意愿支配，员工可以自由决定实施与否。其次，两者都是角色外行为。一般而言，工作职责是角色行为，而组织公民行为和组织网络偏离行为却超出了工作职责要求，员工可以自由决定实施与否，是角色外行为。

与组织网络偏离行为相似或有关的概念如表 2-1 所示。

表 2-1　与偏离行为相似或有关概念

相关概念	代表性作者	定义比较
反生产行为	Spector 和 Fox（2002）	员工在工作场所中实施的蓄意损害组织或组织成员的各种行为
员工越轨行为	Robinson 和 Bennett（1995）	员工在工作场所中有目的进行的、违背组织重要规范和标准并且威胁到组织或者组织成员利益的行为
职场偏差行为	Rbinson 和 Bennett（1995）	员工明确违反组织规则，进而可能影响组织正常运转或伤害到组织其他成员的自发性行为
职场攻击行为	龙立荣和周浩（2007）	员工故意对组织或其他内部成员造成伤害的行为
组织不当行为	Vardi 和 wiener（1992）	组织成员有意违反组织内部核心价值规范或社会行为规范的行为
组织报复行为	Skarlicki 和 Folger（1997）	员工在感到组织不公后针对组织及其代言人实施的一种惩罚性行为
组织公民行为	Demnis Organ 和 Near（1983）	未被正常的报酬体系所明确和直接规定的、员工的一种自觉的个体行为

资料来源：笔者根据相关学者的研究整理。

通过定义比较我们发现，组织网络偏离行为与其余所有的概念在某些方面具有相似性，如上述几类行为，在行为的主体方面，都是指组织内的成员；

从行为的意图上看，都是员工故意的或有意的行为；从行为的目标来看，大多指向组织和个人。但是又有明显的不同，主要表现在行为的本质有差异，行为的结果也不同。具体如表 2-2 所示。

表 2-2　组织网络偏离行为与相关概念术语之比较辨析

相关概念	行为的主体	行为的意图性	行为的目标	行为的本质	行为的结果
组织网络偏离行为	组织内的成员	故意的或无意识的行为	组织和个人	损害行为对象的利益	正面或负面影响
反生产行为	组织内的成员	故意的行为	组织和个人	损害行为对象的利益	负面影响
员工越轨行为	组织内的成员	故意的行为	组织和个人	违背组织重要的规范和标准	正面或负面影响
职场偏差行为	组织内的成员	故意的行为	组织和个人	违反组织的管理规定	负面影响
职场攻击行为	组织内的成员	故意的行为	组织和个人	伤害行为对象的利益	负面影响
组织不当行为	组织内的成员	故意的行为	组织和个人	违反组织或社会的核心价值规范	负面影响
组织报复行为	组织内的成员	故意的行为	组织和个人	危害行为对象的利益	负面影响
组织公民行为	组织内的成员	故意的行为	组织和他人	有利于组织和他人	正面影响

资料来源：Robinson S. L., Bennett R. J. A Typology of Deviant Workplace Behaviors: A Multidimensional Scaling Study [J]. Academy of Management Journal, 1995, 38 (2): 555-572; Greenberg L., Barling J. Predicting Employee Aggression against Coworkers, Subordinates and Supervisors: The Roles of Person Behaviors and Perceived Workplace Factors [J]. Journal of Organizational Behavior, 1999, 20 (6): 897-913.

综合上述比较分析来看，作为移动互联网时代和信息时代的一种组织内员工的新型“磨洋工”，组织网络偏离行为不同于传统的磨洋工。传统的磨洋工主要表现为员工故意拖延时间（如吃饭慢、频繁去厕所等），不肯努力工作（如与同事聊天、频繁接打电话等）。与传统的磨洋工行为相比，组织网络偏离行为具有一些典型的特点。

第一，隐蔽性。具体表现为员工在从事网络偏离行为时，因为一直盯着电脑屏幕，所以仍可能被看作在很努力地工作（Lavoie & Pychyl，2001）。因而，组织网络偏离行为具有一定的隐蔽性，不容易被管理者发现。

第二，私密性。上网行为涉及员工隐私，得到相关法律的保护，如果管理不善就会与员工的隐私权形成冲突，影响劳资关系，甚至会触犯法律。

第三，普遍性。研究发现，约有 90%的员工在工作时间浏览娱乐网站，有 84%的员工收发与工作无关的邮件（Sharma & Gupta，2003）。由此可见，组织网络偏离行为在工作场合中普遍存在。大多数工人在工作日期间参与网络漫游（Andreassen et al.，2014）。根据萨拉托加研究所 2000 年在美国进行的一项研究，56%的互联网使用与工作无关（Greengard，2000），到 2003 年，59%的互联网被用于与工作无关的事务（Griffiths，2003）。组织网络偏离行为成为员工浪费工作时间的最常见方式（Malachowski，2005），因此，其令人震惊的使用成为一个令人不安的问题（Griffiths，2003）。一项针对制造业 400 名员工的研究显示，在典型的 8 小时工作时间内，访问网站的人数超过 25 万人，其中 90%与非工作相关（LaPlante，1997）。除此之外，Facebook、Twitter 和 YouTube 等社交媒体网站也带来了一系列新的娱乐活动，还有传统的浪费时间的行为，比如在茶室里闲聊。个人有 60%~80%的时间在互联网上从事与工作无关的工作（Ugrin & Pearson，2013）。

第四，难以杜绝性。网络已成为企业不可或缺的办公工具，要完全杜绝组织网络偏离是不可能的，特别是 3G、4G、5G 无线宽带为智能手机、上网笔记本电脑等提供了很好的无线上网条件，更是给非工作上网提供了便利。

第五，危害性。多年前的研究就已经发现，在美国有 30%~65%的工作日的网络使用是与工作无关的（Barlow et al.，2003），而由此造成的每年美国企业生产力损失为 540 亿~850 亿美元（Lim & Teo，2006）。此外，有时员工的组织网络偏离行为（如散发不当言论、传播不法视频等）还可能让企业受到法律惩罚。

2.3　研究小结

本章在回顾组织网络偏离行为的相关概念演进的基础上，针对中国国情及变化的技术环境提出了一个中性的概念，即组织网络偏离行为。它是指员工在工作时间、工作地点，利用组织互联网资源或移动网络资源进行的与工作无关的各种在线行为，并从行为发生的时间、地点等九个要素角度阐述了组织网络偏离行为的内涵。将此概念与反生产行为等七个概念进行辨析的基础上，阐释了组织网络偏离行为具有隐蔽性、私密性、普遍性、难以杜绝性和危害性五大典型特征。

3 组织网络偏离行为的质化研究

3.1 引言

关于组织网络偏离行为的结构及类型，国外与国内的学者有不同的分类方法。多位学者对这类行为现象从不同角度进行了研究。

Lim（2002）根据表现形式将行为分为浏览类和电子邮件类两大类。Griffiths（2003）根据行为产生的不同人群，将行为分为学生网络偏离行为和员工网络偏离行为两类。Anandarajan 等（2004）根据行为的后果，将行为分为破坏性网络行为（如浏览成人网站和在线玩游戏）、娱乐性网络行为（如在线购物）和学习性网络行为（如活跃于不同的专业网页或团体）。Mahatanankoon（2004）将员工网络偏离行为分为员工收益性行为（收益获取行为）、兴趣性行为（兴趣研究和资讯寻找行为）、社交性行为三类。Lee（2005）根据影响程度的不同，将这类行为划分为个人目的、问题和病态互联网使用三类。随着网络游戏、聊天室等形式的出现，Blau 等（2006）拓展了 Lim（2002）的分类，将此类行为分为浏览类、邮件类和交互类，并探讨了不同类型的行为的成因。Blanchard 和 Henle（2008）从行为严重性角度，将此类行为分为小型问题行为和严重性问题行为两类。小型问题行为包括在工作中接收和发送个人电子邮件。严重性问题行为包括玩网络游戏、访问成人网站和网上赌博。他们在对 222 名被雇用的毕业生进行的调查中，发现有小型的和严重的两种网络行为。如果员工觉得自己的同事和经理也会做同样的行为，那么他们不认为小型的网络偏离行为是反生产的、偏离的或不恰当的。彭移风等（2008）将行为分为四类，即获取与工作无关的资讯活动、从网络上下载与工作内容无关的数据流、从事获取个人收益的活动和进行虚拟世界的沟通活动。《第29次中国互联网络发展状况统计报告》（2011）将网络行为分为主要信息获取行为（包括浏览行为和下载行为）、商务交易行为、交流沟通行为和网络娱乐行为四类。戴春林等（2014）研究发现，网络怠工是一个多维的结构，包括空间娱乐、投资理财、信息交际三个维度。Jandaghi（2015）将员工网络偏离行为分为社会活动、信息活动、休闲活动、虚拟情感的活动。周勇等（2013）将员工在工作场所的网络偏离行为分为员工的利己行为、放松行为和社交行为三类。Simmers（2015）通过实证研究方法将个人网络行为分为三大类：社会交流相关的网络滥用行为、获取信息相关的网络滥用行为、成人相关的网络滥用行为。

前述国内外关于组织网络偏离行为的结构的文献回顾表明，目前关于组织网络偏离行为缺乏一致、确定的概念，而且因为文化背景不同，以及随着技术背景变化（如随着网络技术从传统互联网发展到移动互联网），该行为的内涵和外延也在不断发展变化。尽管有相关的量表的开发，但其基点几乎都是传统互联网和西方文化背景。现代中国网络情境下，员工主要通过工作场所计算机或者个人智能手机上网。本章从大量组织行为现象和研究问题的角度出发，运用扎根理论方法挖掘并归纳出日常发生但传统理论无法解释（或尚未解决）的组织网络偏离行为问题，对此进行概括和描述，提出拟研究的问题——中国情境下组织网络偏离行为现象。

本章在相关的前期的定性研究所提出的概念模型的基础上，总结组织网络偏离行为的类别特征、内涵和外延，回顾大量的组织行为管理、心理学和社会心理学文献，运用内容分析法在比较研究和逻辑推理的基础上，提出组织网络偏离行为构念，构建组织网络偏离行为的概念模型（概念、特征、结构）。运用科学规范的方法，对中国情境下组织网络偏离行为量表重新探测和构建，探测中国文化情境下组织网络偏离行为的结构，提炼制作相应的测量量表，作为后续研究的一个基础工具。

如前所述，国内外相关研究主要是实证研究，研究主要聚焦于此类行为的影响因素及其形成机制，同时在研究中多采用Lim（2002）的量表测量，缺乏中国情境性。而且国内外学者开发的量表几乎都没有将此概念作为一个中性概念，缺乏与相近概念进行区分效度检验，没有说明相近概念之间的关系。本章主要通过对组织网络偏离行为进行开放式问卷调查，收集目标群体对组织网络偏离行为的理解，归纳出组织网络偏离行为的特征，结合文献研究结果，加深对组织网络偏离行为的本质把握。促进对组织网络偏离行为概念的构建和行为特征的明确，并进行相关验证，为探索组织网络偏离行为结构特征奠定基础。

3.2 研究方法

为明确组织网络偏离行为的概念，使被测试者对问题做出切合实际意义的描述，我们对问卷进行以下设计：在开放式问卷中对组织网络偏离的定义做了三点关键说明：一是员工在工作场所、工作时间内；二是利用互联网资源或者个人手机的数据流量；三是做与工作无关的事情。开放式问卷包括两个部分：第一部分是人口统计学相关特征。第二部分包括三个开放式的问题，即“根据上述描述，请您谈谈对组织网络偏离行为定义的理解？”“请尽可能列举您所在的组织中存在的此类具体行为？”“您所在的组织对上述行为是否有相应的管理措施？效果如何？请予以说明。”主要测试目标群体对组织网络偏离行为概念的理解、行为特征和管理措施。为了保障填写问卷的完整性，问卷由相关研究人员现场发放，并记录被测者答题时间，作为被测者答题有效性的参考（具体的问卷见附录 1）。

3.3 研究过程与结果

3.3.1 研究样本的选取

选取一本高校在武汉和上海的在职 MBA 学员和上海、武汉、广州等地的企业员工作为测试对象。问卷分三批发放，总共发放 185 份，实际回收 176 份，有效回收率为 95. 14%。将空白过多、填写内容自相矛盾及其他原因不合格的问卷剔除，最后有效问卷有 158 份，有效问卷率为 89. 77%。在有效问卷中，男性有 85 人，占 53. 79%，女性有 73 人，占 46. 21%；年龄主要分布在 25~41 岁；具有本科学历的 104 人，占 65. 82%，研究生及以上学历有 47 人，占 29. 75%，大专占 4. 43%；现工作单位性质统计中，国有企业占 39%，独资企业占 7%，合资企业占 6%，民营企业占 22%，事业单位占 20%，国家行政机关占 6%。详细信息如表 3-1 所示。

表 3-1　人口统计学变量统计

统计指标	具体分类	所占比例	累计百分比（%）
性别	男：女	85：73	100
政治面貌	中共党员	56. 33%	56. 33
	团员	15. 19%	71. 52
	群众	27. 22%	98. 74
	其他	1. 20%	100. 00
年龄分布	30 岁以下	43. 67%	43. 67
	31~40 岁	50. 63%	94. 30
	41~50 岁	5. 70%	100. 00
工龄时间	2 年及以下	3. 16%	3. 16
	3~5 年	20. 25%	23. 41
	6~10 年	37. 34%	60. 75
	11~15 年	26. 58%	87. 33
	16~20 年	11. 39%	98. 72
	21 年及以上	1. 28%	100. 00
教育程度	大专	4. 43%	4. 43
	本科	65. 82%	70. 25
	研究生及以上	29. 75%	100. 00

续表

统计指标	具体分类	所占比例	累计百分比（%）
现在工作单位所属行业	房地产/建筑	9.00%	9.00
	制造业	19.00%	28.00
	金融/保险	9.00%	37.00
	事业单位	20.00%	57.00
	其他	43.00%	100.00
工作单位性质	国有企业	39.00%	39.00
	合资企业	6.00%	45.00
	独资企业	7.00%	52.00
	民营企业	22.00%	74.00
	事业单位	20.00%	84.00
	政府机关	6.00%	100.00
现工作岗位	高层管理者	11.00%	11.00
	中层管理者	24.00%	35.00
	基层管理者	31.00%	66.00
	一般职员	23.00%	89.00
	其他	11.00%	100.00

3.3.2 条目的提取

对158份有效的开放式问卷进行汇总，初始条目共803条。问卷中包含概括性的条目、具体描述性条目、与定义无关的条目。因此，在归纳条目时请来两名博士研究生和一名硕士研究生按照以下原则从问卷中提取条目：

（1）对于描述清晰且单一的条目进行直接保留，如QQ聊天、炒股等。

（2）提炼或者拆分表达清晰但是包含多个含义的条目，如浏览网页看新闻拆分为“浏览网页”“看新闻”，网上聊QQ和QQ聊天合并为“QQ聊天”。

（3）直接剔除与组织网络偏离行为概念无关的条目，如上班时间接收快递、上班时间偷偷上厕所休息等。

（4）直接合并同一个人多次提及表达意思却相同的条目，并且不列为次数的计算之内，如“上班期间聊 QQ”和“QQ 瞎聊天”合并为“QQ 聊天”，出现 QQ 聊天的次数只计算为一次。

按照以上四个原则，在共有的条目中剔除 6 条不合格的条目（见表 3-2），经过拆分和合并后，总共保留 60 个含义单一的条目（见表 3-3）。

表 3-2 剔除的不合理条目汇总

编号	不合理条目
1	上班时间接收快递
2	上班时间偷偷上厕所休息
3	上班时间与子女电话联系
4	查看子女在学校监控
5	离开办公室出去买东西
6	工作时吃零食

表 3-3 开放式问卷提取条目

编号	提取前条目	整理后条目
1	上班时间使用 QQ 聊天	QQ 聊天
2	上各种论坛聊天	论坛聊天
3	进社交网络聊天	社交网络
4	上社区网络聊天	社区聊天
5	采用 MSN 即时通信	MSN
6	在网上瞎聊天	聊天
7	网上与朋友交流	网上交流
8	在线玩 QQ 斗地主	QQ 斗地主
9	在线打 QQ 游戏	QQ 游戏
10	在 QQ 空间进行偷菜	偷菜
11	在线玩网页游戏	网页游戏
12	在网上下棋、打牌等	棋牌游戏

续表

编号	提取前条目	整理后条目
13	上班时间玩欢乐斗地主	欢乐斗地主
14	下载股市相关的软件	下载股市软件
15	下载新上映的电影	下载电影
16	下载自己喜欢的电视剧	下载电视剧
17	下载自己喜欢的娱乐节目	下载娱乐节目
18	下载网络图片	下载图片
19	下载自己想要的资料或材料	下载资料
20	利用上班时间查看期货	期货
21	查看股市交易行情	炒股
22	查看自己购买的基金	基金
23	分析彩票趋势，购买彩票	彩票
24	上班期间干私活，赚外快	兼职
25	上班期间开网店	开网店
26	上班期间查看美团团购	美团团购
27	浏览淘宝查看购物车	逛淘宝
28	浏览当当网，购买所需产品	逛当当
29	在京东网站上买家电	逛京东
30	查看淘宝中自己喜欢的东西	淘宝
31	运用公司网络发布个人信息	发布信息
32	利用组织中的网络查找个人资料	查阅资料
33	浏览各大电影网站，看电影	电影
34	上班偶尔浏览与工作无关的网页	浏览网页
35	浏览与工作无关的网站	浏览网页
36	利用公司电脑看新闻	新闻
37	上班期间写微博、逛微博	微博
38	上班期间偷偷写博客、查看浏览量	博客
39	上班期间使用飞信	飞信
40	上班期间查看电子书	电子书
41	利用公司网络看小说	小说

续表

编号	提取前条目	整理后条目
42	上班期间给朋友发电子邮件	发电子邮件
43	玩各种棋牌游戏	棋牌游戏
44	工作期间接收私人电子邮件	接收电子邮件
45	在线观看自己追的电视剧	看电视剧
46	偷偷看电影，查看影评	看电影
47	在线听歌曲、音乐等	听音乐
48	在线看 BBS	BBS
49	在线看各种各样的视频	看视频
50	上班期间浏览政治新闻	浏览新闻
51	在网上看新闻头条	新闻头条
52	在线看八卦新闻和评论	浏览八卦新闻
53	在线做交易，赚外快	做交易
54	在网上找兼职	找兼职
55	自己偷偷在上班期间做私活	做私活
56	经常浏览 QQ 空间，写评论	浏览 QQ 空间
57	发布私人文档获得积分	发布私人文档
58	发布个人图片	发布图片
59	在网上学习	学习
60	查看自己邮件	查看电子邮件

3.3.3　条目的合并

条目的合并过程由两名博士生和三名硕士生完成。归纳的主要原则有：

（1）每一个条目只能归纳到一个类别当中。

（2）对每个类别的条目不做限制，只是对条目进行合理、适当归类。

（3）将一些无法归类的条目进行单独归类。

之后，再邀请一名组织行为学教授剔除表达不合理、含义不清晰、与组织网络偏离行为无关联的条目。归纳结果如表 3-4 所示。

表 3-4 合并精简后条目汇总

编号	提取的条目	合并后的条目
1	聊 QQ、网上聊天、上论坛聊天、上社交网络聊天、网上交流、上社区网站聊天、MSN	在线聊天
2	下载音乐、电影、视频、资料、网络资源、图片、股市软件	下载软件
3	网购、逛淘宝、逛京东、美团团购	网购
4	QQ 地主、斗地主、玩偷菜、收菜小游戏、玩棋牌游戏、在线游戏、网页游戏	在线游戏
5	炒股、看彩票、关注股票行情、看基金、看期货	在线理财
6	做兼职、做私活、网上开店、做交易、开网店	网上兼职
7	发邮件、处理私人邮件、接收电子邮件	邮件
8	发微博、刷微博、写博客	微博/博客
9	浏览网页、网易、浏览政治/经济/新闻及评论、QQ 空间、浏览八卦新闻、查看网页	浏览网页
10	收集资料、查询与工作无关的资料、学习	收集资料
11	发布个人信息、私人图片、私人文档、谣言、不健康消息	发布信息
12	看电视剧、看电影、BBS、看视频	看视频
13	听音乐、听歌曲、MP3	听音乐
14	看小说、看电子书、看网络小说	看电子书
15	微信、刷微信、飞信	使用微信/飞信

为了更透彻地了解组织网络偏离行为的类别，我们再将以上的条目进行归纳和命名。在这个阶段主要做法是：

首先，我们请到两名不清楚组织网络偏离行为类别条目的企业管理博士生对上面整理的条目进行归纳整理，避免对组织网络偏离行为类别有不同的理解而影响条目的归类。两名博士生在归纳条目的过程中，主要考虑是否表达了共同构念。对于表达完全一致的，多次表达的条目进行合并，并且统计每个条目出现的次数，在一张问卷中重复表达的条目不累计计算。对于表达相似、内容大致相同，只是描述方式不同的，也进行再次合并。

其次，在整个过程完成后，两名博士生将各自归纳的结果、类别的命名、每个类别归纳的条目进行对比，对于类别归纳出现的差异、条目归纳不一致的情况进行探讨、研究。

最后，经过一番讨论和研究后，两名博士生各自对自己归纳的结果进行思考和适当的调整，从而得到最后的类别名称，如表 3-5 所示。

表 3-5　条目统计频次及所占比例

编号	提取后条目	出现总频次	所占总比例（%）
1	聊天	113	21. 56
2	下载	11	2. 10
3	网上购物	95	18. 13
4	游戏	73	13. 93
5	理财	48	9. 16
6	兼职	8	1. 53
7	邮件	8	1. 53
8	微博	7	1. 33
9	浏览网页	70	13. 36
10	收集资料	60	11. 45
11	发布信息	10	1. 91
12	看视频	5	0. 95
13	听音乐	10	1. 92
14	电子书	3	0. 57
15	刷微信	3	0. 57
合计		524	100

3.3.4 条目的归纳

经过以上研究后，15 个条目最后被分为三大类，最后确定的三个类别分别是社交行为、利己行为、兴趣行为。为进一步保障研究的内容效度，我们再次请来另一组成员对上述归类进行确认，由一名组织行为学教授和两名博士生对 15 个条目逐一归类。

在归类的过程中发现：①共有 58 个条目完全相同，占整个条目的 85.3%；②有 8 个条目归类不一致，经过研究讨论，达成一致归类，占整个条目的 11.8%；③有 2 个条目（上班期间看电影发评论、无所事事在网上随便闲逛）归类完全不一致，经过研究讨论，发现无法进行合理归类，最终进行舍弃，占整个条目的 2.9%。综上所述，有 58 个完全一致的条目，8 个不同归类的条目，经过研究后，进行合理归类，其中有 2 个条目无法达成一致，具体分析后发现不合理，给予舍弃。最终归纳为三个因子。

另外，讨论过程中，参照 2016 年 6 月《中国互联网络发展状况统计报告》（CNNIC），员工会在上班期间订购旅游门票、酒店等，由于开放式问卷时间节点为 2015 年，没有统计到上班期间查看旅游相关信息的选项，为了客观、真实地体现所有组织网络偏离行为，将上班期间查看旅游相关信息归纳在兴趣行为内。

3.3.5 组织网络偏离行为结构内涵

通过以上研究结果，将组织网络偏离行为结构分为三类因子：社交行为、利己行为、兴趣行为。社交行为是指员工在上班期间利用公司网络资源或者私人数据流量与社会他人沟通交流，以及让他人取得与自己交流的机会，通过网上渠道了解信息，满足自己的社交需求。利己行为是指员工在上班期间利用公司网络资源或者私人数据流量获取物质利益或者间接物质利益，属于个人收益活动的行为。兴趣行为是指员工在上班期间利用网络资源或者私人数据流量进行娱乐消遣，根据自己的喜好有目的地搜索和查询，查找自己感兴趣的产品或服务，目的是满足个人的需求。

组织网络偏离行为结构内涵如表3-6所示。

表3-6 组织网络偏离行为结构内涵

类别	概念	包含条目
社交行为	员工在上班期间利用公司的网络资源或者私人数据流量与社会他人沟通交流，以及让他人取得与自己交流的机会，满足自己的社交需求	聊天、发微博、微信、发布个人信息、接收电子邮件、发送私人邮件等
利己行为	员工在上班期间利用公司网络资源或者私人数据流量获取物质利益或者间接物质利益，属于个人收益活动的行为	网上购物、投资理财、兼职、下载软件、下载资料、收集资料等
兴趣行为	员工在上班期间利用公司网络资源或者私人数据流量进行娱乐消遣，查找自己感兴趣的产品或服务，目的是满足个人的需求	玩游戏、浏览网页、看电影或电视剧、听音乐、看电子书、看旅游信息等

3.4 研究小结

本章采用多个研究样本，以多种方式收集质化研究的数据，以严格的质化研究过程得出组织网络偏离行为的内涵与维度，并阐明了各个维度之间的关系，构建了组织网络偏离行为的结构模型。其内涵和维度与以往的国内外研究具有一致性与传承性，又具有时代发展与技术发展的先进性与时代性。所以，组织网络偏离行为的内涵与维度比已有的相关概念的内涵更丰富，更具有时代性，维度划分和维度内涵也更符合中国文化及中国组织的实际。

本章研究的不足之处在于，所得的组织网络偏离行为维度及在归纳和推理基础上所构建的组织网络偏离行为的结构模型是否完全合理还需要大量的实证研究进一步验证和支持。

4 组织网络偏离行为量表的构建与检验

4.1 引言

组织网络偏离行为相关构念的测量一直未被忽略，国内外研究者都做出了自己的努力与探索。

Lim（2002）最早编制双维度网络怠工量表，包括浏览行为和电子邮件行为。采用11个项目对受访者进行怠工行为的测量，其中8个项目是关于员工上班期间浏览网页行为（包括浏览体育类网页、浏览财经类网页、浏览娱乐类网页、浏览普通新闻网页、浏览与工作无关的网页、下载与工作无关的信息、网上购买私人用品、浏览成人或色情网站等），3个项目是关于员工上班期间私自接发电子邮件行为（包括查收与工作无关的电子邮件、发送与工作无关的电子邮件、接收与工作无关的电子邮件等）。评价方式（或评价者）是员工自评，量表引导语是"请你对自己如下行为（如使用网络在非工作相关的网站上冲浪、发送个人电子邮件）的频繁程度打分"。五点量表，1~5，从"从不"到"总是"。

Mahatanankoon等（2004）开发了Personal Web-Usage Activities（PWU，个人网页使用行为）量表，编制个人工作场所网络使用三维度量表，包括私人电子商务、个人信息收集和私人交流，一共20个问题。Blau等（2006）编制了网络怠工三维度量表，此量表是基于Lim的量表编制而成的，另加入了聊天活动（访问网页、收发电子邮件和聊天活动）。总共有16个条目，其中

10 个条目源于 Lim（2002）的量表，通过验证性因子分析指出三维度结构比单维度和双维度结构更有优势。De Lara 等（2006）根据 Lim（2002）的量表编制了单维度量表，量表包括 5 个项目，其中 4 个项目源于 Lim（2002）的浏览网页，1 个项目源于 Lim（2002）的私人邮件。Vitak 等（2011）从三个维度对网络越轨行为进行测量，量表由 38 个条目构成，包括偏离类型（9 个）、偏离频率（9 个）和员工责任心（20 个）测量指标，通过纸质版问卷和链接问卷进行调查。

毛丽红（2012）编制开发了网络怠工问卷，问卷包括空间娱乐、投资理财、信息交际三个维度，共 18 个项目。

涂晓春等（2015）基于组织视角对非工作上网行为进行研究，开发了非工作上网行为的三维度量表（包括浏览类、邮件类和交互类三类），确定了 15 个自变量。

综上所述，国内外关于组织网络偏离行为的结构及测度研究，多采用 Lim（2002）的量表测量，缺乏中国情境性。此外，所开发的量表几乎都没有将此概念作为一个中性概念，缺乏与相近概念进行区分效度检验，没有说明相近概念之间的关系。而且，随着移动互联网时代的到来，基于传统 PC 机的组织网络偏离行为有了更多的变化，已有的相关量表未能囊括新的行为内容。前述国内外文献回顾表明，目前关于组织网络偏离行为缺乏一致、确定的概念，文化背景不同，技术背景变化（如随着网络技术从传统互联网发展到移动互联网），该行为的内涵和外延也在不断发展变化。尽管有相关的量表的开发，但其基点是传统互联网和西方文化背景。

本章在相关的前期的定性研究所提出的概念模型的基础上，总结组织网络偏离行为的类别特征、内涵和外延，并将其作为本章研究的结果变量，运用科学规范的方法，对中国情境下组织网络偏离行为量表重新探测和构建，探测中国文化情境下组织网络偏离行为的结构，提炼制作相应的测量量表，作为后续研究的一个基础工具。

如前所述，国内外相关研究主要是实证研究，研究主要聚焦于此类行为的影响因素及其形成机制，同时在研究中多采用 Lim（2002）的量表测量，缺乏中国情境性。而且，国内外学者开发的量表几乎都没有将此概念作为一个中性概念，缺乏与相近概念进行区分效度检验，没有说明相近概念之间的关系。本章旨在开发具有中国情境的组织网络偏离行为量表，并且进行初步验证，在此基础上将组织网络偏离行为与工作场所偏离行为进行区分效度检验。在量表验证完成后进行量表的初步应用，探讨了组织网络偏离行为对角色内绩效的影响。

4.2 研究方法

量表开发的程序并不是固定不变的。一般地，量表开发需要三个步骤：一是各个项目的产生，即项目开发；二是项目整合成量表形式，即量表构建；三是对整合的量表进行测评，即量表评估（Schriesheim，1993）。开发的主要步骤包括：

第一，概念说明。这是开发一个高质量量表的前提。量表开发的首要任务是准确无误地定义测量的概念、清楚地说明概念的边界。首先，要清楚自己测量的概念与相似概念的差别，对于概念的定义不能过于宽泛也不能过于狭隘，不然测量的结果值就会出现偏差。其次，明确所测概念的层次，如群体层次、团队层次、个人层次。再次，明确所测概念的内部成分，这对以后测量项目及项目多少影响至关重要。最后，解释概念的前因、相关、后果，为更好地探讨概念间的关系服务。

第二，项目开发。在构念说明的基础上需要进一步展开操作，主要有两种方法进行项目的获得，即归纳法和演绎法。如果需要了解的概念项目和内部成分很少，甚至无法获得，则需要研究者结合定性研究方法了解需要测量的指标，通过文献分析，从而得到测量项目，是“从下到上”的开发测量方式；相对的演绎法是“从上到下”的开发测量方式。通常为了提高开发量表的质量，我们将两种方法进行结合使用。为了保证测量成分的内部效度，这一阶段通常遵循两大原则：一是测量的项目内容范围应该比目标构念大；二是检验阶段应该出现与目标构念无关的成分，也就是需要舍弃的部分（Clark，1995）。

第三，量表构建。首先，编制预测问卷。在项目开发第一阶段，将项目编制成问卷。问卷一般采用李克特式量表。大部分情况下，五点量表可靠性最好，超过五个点的量表一般超出了人们的正常辨别能力范围，三点量表又限制了人们强烈表达自己的意见，五点量表恰到好处。也有学者提出，预测量表的题数应该是正式问卷题目的 1.5 倍（Devellis，1993）。其次，问卷预测试。在问卷编制后要进行预测试，测试中主要考虑抽取的样本是否进行因素分析。较多的样本数出现的因素组型比小样本呈现的因素组型要稳定。再次，问卷分析整理。当预测问卷收回后，应该对问卷进行详细分析，对数据不完整、胡乱填写、回答问题前后矛盾等的问卷进行剔除，对余下合理问卷进行编号，以便以后数据整理和核查，按照编码顺序对问卷变量进行赋值，在 SPSS 中进行录入。又次，项目分析。问卷中题目的质量直接关系到测评的真实性、准确性和正确性，项目分析是指依据被测对项目的反应来检查题目的质量。最后，因素分析。测量问卷中会出现多个题目，题量巨大和无序排列为科学研究提供了广泛信息，但是相应地也增加了问题分析的难度和复杂程度。量表开发中，题项之间都会存在一些关联，通过因素分析就可以把关联性较高的变量汇聚在一起，成为一个类别，并对类别进行命名，得到研究维度结构。因素分析的主要方法有估计因素负荷量（最小二乘法、极大似然法等）、相关矩阵、转轴法。

第四，量表评估。效度是指测量的正确性，即量表中的潜变量是否能测到目标概念。效度系数越高，表示越能测到想要的概念。量表效度一般分为表面效度、内容效度、构念效度、效标关联效度四种。其中，内容效度是指测量的内容多大程度上代表和反映目标构念（Haynes，1995）。一般而言，在以下三个方面，测量的内容效度会受到影响：首先，漏掉与目标构念有关的需要测量的项目；其次，夹杂一些与目标构念无关的成分；最后，在评估过程中测量分数出现误差（Haynas，1995）。

遵循上述步骤，本章拟用两个研究探讨组织网络偏离行为的测度。

研究 1：组织网络偏离行为量表的结构探索。为了更好地分析组织网络偏离行为的因子结构及测量的有效性，本章将通过问卷的数据进行结构探索和信效度检验。主要采用整群的抽样方法，抽取山西、湖北、广东广州等 MBA 学员，以及湖北省部分企业员工。MBA 学员的问卷主要采用问卷星发放；对湖北部分企业主要采用纸质发放，联系相关企业的负责人或通过人事经理帮忙发放。拟发放1000份问卷。将问卷按照阿拉伯数字进行编号，奇数页的问卷抽取出来进行探索性因子分析，偶数页的问卷抽取出来进行验证性因子分析。首先，围绕开放式问卷形成的三个维度——社交行为、利己行为、兴趣行为，并参考借鉴成熟的网络怠工量表、网络越轨量表、非工作上网行为量表，包括 Mahatanankoon（PWU）三维度量表、Lim（NWRC）双维度量表、Sahara（PIU）三维度量表、Ward-Cook（PWU）三维度量表等，初步形成了26个有关组织网络偏离行为特征描述的题目。其次，拟请六名专家（全部具备心理学基础和问卷编制经验）对初步形成的26个题项进行指导性阅读。最后，请20名在职工作人员对题目进行调查，主要调查题目的通俗化程度，是否简单、易于理解，是否会产生分歧。在经过以上程序后，综合20名人员提出的建议，最终确定16个题目的初始量表，按照分类的三因子进行排序，社交行为有5个题目，利己行为有6个题目，兴趣行为有5个题目。使用SPSS17.0软件进行探索性因子分析、验证性因子分析信度分析。使用AMOS17.0软件进行分析，检验三因子的组织网络偏离行为的结构效度。选取陈维政等（2012）开发的中国文化情景下组织指向工作场所偏离行为（8个题项）与本章开发的组织网络偏离行为进行对比，进行区分效度检验。

研究2：运用自我验证理论，验证组织网络偏离行为对角色内绩效的影响，也检验组织网络偏离行为的测度。

为了更好地分析组织网络偏离行为的因子结构及测量的有效性，本章将对问卷调查的数据进行结构探索和信效度检验。

4.3 研究过程与结果

4.3.1 研究过程

本章主要采用整群的抽样方法，抽取山西、湖北、广东广州等 MBA 学员，以及湖北省部分企业。MBA学员的问卷主要采用问卷星发放；对湖北部分企业主要采用纸质发放，联系相关企业的负责人或者通过人事经理帮忙发放。发放纸质问卷时，在被测者填写问卷前对其进行指导，强调问卷只是作为学术研究，匿名填写，绝对保密等。对回收的问卷进行编号，防止问卷遗漏。对网上问卷的选项全部设定为必答题，只有都回答完整才能提交，保证问卷的质量。对回收的纸质问卷，接着网上填写的问卷序号进行编号，方便之后的分析。共发放880份问卷，回收780份问卷，将问卷填写时间控制在60秒以内，将所有选项都一样的试卷进行剔除，最后有效问卷共724份，有效回收率为92.82%。将问卷按照阿拉伯数字进行编号，奇数页的问卷抽取出来进行探索性因子分析，偶数页的问卷抽取出来进行验证性因子分析，每次分析问卷数目为362份。

首先，围绕开放式问卷形成的三个维度，并借鉴多个成熟的网络怠工量表、网络越轨量表、非工作上网行为量表，初步形成了26个有关组织网络偏离行为特征描述的题目。

其次，请到六位专家，包括两名教授、两名博士生、两名硕士生，全部具备心理学基础和问卷编制经验，对初步形成的26个题项进行指导性阅读：①题目的表述是否清晰、合理，用词是否恰当；②题目所属因子维度是否准确、具有代表性；③题目本身设计的敏感性是否会引起被测者的反感或保密性反应。基于以上原则和六位专家的意见，对题目进行修订、增项、删减，最终获得16个题项。

最后，请到20名上班人员对16个题目进行调查，主要调查题目的通俗化程度，是否简单易于理解，是否会产生分歧。主要包括：①题目晦涩难懂、难以理解、容易产生歧义；②题目语句表达不通顺，不符合人们日常的语言表达习惯；③对题项提出修改意见，主要表现在题项有替代性的简单表达方式。在经过以上程序后，综合20名人员提出的建议，最终确定16个题目的初始量表，按照分类的三因子进行排序，社交行为有5个题目，利己行为有6个题目，兴趣行为有5个题目。量表的编制采用李克特5点计分编制，1表示从不，2表示偶尔，3表示有时，4表示经常，5表示总是。

具体量表题项如表4-1所示。

表 4-1 初始量表题项汇总

序号	题项内容
T1	上班期间登录 QQ、MSN、飞信等进行私人聊天
T2	上班期间刷微信
T3	上班期间使用微博、博客
T4	上班期间接收或发送私人电子邮件
T5	上班期间发布私人消息、图片、文档、小道消息等
T6	上班期间炒股、看基金、买彩票
T7	上班期间团购、网购（如淘宝、京东、当当等）
T8	上班期间做兼职、赚外快
T9	上班期间收集或下载与工作无关的文档资料
T10	上班期间下载音乐、电影、视频、图片
T11	上班期间浏览网页（看新闻、QQ 空间、八卦等）
T12	上班期间看电视剧、电影、视频
T13	上班期间玩游戏（如 QQ 斗地主、棋牌游戏等）
T14	上班期间听音乐、看电子书、网络小说
T15	上班期间逛论坛、BBS、发帖
T16	上班期间上网预订私人旅游

4.3.2 探索性因子分析

本次数据分析选取总问卷的奇数页，有效问卷合计 362 份。人口统计变量中，从性别来看，男性占 54.7%，女性占 45.3%；教育程度方面，大专以下占 4.42%，大专占 20.72%，本科占 43.64%，研究生及以上占 31.22%；年龄结构方面，30 周岁及以下占 35.91%，31~40 岁占 34.25%，41~50 岁占 27.07%，51 周岁及以上占 2.77%；工龄方面，2 年以下占 33.14%，3~5 年占 30.38%，6~10 年占 11.6%，11~15 年占 15.19%，15~16 年占 6.36%，21 年以上占 3.33%；现工作单位性质方面，国有企业占 10.31%，外资企业占

20.37%，合资企业占10.34%，民营企业占30.28%，事业单位占22.83%，国家行政机关占5.87%（见表4-2）。

表4-2 人口统计学变量

单位:%

统计指标	具体分类	所占比例	累计百分比
性别	男	54.70	54.70
	女	45.30	100.00
教育程度	大专以下	4.42	4.42
	大专	20.72	25.14
	本科	43.64	67.79
	研究生及以上	31.22	100.00
年龄结构	30周岁及以下	35.91	35.91
	31~40岁	34.25	70.16
	41~50岁	27.07	97.23
	51周岁及以上	2.77	100.00
现在工作岗位	高层管理者	6.08	6.08
	中层管理者	25.14	31.22
	基层管理者	32.87	64.09
	一般员工	35.91	100.00
工龄	2年以下	33.14	33.14
	3~5年	30.38	63.52
	6~10年	11.60	75.12
	11~15年	15.19	90.31
	15~16年	6.63	96.94
	21年以上	3.33	100.00
现工作单位性质	国有企业	10.31	10.31
	外资企业	20.37	30.68
	合资企业	10.34	41.02

续表

统计指标	具体分类	所占比例	累计百分比
现工作单位性质	事业单位	22.83	63.85
	民营企业	30.28	94.13
	国家行政机关	5.87	100.00

主要使用 SPSS17.0 软件进行分析。结果显示，Bartlett 近似卡方为 3714.793，KMO 值为 0.899，且 Sig. 的值为 0.000，小于 0.05，拒绝原假设相关系数矩阵，说明所测变量之间存在相关性。进行主成分分析和正交极大旋转，抽取特征值大于 1 的因子，并且依据正交极大旋转检测来确定因子的有效数。舍弃小于 0.5 的项目，并且一个项目不能在两个或者多个因子中负荷都超过 0.4。结果显示，第一个因子中 T3（上班期间使用微博、博客），第二个因子中 T8（上班期间做兼职、赚外快）、T10（上班期间下载音乐、电影、视频、图片），第三个因子中 T12（上班期间看电视剧、电影、视频）应被删除。最终得到含有 12 个条目、3 个因子的组织网络偏离行为的修正量表。从探索性因子分析中可以看出，三个因子结构清楚、分布合理，并且每一个项目的因子负荷都较高，都在 0.8 以上。三个因子对组织网络偏离行为的旋转平方和载入累计方差解释率为 79.652%。分析结果如表 4-3 所示。

表 4-3　解释的总方差

成分	初始特征值			提取平方和载入			旋转平方和载入		
	合计	方差的 %	累计 %	合计	方差的 %	累计 %	合计	方差的 %	累计 %
1	5.867	48.892	48.892	5.867	48.892	48.892	3.278	27.313	27.313
2	2.050	17.086	65.978	2.050	17.086	65.978	3.225	26.874	54.187
3	1.641	13.674	79.652	1.641	13.674	79.652	3.056	25.465	79.652
4	0.464	3.864	83.516						
5	0.382	3.184	86.700						
6	0.320	2.669	89.369						

续表

成分	初始特征值			提取平方和载入			旋转平方和载入		
	合计	方差的 %	累计 %	合计	方差的 %	累计 %	合计	方差的 %	累计 %
7	0.310	2.581	91.949						
8	0.246	2.053	94.002						
9	0.221	1.839	95.842						
10	0.174	1.450	97.292						
11	0.168	1.396	98.688						
12	0.157	1.312	100.000						

注：提取方法为主成分分析法。

最后进行碎石图和旋转因子分析。从碎石图（见图 4-1）可以看出，从第三个因子开始，以后的曲线变得很平缓，最后快成一条直线。因此，可以抽出三个因子，最终因子多少的确定，还需要观察旋转因子后的结果。

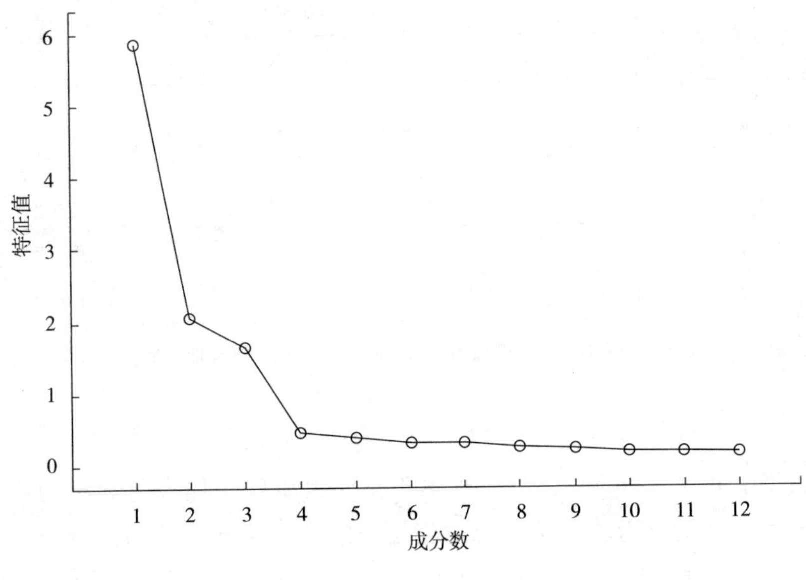

图 4-1　碎石图分析

对剩下的12个项目进行Kaiser标准化的正交旋转，结果显示，T1、T2、T4、T5的旋转因子分别是0.832、0.911、0.787、0.813，属于因子一；T6、T7、T9、T11的旋转因子分别是0.836、0.864、0.856、0.868，属于因子二；T13、T14、T15、T16的旋转因子分别是0.877、0.889、0.848、0.870，属于因子三。分析结果如表4-4所示。

表4-4 旋转成分矩阵

	成分		
	1	2	3
T1	0.832		
T2	0.911		
T4	0.787		
T5	0.813		
T6		0.836	
T7		0.864	
T9		0.856	
T11		0.868	
T13			0.877
T14			0.889
T15			0.848
T16			0.870

注：提取方法为主成分分析法。旋转法为具有Kaiser标准化的正交旋转法。旋转在5次迭代后收敛。

根据上面的分析结果，可以基本得出，组织网络偏离行为结构主要由社交行为、利己行为、兴趣行为三个因子组成。从探索性因子分析中可以看出，三个因子结构清楚、分布合理，并且每一个项目的因子负荷（除T4为0.787，但接近0.8外）都较高，都在0.8以上。三个因子对组织网络偏离行为的旋转平方和载入累计解释为79.652%。

综上所述，可以认为组织网络偏离行为量表结构是合理的（见表 4-5）。

表 4-5 组织网络偏离行为量表的因子分析结果

题项	探索性因子分析		
	社交行为（因子一）	利己行为（因子二）	兴趣行为（因子三）
T1. 上班期间登录 QQ 等进行私人聊天	0. 826		
T2. 上班期间刷微信	0. 907		
T4. 上班期间接收或发送私人电子邮件	0. 782		
T5. 上班期间发布文档、小道消息等	0. 808		
T6. 上班期间炒股、看基金、买彩票		0. 848	
T7. 上班期间团购、网购		0. 875	
T9. 上班期间收集、下载工作无关资料		0. 866	
T11. 上班期间浏览网页		0. 872	
T13. 上班期间玩游戏			0. 831
T14. 上班期间看电子书、网络小说			0. 853
T15. 上班期间逛论坛、BBS、发帖			0. 810
T16. 上班期间上网预订私人旅游信息			0. 828
特征根	5. 867	2. 050	1. 641
方差解释量（累计方差解释量为 79. 652%）	48. 892	17. 086	13. 674

注：提取方法为主成分分析法。旋转法为具有 Kaiser 标准化的正交旋转法。旋转在 5 次迭代后收敛。

4. 3. 3 验证性因子分析

本次数据分析选取总问卷的偶数页，有效问卷合计 362 份。人口统计变量中，性别方面，男性占 52. 08%，女性占 47. 92%；教育程度方面，大专以下占 3. 29%，大专占 21. 82%，本科占 44. 67%，研究生及以上占 30. 22%；年龄结构方面，30 周岁及以下占 38.64%，31~40 岁占 30.25%，41~50 岁占 24.35%，51 周岁及以上占 6.76%；现工作单位性质方面，国有企业占 8.73%，外资企业占 21.35%，合资企业占 9.24%，民营企业占 33.95%，事业单位占 24.7%，国家行政机关占 2.03%（见表 4-6）。

表 4-6 人口统计学变量

单位:%

统计指标	具体分类	所占比例	累计百分比
性别	男	52.08	52.08
	女	47.92	100.00
教育程度	大专以下	3.29	3.29
	大专	21.82	25.11
	本科	44.67	69.78
	研究生及以上	30.22	100.00
年龄结构	30 周岁及以下	38.64	38.64
	31~40 岁	30.25	68.89
	41~50 岁	24.35	93.24
	51 周岁及以上	6.76	100.00
现在工作岗位	高层管理者	4.26	4.26
	中层管理者	30.58	34.84
	基层管理者	36.71	71.55
	一般员工	28.45	100.00
工龄	2 年以下	29.58	29.58
	3~5 年	38.20	67.78
	6~10 年	18.30	86.08
	11~15 年	8.72	94.80
	15~16 年	3.10	97.90
	21 年以上	2.10	100.00

续表

统计指标	具体分类	所占比例	累计百分比
现工作单位性质	国有企业	8.73	8.73
	外资企业	21.35	30.08
	合资企业	9.24	39.32
	事业单位	24.70	64.02
	民营企业	33.95	97.97
	国家行政机关	2.03	100.00

4.3.3.1　信度分析

通过信度分析发现，组织网络偏离行为总体量表信度为 0.904，三个因子——社交行为、利己行为、兴趣行为的信度系数分别为 0.925、0.861、0.890，都大于信度系数的最低推荐值 0.7。具体分析结果如表 4-7 所示。

表 4-7　组织网络偏离行为信度分析

统计指标	Cronbach's α	基于标准化项的 Cronbachs's α	项数
组织网络偏离行为	0.904	0.904	12
社交行为	0.925	0.925	4
利己行为	0.859	0.861	4
兴趣行为	0.889	0.890	4

从条目和总体的相关性分析看，所有项与总分相关性较高，都是在 0.5 以上，去掉任何一项都不会影响信度的明显变化，表明组织网络偏离行为修正量表具有较高的信度和稳定性（见表 4-8）。

表 4-8　组织网络偏离行为的条目和信度分析

条目	信度系数	条目与总体相关性	删除条目后的信度系数
社交行为	0.925		
T1		0.546	0.900

续表

条目	信度系数	条目与总体相关性	删除条目后的信度系数
T2		0.555	0.899
T4		0.545	0.900
T5		0.571	0.899
利己行为	0.861		
T6		0.674	0.893
T7		0.731	0.891
T9		0.744	0.890
T11		0.656	0.894
兴趣行为	0.890		
T13		0.626	0.896
T14		0.650	0.895
T15		0.660	0.894
T16		0.586	0.898

4.3.3.2 结构效度分析

主要使用AMOS17.0软件进行分析。首先，检验了三因子的组织网络偏离行为的结构效度。结果表明，结构模型的拟合度较好（χ^2 = 118.997、df = 51、χ^2/df = 2.333、RMR = 0.035、NFI = 0.965、RFI = 0.954、IFI = 0.980、TLI = 0.973、CFI = 0.979、RMSEA = 0.061），各因子结构之间存在较高的相关性（相关系数位于0.36~0.49区间，显著性都在P<0.001），这表明三个因子可能存在着二阶结构。CMIN是差异（Discrepancy）的宏函数。它可以检查模型是否适合数据，完全适合时，数据为0。数据模拟不好的独立模型，其差异值是118.997，本章建立的模型差异是51.167，符合指标。基准比较包括NFI、RFI、IFI、TLI、CFI，这些指标的值都在0~1范围内，当数据完全拟合模型时，其值为1，通常认为其值大于0.9，拟合度较好。RMSEA是指平均平方误差平方根，当RMSEA的值小于0.05时，表明此模型的拟合度较好；大于0.1时，表明模型的拟合度较差，应该调整模型或者做其他的适当调整；在0.07~0.1时，说明是在灰色地带，表明结果不满意但尚可接受。本章的分

析结果是0.061，表示模型的拟合度较好。LO 90 表示 RMSEA 的 90%置信区间的下限值，其值为0.047；HI 90 表示 RMSEA 的 90%置信区间的上限值，其值为0.075。PCLOSE 表示接近适合性检验的概率，当 P 值大于 0.05 时，可以接受"RMSEA 小于 0.05 的虚无假说"，P 值为 0.102，大于 0.05，故可以接受"RMSEA 小于 0.05 的虚无假说"。综合上述指标可以判断模型的拟合度较好。详细值如表 4-9 所示，结构测量模型如图 4-2 所示。

表 4-9　验证性分析结果值

		Model		
		Default Model	Saturated Model	Independence Model
CMIN	NPAR	27	78	12
	CMIN	118.997	0.000	3377.017
	DF	51	0	66
	P	0.000		0.000
	CMIN/DF	2.333		51.167
Baseline Comparisons	NFI	0.965	1.000	0.000
	RFI	0.954		0.000
	IFI	0.980	1.000	0.000
	TLI	0.973		0.000
	CFI	0.979	1.000	0.000
RMSEA	RMSEA	0.061		0.373
	LO 90	0.047		0.362
	HI 90	0.075		0.384
	PCLOSE	0.102		0.000
RMR GFI	RMR	0.035	0.000	0.495
	GFI	0.949	1.000	0.285
	AGFI	0.923		0.155
	PGFI	0.621		0.241

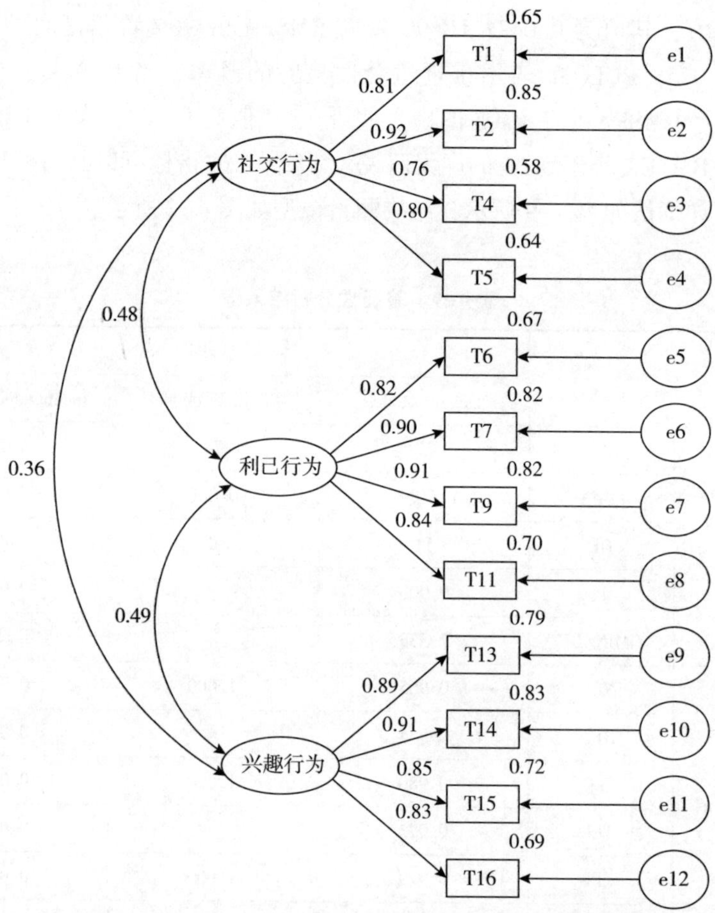

图 4-2　组织网络偏离行为一阶三维度结构方程模型

其次，检验了二阶结构模型。结果表明，二阶结构模型具有较高的拟合度（χ^2=120. 494、df=54、χ^2/df=2. 231、RMR=0. 034、NFI=0. 966、RFI=0. 956、IFI=0. 984、TLI=0. 979、CFI=0. 984、RMSEA=0. 054），各因子结构之间存在较高的相关性（相关系数位于 0. 59～0. 84 区间，显著性都在 P<0. 001）（见图 4-3）。通过比较，我们认为二阶结构模型在理论和统计上更为合适，因此，组织网络偏离行为修订量表具有良好的结构效度。

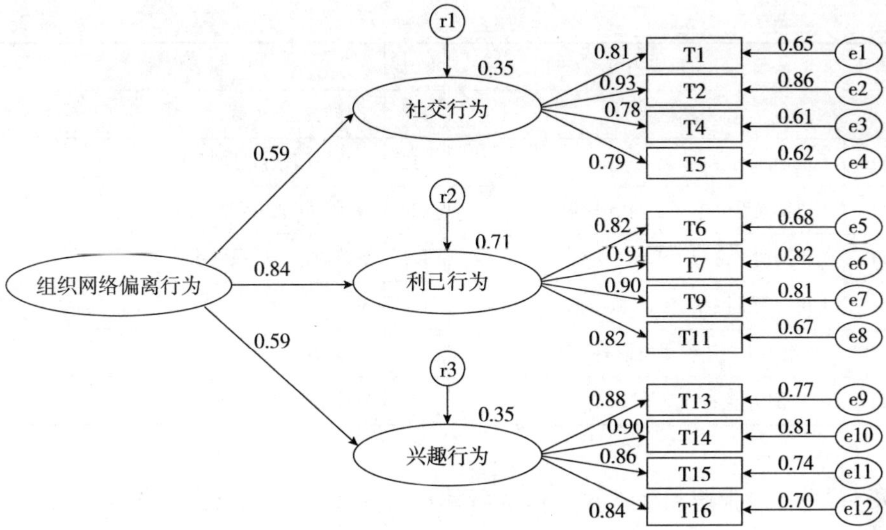

图 4-3 组织网络偏离行为二阶三维度结构方程模型

4.3.3.3 区分效度检验

本章选取张燕和陈维政开发的中国文化情景下组织指向工作场所偏离行为（8 个题项）与本章中开发的组织网络偏离行为进行对比。组织指向工作场所偏离行为（8 个题项）问卷与组织网络偏离行为问卷一起发放（见表 4-10）。量表的编制采用李克特 5 点计分编制，1 表示从不，2 表示偶尔，3 表示有时，4 表示经常，5 表示总是。

表 4-10 组织网络偏离行为与工作场所偏离行为量表比较

题号	量表内容	题号	量表内容
社交行为		利己行为	
T1	上班期间登录 QQ 等进行私人聊天	T6	上班期间炒股、看基金、买彩票
T2	上班期间刷微信	T7	上班期间团购、网购
T4	上班期间接收或发送私人电子邮件	T9	上班期间收集、下载工作无关资料
T5	上班期间发布文档、小道消息等	T11	上班期间浏览网页

续表

题号	量表内容	题号	量表内容
兴趣行为		T18	工作时心不在焉
T13	上班期间玩游戏	T19	上班时间做自己的私事
T14	上班期间看电子书、网络小说	T20	传播公司或主管的流言
T15	上班期间逛论坛、BBS、发帖	T21	更改数据、虚报假账
T16	上班期间上网预定私人旅游信息	T22	工作不尽力
组织指向工作场所偏离行为		T23	上班懒散
T17	在上班时未经允许迟到或早退	T24	故意把工作场所弄脏或弄乱

首先，对张燕和陈维政工作场所偏离行为下的组织指向工作场所偏离行为进行信度检验。分析结果显示，基于标准化项的 Cronbachs's α 的值为 0.904。其次，对组织指向工作场所偏离行为进行效度检验。检验结果显示，KMO 值为 0.858，Bartlett 球形检验结果为 1270.654，Sig. 值为 0.000，显著性较强。

通过对组织指向工作场所偏离行为与组织网络偏离行为的三个维度进行相关性分析，结果显示，与社交行为、利己行为、兴趣行为的相关系数为 -0.015、0.011、-0.01，无论是在 0.05 水平上还是在 0.01 水平上，都不显著，即可以证明组织指向工作场所偏离行为与组织网络偏离行为测量的三维度具有良好的区分效度（见图 4-4）。

同时，本章还通过 AMOS17.0 对组织网络偏离行为和组织指向工作场所偏离行为进行进一步区分效度检验。检验结果显示，CMIN/DF 为 2.128、IFI=0.923、TLI=0.910、CFI=0.922、RMSEA=0.07，这些数据的值符合拟合度较好的标准，表明两个构念之间具有一定的相关性。然而，NFI=0.864、RFI=0.842、GFI=0.871、AGFI=0.843，这些指标都是在 0.9 以下，表明拟合度不是很理想，说明两个概念之间的维度不属于同一个构念，具有良好的区分效度。

指标详细值如表 4-11 所示。

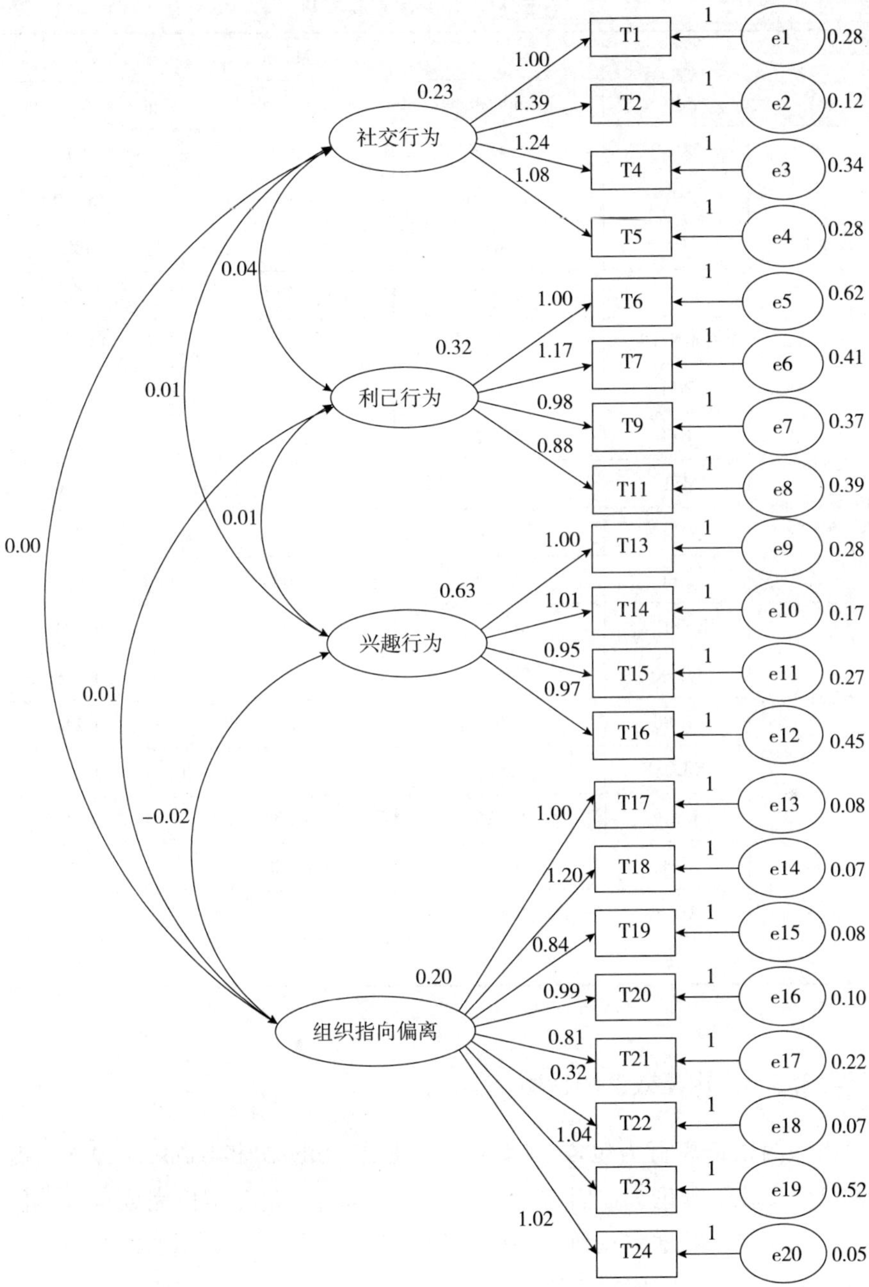

图 4-4　区分效度检验结果

表 4-11 指标拟合度分析

		Model		
		Default Model	Saturated Model	Independence Model
CMIN	NPAR	46	210	20
	CMIN	349. 071	0. 000	2564. 351
	DF	164	0	190
	P	0. 000		0. 000
	CMIN/DF	2. 128		13. 497
Baseline Comparisons	NFI	0. 864	1. 000	0. 000
	RFI	0. 842		0. 000
	IFI	0. 923	1. 000	0. 000
	TLI	0. 910		0. 000
	CFI	0. 922	1. 000	0. 000
RMSEA	RMSEA	0. 070		0. 233
	LO 90	0. 0060		0. 225
	HI 90	0. 080		0. 241
	PCLOSE	0. 001		0. 000
RMR GFI	RMR	0. 026	0. 000	0. 147
	GFI	0. 871	1. 000	0. 397
	AGFI	0. 834		0. 334
	PGFI	0. 680		0. 360

4. 3. 3. 4 构建效度的检验

组织网络偏离行为包含“拖延”的性质，Silverr 和 Sabini（1981）提出了网络偏离拖延理论，他们指出，员工在扮演自己角色本应完成自身工作任务时，却总是不断地在短暂的间隔时间做其他事情，是典型的网络拖延。在这种情况下，需要完成的任务总量没有减少，但是员工短暂时间（如 3 分钟）利用网络做自己的私事，迫于工作压力勉强完成任务，个体会减低角色内绩效。更有甚者对本应完成的任务不断推迟，知道发现偏离的时间对完成整个任务有影响时才会停止，这样不把心思放在自己本应完成的任务之上，只会弱化角色内绩效。马特森（2006）指出，组织网络偏离行为是组织中一种不良的绩效行为，认为组织网络偏离行为将占用员工正常上班的时间，并且分散员工的注意力，进而导致员工绩效下降，不能有效地促进角色内绩效的实现。基于此，本章提出下述假设：

H1：组织网络偏离行为对角色内绩效具有显著负向影响。

H2：社交行为对角色内绩效具有显著负向影响。

H3：利己行为对角色内绩效具有显著负向影响。

H4：兴趣行为对角色内绩效具有显著负向影响。

本次分析数据主要采用问卷星进行网上发放，纸质问卷发放为辅，与此前初始量表验证问卷一起发放（问卷见附录2）。

本次调查合计发放问卷410份，回收392份，有效问卷362份，问卷有效率达到92.35%。人口统计变量中，从性别来看，男性占53.19%，女性占46.81%；教育程度方面，大专以下占5.07%，大专占26.93%，本科占40.4%，研究生及以上占27.60%；年龄结构方面，30岁及以下占43.77%，31~40岁占27.6%，41~50岁占25.26%，51岁及以上占3.37%；现工作单位性质方面，国有企业占10.43%，外资企业占14.14%，合资企业占18.85%，民营企业占22.56%，事业单位占17.85%，国家行政机关占16.17%，如表4-12所示。

表4-12 人口统计学变量统计 单位：%

统计指标	具体分类	所占比例	累计百分比
性别	男	53.19	53.19
	女	46.81	100.00
教育程度	大专以下	5.07	5.07
	大专	26.93	32.00
	本科	40.40	72.40
	研究生及以上	27.60	100.00

续表

统计指标	具体分类	所占比例	累计百分比
年龄结构	30 岁及以下	43.77	43.77
	31~40 岁	27.60	71.37
	41~50 岁	25.26	9.63
	51 岁及以上	3.37	100.00
现在工作岗位	高层管理者	7.41	7.41
	中层管理者	25.59	33.00
	基层管理者	33.00	66.00
	一般员工	34.00	100.00
工龄	2 年以下	28.61	28.61
	3~5 年	27.60	56.21
	6~10 年	27.27	83.48
	11~15 年	10.10	93.58
	15~16 年	3.36	96.94
	21 年以上	3.06	100.00
现工作单位性质	国有企业	10.43	10.43
	外资企业	14.14	24.57
	合资企业	18.85	43.42
	事业单位	17.85	61.27
	民营企业	22.56	83.83
	国家行政机关	16.17	100.00

组织网络偏离行为。采用前面开发的 12 个条目的组织网络偏离行为量表和李克特 5 点计分编制，1 表示从不，2 表示偶尔，3 表示有时，4 表示经常，5 表示总是。在本章研究中信度系数为 0.904。

角色内绩效。采用 Williams 和 Anderson（1991）的量表。在本章研究中信度系数为 0.762。

（1）相关分析。通过表 4-13 分析发现，角色内绩效（IRP）与社交行为在0.01水平（双侧）上显著负相关，值为-0.392；角色内绩效（IRP）与利己行为在0.01水平（双侧）上显著负相关，值为-0.504；角色内绩效（IRP）与兴趣行为在0.01水平（双侧）上显著负相关，值为-0.394。

表4-13 相关性分析结果（N=392）

	角色内绩效	社交行为	利己行为	兴趣行为
角色内绩效	1			
社交行为	-0.392**	1		
利己行为	-0.504**	0.297**	1	
兴趣行为	-0.394**	0.239**	0.219**	1

注：** 表示在0.01水平（双侧）上显著相关。

（2）回归分析。根据表4-14的回归分析结果，组织网络偏离行为对社交行为、利己行为、兴趣行为都存在显著负向影响。研究结果支持了假设H2、H3、H4。

表4-14 组织网络偏离行为和角色内绩效系数

自变量		非标准化系数		标准系数	t	Sig.	相关性		
		B	标准误差				零阶	偏	部分
1	（常量）	4.562	0.161		28.321	0.000			
	社交行为	-0.228	0.052	-0.216	-4.407	0.000	-0.392	-0.249	-0.203
	利己行为	-0.284	0.036	-0.383	-7.852	0.000	-0.504	-0.417	-0.361
	兴趣行为	-0.218	0.040	-0.259	-5.392	0.000	-0.394	-0.300	-0.248

注：因变量为角色内绩效。

综上，组织网络偏离行为与角色内绩效显著负相关。人们在上班期间越是出现社交行为（如刷微信、聊QQ等）就越不会履行角色内应有的责任，角色内绩效表现就会越差；同样地，员工在上班期间出于自己的目的，为了自己私人的利益（如炒股、买基金等）活动出现越多，角色内绩效就会越差；

当然，员工在上班期间出于自己的兴趣去做与工作无关的事情也会严重影响到角色内绩效的实现。

4.4 分析与讨论

4.4.1 组织网络偏离行为量表的有效性

本章在国外学者的研究基础上，提出我国文化背景下的组织网络偏离行为量表，区分了陈维政开发的工作场所偏离行为量表与本章开发的组织网络偏离行为量表。最后还研究了组织网络偏离行为对角色内绩效的影响。具体测度如下：

第一，分两步进行初始量表的检验。首先，采用大样本的研究设计对组织网络偏离行为初始量表进行结构探析。研究结果显示，在探索性开发的组织网络偏离行为中包含三个因子，每个因子包含 4 个条目，共 12 个条目，并且每个因子的信度系数较好，具有较高的内部一致性和稳定性。其次，验证了组织网络偏离行为修订量表的结构效度和区分效度。研究表明，组织网络偏离行为量表开发程序科学、严谨，与组织指向的工作场所偏离行为不同，并且对角色内绩效有显著的负向影响。

第二，运用自我验证理论，验证了组织网络偏离行为对角色内绩效具有显著的负向影响。组织网络偏离行为会占用正常工作的时间，并且还会打乱员工工作思路，造成工作绩效的下降。而在互联网发展的情景下，员工认为组织网络偏离行为属于上班期间的正常行为，最终会导致工作氛围的慵懒，工作效率大打折扣。组织管理者需要更深刻地了解组织网络偏离行为的内涵，并且主动地改变领导风格或者管理策略以有效管理组织网络偏离行为，将其不利影响降至最低。

4.4.2　研究贡献

本章的理论贡献主要包括两个方面：

第一，探索了中国情境下组织网络偏离行为的结构域，得出了组织网络偏离行为的三因子结构测量模型，并且运用规范的方法开发、探索和验证了组织网络偏离行为量表测量的 12 个条目。该量表具有较好的信度和效度，是一个有效的测量工具，为后续的实证研究提供了必要的技术保障与基础。

第二，丰富了组织行为学领域关于组织网络偏离行为对工作产出的关系研究。本章研究验证了组织网络偏离行为对角色内绩效存在显著负向影响。所建构的组织网络偏离行为概念及开发的量表，对开展中国情境下此类行为的研究是一个重要的尝试。

本章研究也具有显著的实践意义：首先，有利于建立科学有效的组织网络偏离行为管理体系。本章深入剖析组织网络偏离行为结构，全面展示了中国情境下组织网络偏离的类型和偏好，这有助于管理者理解组织网络偏离行为的结构内涵，树立正确的组织网络偏离行为管理理念。其次，为组织科学实施员工信息化与人性化管理提供了决策依据。互联网的普及对员工的工作方式产生了巨大影响，这对组织现行的管理策略和人力资源管理政策也提出了严峻的挑战，组织必须更加注重互联网使用的习惯来调整不合时宜的管理政策和方式，以适应新形势下的员工管理。

4.4.3　研究不足与未来研究建议

本章的研究不足主要包括：首先，本章中测量的是既定时间内员工工作期间的具体网络偏离行为，随着信息时代网络的快速发展与变迁，组织中员工的信息关注点和网络偏离行为方式也会发生变化。其次，本章区分效度检验中仅选取中国情景下组织工作场所偏离行为的一个维度。最后，组织网络偏离行为是一个中性概念，在某种程度上，组织网络偏离行为能够促使员工产生积极的心理状态，增加产出，工作效率有所提高，本章只是着重于组织网络偏离行为对角色内绩效的负面影响，没有对组织网络偏离行为的建设性效应进行研究。

未来研究建议主要包括：①进一步研究组织网络偏离行为与员工工作绩效的作用机制，寻找更多的中介机制和调节边界，更好地解释组织网络偏离行为对员工工作绩效的影响过程和边界；②研究组织网络偏离行为的正面作用与补偿效应，进一步验证组织网络偏离行为是一个中性概念。

4.5 研究小结

本章在质化研究的基础上，编制了组织网络偏离行为的初始量表，并通过样本验证了组织网络偏离行为量表的三维结构及量表的信度和效度。具体而言，本章得出以下结论：第一，组织网络偏离行为是一个三维构念，包括社交行为、利己行为和兴趣行为三个维度，并且三个维度之间存在一个更高阶的共同潜在构念，即组织网络偏离行为，这一结果验证了质化研究所归纳出的维度。第二，本章所开发的组织网络偏离行为量表共 12 个项目，项目含义清晰明确，整个量表具有良好的内部一致性信度和重测信度，以及一定的区分效度、聚合效度和预测效度。所以该量表可以作为有效的测量工具，以供日后的同类研究使用。

5 组织网络偏离行为的影响因素

5.1 引言

20 世纪末期，随着互联网在办公场所的运用，员工组织网络偏离行为开始引起了学术界的关注，最初主要是一些描述性研究，如员工组织网络偏离的频率、浏览的网址类型和雇主的一些管理措施等。后来随着该行为越来越普遍及其引发的不良后果，学者认为要预测员工组织网络偏离的发生，降低其负面影响，必须探索该行为背后的影响因素。

关于网络偏离行为产生的原因（影响因素），学者多以计划行为理论、人际关系理论和威慑理论为基础构建结构模型，展开对此类行为形成机理中的影响因素的研究。研究主要从行为动机、意图、习惯、行为感知、自我控制、组织因素等多个视角展开。

Galletta 和 Polak（2003）以计划行为理论为模型进行研究，对 571 名网络用户进行调查，结果显示，员工网络行为偏好、自我能力判断、工作满意度、组织氛围、组织文化（同级间网络文化、组织的监控）是影响组织中员工网络行为的显著性因素。

Mahatanankoon 等（2004）从社会学的角度试图建立一种网络偏离行为发生频率的测量模型，测量因素包括员工的社会化倾向、外向化兴趣倾向和交流倾向等，通过对这些因素的测量来判断组织中的员工发生网络偏离行为的可能性和程度。后来，又从行为学的角度对网络偏离行为进一步研究指出，员工产生网络偏离行为的动机及对网络偏离行为所持有的态度将会影响其产出，而工作场所规范等政策性因素又将影响到员工的这种行为态度和动机，并且进一步影响到网络偏离行为的发生频率。但是研究并没有指出这三者之间的显著性关系如何（Mahatanankoon，2006）。

Leonard（2009）对网络偏离行为做了进一步细化，选取工作场所中的电脑游戏行为作为研究对象。研究发现，上班时间的游戏行为与工作中的疲劳恢复之间并无直接的关系，这一过程受到许多其他因素的影响并且表现出一定的倾向性：比较而言，那些较少受到同事帮助和组织监控的员工更容易在工作时间玩游戏。此外，组织结构及组织本身的类型也会对工作场所中的游戏行为产生影响。

Liao 等（2009）运用计划行为学、伦理学等研究，提出综合示范研究计划模型。研究发现，对行为重要性的感知、对行为控制的感知和主观规范是影响员工规避上网行为意图的重要因素。与惩罚相关的政策对偏离行为不构成直接影响；惩罚的效度仅仅影响行为规避，惩罚的信度对行为动机和意图都没有显著影响。

综合来看，影响组织网络偏离行为的因素主要有四种：

一是个人因素（Davis et al.，2002），主要包括个人习惯（Lee，Lin & Wong，2005）、人格特征（Chen，Chen & Yang，2008）等。

二是组织因素，主要包括组织便利条件（Lee & Lim，2005）、工作量、工作场所压力、工作分配（Lim et al.，2005）、组织公正（Chawla & Kelloway，2004；Lim，2002）、组织重视程度、组织氛围（Blanchard & Henle，2008）、组织惩罚力度（Liao et al.，2009）、组织文化（Galletta & Polak，2003）、组织监控力度（Liao et al.，2009）、组织规范（Mahatanankoon，2006）等。

三是网络因素，网络的虚拟性、匿名性和无约束性使上网者的身份难以确定；网络资源的便利性为工作场所网络偏离行为提供了便利通道（Lee，Lin & Wong，2005）；网络资源的易得性为工作场所网络偏离行为的产生提供了可能（Griffiths，2003）。

四是社会因素，社会规范和社会习惯对员工工作场所网络偏离行为也会产生显著影响（Woon & Pee，2004）；规范意识和同行默许是员工产生网络偏离行为的重要因素；规范性意识对网络偏离行为意向有潜在的负面影响

(Lee, 2005)。

组织网络偏离行为的出现是多方面原因促成的结果，如果不弄清楚影响组织网络偏离行为的前因变量，就无法对组织网络偏离行为的形成机制进行全面深入的研究。本章通过对以往相关的文献进行梳理，总结出了组织网络偏离行为的影响因素，下文将从个体、组织和环境三个方面进行阐述。

5.2 个人因素

组织网络偏离行为是自身心理的反应，外在行为是内在心理的真实表现，主要受到个性特征和习惯、认知结构、行为合理化倾向等影响。要想解决员工组织网络偏离行为，必须找出影响组织网络偏离行为的因素。

5.2.1 人口学因素

性别方面，性别差异对组织网络偏离行为的影响常常被模糊掉，但是 Morahan-Martin（2001）研究认为，男性的网络偏离行为高于女性，20~30 岁的年轻员工比年龄大的员工更容易产生网络偏离行为，这种偏离趋势更明显。Garrett 和 Danziger（2008）研究表示，男性由于自己的性别优势，常常比女性更易于利用网络处理自己的事情。另外，男性与女性在上班期间利用网络进行娱乐消遣的程度也不一样，但是他们在利用网络进行沟通方面却没有太大差异。在电子邮件使用方面，男性与女性总体使用程度大致一样，但是他们使用的目的却不太相同。比如，男性发送电子邮件更多的是进行娱乐消遣，而女性发电子邮件更多的是有目的的沟通。Lim 等（2012）的研究也指出，男性相比于女性更容易出现网络偏离行为。Ozler 和 Polat（2012）发现，性别会影响网络偏离的类型和偏离频率，并且认为年轻男性发生组织网络偏离行为的频率更高。而 Weatherbee（2010）认为，没有足够的经验证明组织网络偏离行为与性别有关。赵书（2013）通过实证研究，引入心理控制源和组织嵌入，发现组织网络偏离行为存在显著性别差异，男性会表现出较多的非工作上网行为。

年龄与性别的影响相似，20~30岁的年轻员工比年龄大的员工更可能使用公司的网络出现网络滥用现象，从而产生偏离行为。然而，Blanchard 和 Henle（2008）研究发现，无论是轻微网络偏离行为还是严重的网络偏离行为与年龄相关性不大。

另外还有相关人口因素，如工作年限、工作薪资、工作职位等因素都会对组织网络偏离行为产生影响。工作中享有的权利、薪酬、受教育程度与网络偏离行为呈正相关关系（Garrett，2008）。

5.2.2 人格特质因素

互联网的使用水平变化还受人格因素影响（Chen，2011），而且互联网使用行为与人格高度相关（Amichai-Hamburger，2002）。个性特征主要集中在内外控制点、外向型、内向型、个人利益和大五人格等对组织网络偏离行为的影响。员工越是外向型，越可能出现严重的组织网络偏离行为（Blanchard，2008）。Davis（2002）研究发现，有问题的互联网使用包括四个方面：减少冲动控制、孤独/压抑、社会舒适和分散注意力。其中，易冲动的个体和易感到孤独压抑的个体发生网络偏离的概率更大。Everton 等（2005）通过对教育机构员工使用电脑情况的研究，发现他们使用电脑的行为与五个因素有关，即刺激寻求、冲动性、责任心、工作满意度和人口特征。

相关研究发现，尽责性和外向性与组织网络偏离行为显著相关。越是外向的员工，越可能出现网络偏离现象，越是负责的员工，网络偏离的可能性越小。自我调节也会影响组织网络偏离行为，因为员工的自我调节会受到个性的影响，员工的自我效能越高、责任心越强，网络偏离行为发生的概率就越小。

Berry 等（2007）认为，责任心和宜人性与工作偏离行为有密切的关系，通过责任心和宜人性可以很好地预测工作偏离行为。Krishnan 等（2010）在对大五人格如何影响员工在网络偏离行为上花费的时间的研究中发现，宜人性和外向性低的员工会在网络偏离行为上花费更多的时间，而责任心可以调节外向性和网络偏离行为的关系。Jia 等（2013）发现，责任心、情绪稳定性、宜人性与网络偏离行为显著负相关，即尽责感、情绪稳定性和宜人性越高的员工表现出越少的组织网络偏离行为；外倾性和经验开放性与员工网络偏离行为的关系未得到证实。Spector（2010）通过大量文献分析发现了尽责感、宜人性和神经质与各种违反组织规范的非暴力行为（包括非工作上网行为）之间存在显著的相关性。

Davis 等（2002）从行为动机出发，指出员工社交满足需要、工作场所的孤独/压抑、员工对网络偏离行为刺激力量的自我控制程度是该行为的主要影响因素。Griffiths（2000，2003）从社会心理学的视角对网络偏离行为的研究指出，网络偏离行为是由于作为社会一分子的个体感觉抑郁、孤独等心理问题与社交等各种需要引发的行为。Zhang 等（2015）发现，员工的未来取向在一定程度上也会影响其网络偏离行为的出现。

张燕（2008）在探讨工作压力与员工工作场所偏离行为的关系时发现，个性差异和压力感知对员工工作场所偏离行为有很大的影响。王群等（2009）认为，个性特征或习惯、严重性认知不足和行为合理化倾向是导致非工作上网行为的员工因素。涂晓春等（2016）认为，员工非工作上网行为的影响因素很多，认知不足、合理化倾向、寻求个人满足等六个因素对员工非工作上网行为产生了显著影响。姜荣萍等（2013）认为，特定工作情境和工作事件会导致员工特定情绪情感反应，消极情感与工作场所偏离行为等负向行为相关。

5.2.3 工作态度及思想认知

不良的工作态度会引发员工的组织网络偏离行为。Beuger（2006）认为，员工不满现有工作状态是网络偏离行为的体现，对具备创造性和灵活性头脑的职工而言，也可解释为一种功能性行为。Garrett 等（2008）发现，自主决策权、薪酬、受教育水平越高的员工出现网络偏离行为的概率越大。Vitak 等（2011）指出，工作不满意会导致多类型和高频率的组织网络偏离行为。Garrett 等（2008）指出，缺乏组织承诺的员工容易出现组织网络偏离行为。Liberman 等（2011）研究发现，工作参与和内在认同与组织网络偏离行为负相关。

另外，员工的思想认知同样会影响组织网络偏离行为。Liberman 等（2011）研究发现，员工如果对组织网络偏离行为持赞同态度将特别容易出现组织网络偏离行为。Lim 等（2002）的调查显示，大多数员工认为组织网络偏离行为不会伤害企业或者同事，因为自己“只是偶尔花费一点时间上网”，不会给整个工作进程带来影响；而且组织网络偏离行为还“可以缓解长时间工作的压力，能够更好地投入到下一轮的工作当中”。Garrett 和 Danziger（2008）研究证明，工作满意与网络偏离行为无太强关联，而个人的习惯是此类行为最好的预测器。杨兰等（2013）通过实证研究指出，行为态度、主观规范、知觉行为控制对组织网络偏离行为意向均产生正向影响，行为态度对网络偏离行为意向的影响最大，其次是主观规范，知觉行为控制的影响最小。

组织网络偏离行为是部分员工表达工作不满的方式之一。Lim 等（2002）研究发现，许多员工在以下情形会认为自己的组织网络偏离行为是合理的。一是觉得工作牺牲了太多的个人生活，那么组织网络偏离行为就是对这种牺牲的非正式补偿，以寻求工作生活的平衡。二是认为自己的所得少于付出，组织网络偏离行为则可以降低自己的劳动付出以弥补这种心理差距。三是在缺少支持和帮助的情况下，为了完成工作，不得不付出巨大努力，甚至需要额外工作，因而认为自己的组织网络偏离行为应该是可以被接受的。行为合理化（Behavior Justification，BJ）源于心理学的认知失调理论，是指个人通过一些方式或策略来为自己的行为决策是正确的或适当的提供支持或证明。杨兰等（2013）认为，员工越是对组织网络偏离行为进行行为合理化，就越倾向于出现组织网络偏离行为，并通过实证分析验证了行为合理化对员工的决策过程具有调节作用。

组织网络偏离行为还是部分员工寻求个人满足的重要途径。彭移风等（2008）指出，员工组织网络偏离行为很多时候是对个人效用的最大化追求，如获取各类资讯、赚取额外收益、维持人际交往等。Simmers 等（2008）提出，组织网络偏离行为有利于员工个人及职业的发展，因为员工的网络使用可以是寻找培训课程、学习新的工作技能、了解专业领域的最新发展等。

Joinson（1998）通过调查发现，用户在线活动可以缓解压力并快速释放其压抑情绪。在工作时间，员工被要求以持续的集中精力面对接连的工作任务，这种身体和精神上的急剧消耗造成精神紧张、身体上的疲劳及工作压力等。在长时间的工作中，员工会通过一些在线活动来适当放松自己，以便缓解这种疲劳及工作压力。

Davis（2002）等为找到能有效描述员工潜在的互联网滥用行为的因素，从员工自身的行为动机角度出发，通过在线认知量表对入职前的员工进行测量，发现并总结出影响员工互联网滥用行为的三种因素：员工的社交满足需要、工作场所的孤独/压力，以及员工对电脑怠工行为刺激力量的自我控制程度。

Lee 和 Lim（2005）在特定的 IS 环境（员工利用互联网比较方便的环境）下进行研究，以多种理论为依据建立员工与非工作上网行为（Non-Work Related Computing，NWRC）测量模型，并通过网上调查对导致员工非工作上网行为的因素进行相关的研究，数据分析表明，员工个人的习惯（社交满足、压力释放、网络资源获取的便利性等）是影响员工 NWRC 行为的最重要的因素，而且该因素还是员工产生互联网滥用意图和行为之间的桥梁，从而指出个人习惯这一因素对员工使用电脑行为的重要性。但是他们也指出，这次研究是基于 IS 环境，不同的环境对员工的 NWRC 行为和行为意向的影响不尽相同，需要更进一步的研究。

5.3　组织因素

5.3.1　工作压力

员工会利用组织网络偏离行为以缓解工作压力。Henle 等（2008）通过实证研究发现，角色冲突和角色模糊会导致员工组织网络偏离行为。Lim 等（2002）的调查也显示，37%的被调查者认为当承担相互矛盾的工作要求时，组织网络偏离行为是合适的；52%的被调查者承认当工作职责非常明确时，组织网络偏离行为会使其感到内疚。员工在感受到角色模糊和角色冲突的压力时，出现网络偏离行为的概率会更高（Henle & Blanchard，2008）。

5.3.2 工作量不饱和

工作量少会诱发员工的组织网络偏离行为。Henle 等（2008）关于工作压力与组织网络偏离行为关系的研究显示，角色超载（工作量大）会降低员工组织网络偏离行为，这也表明，当员工无所事事时，他们会通过组织网络偏离行为来打发时间。王群等（2009）指出，组织网络偏离行为是一部分员工无奈的选择，因为平时工作总量少，除了上网没有更好的事情来打发时间。涂晓春等（2011）也指出，工作量的非饱和性是员工非工作上网行为发生的重要客观因素之一。企业为员工安排的工作量少，工作强度小，其工作压力也必然小，组织网络偏离行为发生的概率就会大。张美灵等（2012）通过对高新技术企业员工的实证研究发现，高新技术企业员工，尤其是科研技术人员常以项目小组的形式组织团队工作，其工作灵活度远远高于其他类型企业。当市场有新的技术要求时，员工工作饱和度增加，相应的网络偏离行为就少；而当员工处于工作量少或没有的状态时，较低的工作饱和度导致更多的网络偏离行为。

5.3.3 工作方式、工作匹配性与工作意义

工作方式的改变也是引发员工组织网络偏离行为的原因之一。Simmers（2015）、Lim 等（2002）学者指出，在工作地点上，当前工作不一定在办公地点完成，员工也可能在家里工作；在工作时间上，有时会在办公室待得很晚，甚至周末也必须加班，因而在家庭生活方面的牺牲使他们觉得有权在工作时间使用公司的网络为个人所用，从而追求工作和家庭的平衡。涂晓春等（2011）指出，企业的工作安排越不合理，越有可能导致员工的组织网络偏离行为。人职匹配是人力资源管理的基本要求。许多企业在给员工安排工作时，一方面对工作缺乏科学细致的分析，对每一岗位的任职资格要求不甚明确；另一方面较少考虑员工的兴趣、个性、能力等因素，违反人适其事、事得其人的原则，从而影响员工对工作的投入，致使其将注意力转向网络。Jia 等（2013）对工作的意义性与组织网络偏离行为的关系进行了研究，发现当员工

认为当前的工作意义重大时，会努力控制自身网络偏离行为的出现。

5.4 环境因素

环境因素，即工作场所的情境因素主要包括两大类：一是任务特征，二是社会性特征（Barrick，Mount & Li，2013）。实证研究显示，任务特征如自主性、组织监管强度、薪酬设计对组织网络偏离行为具有显著的影响。研究关注的社会性特性主要是上级的影响、组织的氛围、组织相关的规制，主管支持、领导网络的影响作用已在多个研究中被证实。环境因素主要涉及工作环境和组织管理环境。

5.4.1 工作环境的便利

组织的便利条件是指宽带、计算机已逐渐成为工作环境中不可或缺的工作工具，由此带来的网络资源给员工提供了更为便利的使用网络的通道（Lee & Lim，2005）。员工能更容易和廉价地获得丰富的网络在线资源。

员工掌握网络技能及工作中需要使用网络的时间会对其组织网络偏离行为产生影响。Anandarajan 等（2000）研究发现，越擅长使用网络的员工越容易产生组织网络偏离行为，而且组织网络偏离行为的频率更高、时间更长。上网娴熟度方面，倾向于认为上网越娴熟、上网经验越丰富的员工越容易在上班期间出现组织网络偏离行为（Blanchard，2008）。

另外，工作中如果定期需要使用网络，员工将更容易产生组织网络偏离行为，因为它给员工的组织网络偏离行为提供了便利和机会，这在 Henle 等（2008）的研究中得到了证实。

员工的工作地位对其组织网络偏离同样具有影响。Garrett 等（2008）指出，相对于工作地位较低的员工而言，工作地位较高的员工具有更强的动机和更好的机会进行组织网络偏离行为。这一方面是由于组织网络偏离行为能激发高地位员工的创造性和弹性思维，另一方面则是由于他们具备丰富的计算机知识并掌握较高的网络技能，为其提供了技术支持。他们进一步指出，由于职场中身居高位的人往往是男性，所以地位差异强化了性别差异对组织网络偏离行为的影响。这一发现在 Ugrin 等（2008）的实证研究中同样得到了证实，即高管和经理更容易产生组织网络偏离行为，原因在于缓解压力的需要及更少管制的自由度。然而赵书（2013）认为，在企业中中高层管理人员的组织嵌入程度较高，组织嵌入度越高的员工，与组织的联系越紧密，越希望通过努力工作为组织的发展壮大贡献力量，反而越不容易产生组织网络偏离行为。

现代企业大多会购买宽带流量，员工在工作之余，无须挪动位置，只要轻点鼠标就可以轻松进行各种在线活动，如发送邮件、聊天、浏览新闻、炒股、玩在线游戏等，且不必担心按流量收取费用。组织便利性为员工在工作场所、工作时间的网络偏离行为的产生提供了充足的条件。

5.4.2 企业氛围影响

组织不公正会导致员工（包括组织偏离行为在内）的不端行为。Lim（2002）是最早从实证的角度来研究员工组织偏离行为原因的学者之一，她研究切入的视角就是组织不公正。组织公正包括组织政策程序公正、收入分配的公正、员工感知的公正，其中合理化、组织处罚、威胁、工作失范都起到调节变量的作用。

后来，Blau、Restubog、Zoghbi 等的研究也发现，组织不公正会完全或部分导致员工的组织网络偏离行为。Zobgbi（2009）对 Lim（2002）的观点进行补充，认为员工工作规范感越高，组织网络偏离行为与组织公正感具有越强的负相关，即员工工作规范感越高，觉知到组织越公正，则组织网络偏离行为发生的可能性越低，同时也指出，员工能感觉到组织的控制和监管、害怕被惩罚的心理也会影响到偏离行为。Woom 和 Pee（2004）从行为学的角度通过问卷调查证实了网络偏离行为动机中的社会规范因素、社会习惯因素等的显著性影响。

周浩等（2016）发现，员工感觉到工作中组织对于资源的配置、程序的运行越公正时，员工越不可能出现组织偏离行为。张美灵等（2012）通过对高新技术企业的知识型员工的研究发现，高新技术企业员工的满意度低于其他类型企业，又由于高新技术企业员工工作对电脑有很大的依赖性，因此员工对组织不公的最常见的表现就是网络偏离行为。Lim（2002）通过对 188 位在职员工的调查研究结果表明，组织公正对员工网络偏离行为有显著影响。

员工组织网络偏离行为也可能是模仿和学习的结果。社会学习理论认为，人们行为的获得和维持是一系列模仿和学习的结果。如果最初一小部分员工的组织网络偏离行为没有得到有效监督、干预和管理，就会促使其他员工尤其是新员工不断模仿并合理化这种行为，最后演变成一种普遍现象和风气，并可能成为一种不成文的文化氛围。

Blanchard 等（2008）的研究显示，许多员工并不认为普通的组织网络偏离行为是不正常的或不恰当的，因为其他人（包括同事和上司）也在利用公司网络进行与工作无关的私人上网活动。Liberman 等（2011）的研究发现，对同事组织网络偏离行为的认知与自己的组织网络偏离行为正相关。Lim 等（2005）的研究也显示，大约 88%的被调查者报告，当了解到其他人都在发生组织网络偏离行为时，就会觉得自己的组织网络偏离行为是可以被接受的。

王群等（2009）的思辨研究也指出，在组织的大环境中，首先存在一小部分人进行组织网络偏离行为。此时，管理人员并未对此行为进行过多的干涉，或者没办法有效地进行监督和管理。这样逐渐地其他人不断效仿这种行为，最终使组织网络偏离行为成为一种普遍现象，并可能成为组织中的一种风气，成为一种不成文的文化氛围。尤其是对于那些新员工来讲，一旦觉察到新组织中普遍存在“磨洋工”的现象，则容易从心理和行为上被逐渐同化。这一影响因素在涂晓春（2011）的实证研究中得到了证实。

杨兰等（2013）也通过实证研究证实，主观规范会对员工的组织网络偏离行为意向产生影响。主观规范是指个体在决定是否要执行某种行为时所感受的压力，压力来自重要的参考群体对该行为是否支持或赞同。对于员工来说，参考群体主要是单位领导、同事和好友等重要群体，员工越是认为领导、同事或好友会默许或支持网络偏离行为，则感觉到的压力越小，实施网络偏离行为的可能性越大。

5.4.3 管理制度缺失或不完善

管理制度的缺失或不完善是导致员工组织网络偏离行为的重要原因。学者的研究已证实，组织不公正或工作压力等并不必然导致员工的组织网络偏离行为，这其中还要考虑一些中介变量和调节变量的影响。

Lim（2002）构建了一个基于中和技术的“账户平衡”的中介变量，即当员工感觉到不公正时，就会为了寻求平衡导致组织网络偏离行为。

Zoghbi（2006）在研究互动公正对组织网络偏离行为的影响时加入中介变量“对正式处罚的害怕”，在研究程序公正对组织网络偏离行为的影响时加入中介变量“规范冲突”，并且认为组织公正对员工组织网络偏离行为的影响还要受到“工作失范”的调节。另外，他在研究组织网络偏离行为管理制度的有效性时发现，组织控制、对正式处罚的害怕及主管的监督会降低员工的组织网络偏离行为。

Henle 等（2008）发现，当没有处罚措施时，角色冲突和角色模糊更容易导致员工的组织网络偏离行为。涂晓春等（2011）也指出，企业的惩戒力度越大，非工作上网行为就越少。员工是否从事某种行为一般会权衡该行为引发后果的利弊得失。企业如果对员工的组织网络偏离行为没有任何的惩戒措施，实际上就是对这种行为的纵容。

6 组织网络偏离行为意向研究：计划行为理论视角

6.1 引言

网络经济时代的来临增强了互联网与企业之间的联系。工作场所逐渐盛行网络化、无纸化办公，互联网已经与人们的工作和生活密不可分。2018 年 1 月初，中国互联网信息中心《第 41 次中国互联网络发展状况统计报告》的数据显示，国内多达 7.72 亿公民使用互联网，覆盖率为 55.8%。中国手机网民规模已达到 7.53 亿，国内 97.5%的公民使用手机客户端上网。在新技术条件下，组织网络偏离行为管理面临着挑战。网络为员工提供了大量的有效资源，使他们更好地完成工作，但网络的开放自由性也让员工的网络行为更加隐蔽，对于借助网络平台工作的员工来说，弹性工作制是未来的发展方向。办公软件不仅拥有资料传输、信息查找的功能，而且附带聊天工具，不易区分出非工作相关的网络浏览与网上查询资料的不同状态。如果员工不能合理地运用网络资源，会对组织造成很多的负面影响：第一，在线播放或下载音视频文件，导致宽带拥堵、组织的网上关键业务无法正常运行；第二，上班时做与工作不相关的事，直接影响办事效率；第三，通过网络平台大肆发布企业资料，致使内部机密信息泄露；第四，员工有意无意地进入一些非法网站，宣传色情等内容，使网络的安全性受到威胁。有效管理组织网络偏离行为，需要在制度管控的基础上寻求造成该行为的深层次原因。本章以计划行为理论为支撑，研究组织网络偏离行为产生的动机和意图，探讨组织网络偏离行为意向的形成过程。研究对于组织网络偏离行为管理具有较高的理论价值和现实意义。

6.2 研究假设

6.2.1 行为态度、主观规范、知觉行为控制对组织网络偏离行为意向的影响

网络滥用行为是指员工在工作时间、工作地点运用公司网络进行的非工作行为（Lim，2002）。大多数研究表明，员工的网络偏离行为会对组织，甚至是社会产生不良影响。例如，有研究从社会视角提出，网络偏离行为是工作时产生的网络偏离行为、任意运用网络信息甚至隐藏犯罪动机的行为。综合 Griffiths（2003）、Friedman（2000）、Young 和 Case（2004）等的观点，本章将组织网络偏离行为定义为员工利用互联网，在正常的工作时间、场所进行如接收个人邮件、QQ 聊天与游戏、网上购物、理财、阅读时政与体育类信息等非工作相关行为的综合性行为表现。在工作场所盛行网络化、无纸化办公的今天，组织网络偏离行为管理面临着巨大挑战。

计划行为理论（Theory of Planned Behavior，TPB）源于 Fishbein（1963）的多属性态度理论，意指行为态度对行为意向起决定性作用，行为导致的后果又控制着行为态度的产生。随后，Fishbein 和 Ajzen（1982）在多属性态度理论的基础上，初步形成了理性行为理论（Theory of Reasoned Action，TRA）。Ajzen（1985）对理性行为理论进行了扩展，引入知觉行为控制变量，并提出了计划行为理论。计划行为理论认为，决定行为意向的变量包括行为态度、知觉行为控制和主观规范，行为态度的好坏、来自重要的他人和组织给予的支持、知觉行为控制的强弱与行为意向正相关，并且行为态度、主观规范和知觉行为控制三者之间既彼此独立，又相互联系。

根据计划行为理论，行为意向与行为呈正相关，行为意向又受到行为态

度、主观规范、知觉行为控制的影响。行为态度是指个体对于某种行为正面或负面的评价，通常个人对行为的评价越正面、积极，他的行为意向就越强；反之越弱。对于员工来说，越是不认可组织网络偏离行为，就越不会参与到组织网络偏离行为中。

主观规范是指个体在决定是否要执行某种行为时所感受的压力，压力来自重要的参考群体对该行为是否支持或赞同。对于员工来说，参考群体主要是单位领导、同事和好友等重要群体，员工越是认为领导、同事或好友会默许或支持组织网络偏离行为，其感觉到的压力越小，实施组织网络偏离行为的可能性越大。

知觉行为控制是个体根据过去的经验和预期的阻碍，感知到执行某种行为的难易程度。员工认为自己的机会和资源越少，预期的阻碍越大，知觉行为控制就越弱；反之越强。例如，无线网络的普及让手机上网更加方便，让员工感觉到实施组织网络偏离行为变得容易，自己对行为的控制力越强，就越会增加组织网络偏离行为的信心。因此，本章提出如下假设：

H1：员工对组织网络偏离行为的态度对其行为意向有正向的显著影响，即员工越是认可组织网络偏离行为，就越会倾向于产生网络偏离行为。

H2：组织网络偏离行为的主观规范对其行为意向有正向的显著影响，即员工感觉到单位领导的管理越宽松，同事越认同组织网络偏离行为，个体产生组织网络偏离行为的可能性就越大。

H3：组织网络偏离行为的知觉行为控制对其行为意向有正向的显著影响，即员工组织网络偏离行为的资源越丰富、机会越多，组织网络偏离行为意向就越强。

6.2.2 行为合理化对组织网络偏离行为意向的影响

行为合理化源于心理学的认知失调理论，是指个人通过一些方式或策略来为自己的行为决策是正确的或适当的提供支持或证明。认知失调理论认为，对于个人而言，认知或感知之间的关系有矛盾或参与的行为与他的信念或态度不一致时，认知不一致就产生了。这种不一致会为个人带来压力并让他感到不舒服和焦虑，因此个人会尝试改变或逃离心理冲突。Festinger 提出了三类合理化的方式：第一，改变不一致中的一个要素、态度、价值观或行为；第二，增加与行为一致的认知，即寻找新的支持决策或行为的信息或信念；第三，降低或轻视不一致要素的重要性。一般而言，在实际的合理化过程时，个人会运用其中一类或结合这几类方式进行行为合理化，行为合理化的程度越高，其认知不一致的感知就越低，也就越会参与和态度或认知不一致的行为。在涉及有道德问题的行为决策时，个人行为合理化的程度越高，就越会参与到有道德问题的行为中。Lim（2002）的研究表明，在组织公正对组织网络偏离行为的影响中，行为合理化起到了部分调节作用。对行为的合理化会影响决策者参与这一行为的态度和意愿，对于员工来说，他们对于组织网络偏离行为的合理化可能会影响其参与网络偏离行为的意愿。

虽然与工作无关的网络行为给一个单位或组织带来了资源的浪费，很有可能直接导致其他诸如网络安全、法律风险、信息泄露等严重后果，但是从员工的角度来讲，他们对这些隐患毫不知情或者理解得并不深刻。对于在工作期间的组织网络偏离行为，很多有过组织网络偏离行为的员工觉得单位主管夸大了其负面的影响，认为并不像管理人员声称的那么严重。另外，进行与工作无关的网络活动大多都发生在工作不太忙的时候，并没有消耗多少精力，也没有浪费工作时间，有时候发一封私人邮件也只会花费几秒钟的时间，对工作进程并没有多大影响，因此，他们更不会觉得影响了单位或其他同事。组织网络偏离行为的出发点是丰富的、多元的，他们在线炒股、玩彩票或者做兼职受益，在购物网站购物使生活更加便捷，在线聊天、发微博能得到亲朋好友的认可和保持人际交往，逛论坛发表观点获得来自网络社区的地位和尊重，浏览新闻、听歌、看视频等能了解资讯和放松心情等，这些组织网络偏离行为让员工不仅获得了经济收入，而且增强了资源的利用率并在社会上提升了名望和地位，最终实现自我价值的最大化，这些都有可能成为组织网络偏离行为合理化的理由。

员工越是认为自己偶尔的组织网络偏离行为是合理的、可以接受的，则越是看重网络行为给自己带来的效用，为组织网络偏离行为进行合理化或辩护的程度越高，就越会参与到组织网络偏离行为当中。因此，本章提出假设：

H4：员工越是对组织网络偏离行为进行行为合理化，就越倾向于组织网络偏离行为。

行为合理化可能会对员工的决策过程有调节作用，即行为合理化会调节行为态度、主观规范和知觉行为控制与组织网络偏离行为倾向之间的关系。当员工的行为合理化程度较高，认为参与组织网络偏离行为有正当理由时，即使认为这种行为不好也会心安理得地参与其中，不会因为态度与行为之间的认知偏差带来的心理冲突而受到影响，此时员工的行为态度对组织网络偏离行为的影响作用就降低了，即他们对组织网络偏离行为的负面评价与组织网络偏离行为倾向之间的负相关关系就减弱了。当员工合理化组织网络偏离行为的程度较低时，员工认为没有正当理由为组织网络偏离行为辩护，则更可能根据自己对组织网络偏离行为道德或不道德的评价判断自己是否实施组织网络偏离行为。

根据 H2，当员工认为对网络偏离行为的合理化程度高，认为参与组织网络偏离行为有正当理由时，如他提前完成了工作任务，即使单位领导和同事都反对这种行为，员工也会参与组织网络偏离行为，而不会因为自身与重要参考群体之间的认知偏差带来的心理冲突而受到影响，此时，领导与同事的态度对他们组织网络偏离行为的影响作用就会降低。当员工对组织网络偏离行为的合理化程度较低时，即认为没有合理的理由为这种行为辩护，他们更可能根据单位领导和同事等重要参考群体的支持与否来决策自己的行为。

根据 H3，当员工对组织网络偏离行为的合理化程度高时，认为参与组织网络偏离行为有正当理由，如需要在线与客户沟通，即使他们感知到对自己行为的控制力不高，也可能会选择参与到组织网络偏离行为中，认知与行为之间的不一致产生的心理冲突并不会对他们造成影响。当员工对组织网络偏离行为的合理化程度低时，即认为没有合理的理由为组织网络偏离行为辩护，他们更可能根据自己的知觉行为控制力来选择是否参与组织网络偏离行为。

因此，本章提出假设：

H5：行为合理化在组织网络偏离行为态度与行为意向之间存在负向调节作用。当员工对组织网络偏离行为的合理化程度低时，员工对组织网络偏离行为的正面评价与网络偏离行为倾向之间的正相关关系被强化；当员工对组织网络偏离行为的合理化程度较高时，员工对组织网络偏离行为的正面评价与网络偏离行为倾向之间的正相关关系被弱化。

H6：行为合理化在组织网络偏离主观规范与行为意向之间存在负向调节

作用。当员工对组织网络偏离行为的合理化程度低时，单位领导与同事的支持与员工的网络偏离行为倾向的正相关关系被强化；当员工对组织网络偏离行为的合理化程度较高时，单位领导和同事的支持与员工的网络偏离行为倾向的正相关关系被弱化。

H7：行为合理化在组织网络偏离行为的知觉行为控制与行为意向之间存在负向调节作用。当员工对组织网络偏离行为的合理化程度低时，员工的知觉行为控制与网络偏离行为倾向之间的正相关关系被强化；当员工对组织网络偏离行为的合理化程度较高时，员工的知觉行为控制与网络偏离行为倾向之间的正相关关系被弱化。

本章的理论模型如图 6-1 所示。

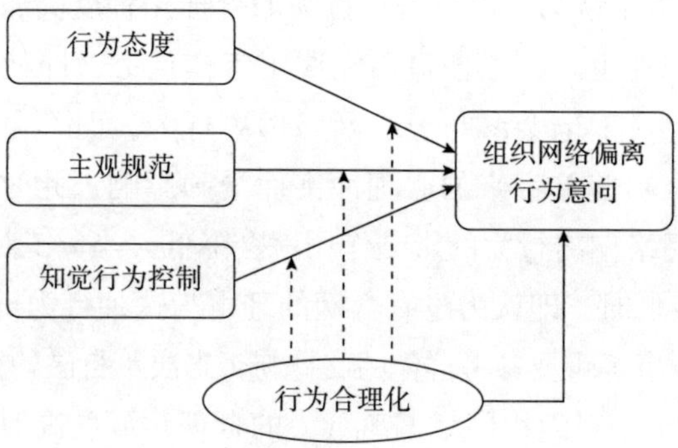

图 6-1　研究的理论模型

6.3　研究方法

6.3.1　研究对象与数据收集

本章主要采取信效度分析、描述性分析、相关分析、回归分析等方法，使用 SPSS19.0 软件进行分析。

本章研究问卷主要针对企业需要使用网络的员工，采用方便抽样方式，问卷主要通过互联网和纸质发放（见附录4）。共发放问卷443份，回收325份，回收率为73.4%，有效问卷282份，有效回收率为63.7%。其中，员工信息中，性别方面，男性占52.1%，女性占47.9%；年龄方面，21~30岁占41.1%，31~40岁占43.6%，41~50岁占15.2%；教育水平方面，高中/中专占5.3%，大专占17.4%，本科占59.2%，研究生及以上占18.1%；工作岗位方面，普通员工占41.8%，基层管理者占29.1%，高层管理者占11%；工作年限方面，3年以下占8.9%，3~5年占44.3%，6~10年占31.6%，11~15年占12.1%，15年以上占3.2%；单位类型方面，国有企业占16.7%，民营企业占39.4%，政府机关占17.0%，事业单位占20.92%，非营利性组织（协会/慈善机构等）占5%，其他占1.1%；电脑使用情况方面，工作全部在电脑上完成占25.2%，大部分需要电脑占62.1%，一半需要电脑占10.3%，很少需要电脑占2.5%。

6.3.2 研究工具

本章所使用的量表均为国外成熟的量表或是经过国内研究者翻译编制的中文版量表。为了避免正式调查时出现较大失误，需要初步检验变量的测量效果，因此本章进行了前测分析。前测问卷发放80份问卷，回收有效问卷72份，所有量表的Cronbach's α系数均达到0.6以上，说明量表具有较好的信度。

组织网络偏离行为意向量表。选用晏芬等（2016）开发的“组织网络偏离行为量表”，题项例如“使用QQ、MSN、飞信进行私人聊天”“团购、网购（如淘宝、京东等）”等12个题项（T1~T12）。本章中该量表信度为0.856，KMO值为0.842。

行为态度。使用Qinyu Liao（2009）修订后的两题“行为态度量表”，题项包括“我认为这种行为是可以接受的”“我认为单位禁止这些行为是没有必要的”，测量对网络偏离行为的态度。本章中该量表的信度为0.738，KMO值为0.500。

主观规范。根据韩碧（2011）等翻译校订的“主观规范量表”，该量表包含了“我的上司认为这种行为是可以接受的”“我的同事认为这种行为是可以接受的”等四个题项（T15~T18）。本章中该量表信度为0.777，KMO值为0.749。

知觉行为控制。参考Qinyu Liao（2009），共两个题项（T19~T20）。本章中该量表的信度为0.776，KMO值为0.5。

行为合理化。参考毛丽红（2012）等翻译校订的量表，包含了“我总是能在规定时间完成工作任务”等六个题项（T21~T26）。本章中该量表的信度为0.829，KMO值为0.817。

6.4 研究结果

6.4.1 相关性分析

首先使用SPSS19.0软件检验主要研究变量（计划行为理论各变量、行为合理化与组织网络偏离行为意向）之间的相关关系（见表6-1）。

表6-1 相关分析结果

	I	I_1	I_2	I_3	AB	SN	PBC	BJ
I	1							
I_1	0.869**	1						
I_2	0.863**	0.611**	1					
I_3	0.736**	0.437**	0.523**	1				
AB	0.654**	0.568**	0.573**	0.471**	1			
SN	0.609**	0.522**	0.555**	0.422**	0.409**	1		
PBC	0.468**	0.379**	0.417**	0.371**	0.269**	0.397**	1	
BJ	0.533**	0.437**	0.457**	0.437**	0.394**	0.250**	0.270**	1

注：**、*分别表示 $P<0.01$、$P<0.05$。其中，AB代指行为态度，SN代指主观规范，PBC代指知觉行为控制，BJ代指行为合理化，I代指组织网络偏离行为意向（总体行为意向），I_1代指社交行为意向，I_2代指兴趣行为意向，I_3代指商务行为意向。

从表 6-1 中可以看出，行为态度、主观规范、知觉行为控制、行为合理化与网络偏离行为意向的相关系数性都在 0.01 水平上显著为正，存在显著的正向关系。

6.4.2　组织网络偏离行为总体行为意向的回归分析

以行为态度、主观规范、知觉行为控制和行为合理化为预测变量，以组织网络偏离总体行为意向为因变量，将人口统计学变量作为控制变量，进行分层多元回归分析。第一步，将人口统计学变量放入回归方程；第二步，将 AB、SN、PBC 和 BJ 四个因素作为自变量放入回归方程，分离出对网络偏离总体行为的影响因子；第三步，将 AB、SN、PBC 和 BJ 的交互项放入回归方程，最终形成分层多元回归模型。模型一验证控制变量对总体行为意向的影响，模型二验证计划行为理论及行为合理化对总体行为意向的预测作用，模型三验证 BJ 对 AB、SN、PBC 与总体行为意向关系的调节作用。其中，为了检验自变量与调节变量的交互项，需要在进行回归前对所有变量进行中心化（中心化的 AB、SN、PBC 和 BJ 分别用 F1、F2、F3、M 表示），模型中的显著水平均以 0.05 作为检验标准（见表 6-2）。

表 6-2　总体行为意向回归分析结果

变量	模型一	模型二	模型三
	Beta	Beta	Beta
F1		0.369	0.341
F2		0.324	0.283
F3		0.152	0.128
M		0.263	0.260
F1 * M			0.015
F2 * M			-0.114
F3 * M			-0.046
R^2	0.042	0.672	0.684

续表

变量	模型一	模型二	模型三
	Beta	Beta	Beta
F	1.727	50.386	41.353
Sig.	0.103	0.000	0.000

模型二中，在加入 F1、F2、F3、M（分别代表行为态度、主观规范、知觉行为控制、行为合理化）四个影响变量后，拟合优度指标 R^2 由模型一的 0.042 提高到 0.672，得到显著改善，F 的变化是显著的（F=50.386，P<0.01）。这说明模型二的回归关系可以解释总体行为意向 67.2%的变异，即自变量对总体行为意向有很好的解释性。另外，影响因素中的行为态度（Beta=0.341，P<0.01）、主观规范（Beta=0.283，P<0.01）、知觉行为控制（Beta=0.128，P<0.01）和行为合理化（Beta=0.260，P<0.01）对网络偏离总体行为意向有显著正向影响，因此，H1、H2、H3、H4 成立。比较 F1、F2、F3 的 Beta 值，可以得出在计划行为理论变量中，行为态度对总体行为意向的正向影响最强烈，最弱的是知觉行为控制。

模型三中，在加入交互项 F1*M、F2*M、F3*M 之后，模型的拟合优度 R^2 由 0.672 提高到 0.684，得到显著改善。F1*M 的回归系数不显著，P>0.05，说明行为合理化对网络偏离行为态度与行为意向的关系没有调节作用，H5 被拒绝。F2*M 的回归系数显著为负，P<0.05，说明行为合理化弱化了主观规范与行为意向之间的正向关系，即行为合理化程度较高时两者关系较弱，而行为合理化程度较低时两者关系较强，H6 成立。F3*M 的回归系数不显著，说明行为合理化对知觉行为控制与行为意向的关系没有调节作用，H7 被拒绝。

6.4.3 三类组织网络偏离行为意向的回归分析

为了研究不同类型的组织网络偏离行为意向之间的差异及与各预测变量之间的关系，下面分别以社交行为、兴趣行为和利己行为作为因变量，以各预测变量为自变量进行分层多元回归分析（见表 6-3）。

表 6-3 三类组织网络偏离行为意向的回归分析

因变量 模型	社交行为		兴趣行为		利己行为	
	模型 1	模型 2	模型 3	模型 4	模型 5	模型 6
F1	0. 341	0. 320	0. 322	0. 308	0. 251	0. 223
F2	0. 285	0. 254	0. 311	0. 276	0. 194	0. 164
F3	0. 121	0. 105	0. 150	0. 130	0. 160	0. 140
M	0. 199	0. 192	0. 211	0. 216	0. 246	0. 242
F1 * M	—	0. 000	—	0. 052	—	-0. 014
F2 * M	—	-0. 094	—	-0. 103	—	-0. 077
F3 * M	—	-0. 012	—	-0. 057	—	-0. 031
R^2	0. 475	0. 480	0. 516	0. 527	0. 367	0. 370
F	62. 641	36. 399	73. 898	43. 541	40. 196	23. 390

模型 2 中，行为态度（Beta=0. 320，P<0. 01）、主观规范（Beta=0. 254，P<0. 01）知觉行为控制（Beta = 0. 105，P < 0. 01）和行为合理化（Beta = 0. 192，P<0. 01）对社交行为意向有显著正向影响，尤其是行为态度对社交行为意向的影响最大，知觉行为控制的影响最小。在加入交互项 F1 * M、F2 * M、F3 * M 之后，模型的拟合优度变化不大，F1 * M、F2 * M、F3 * M 的回归系数不显著，P>0. 05，说明行为合理化没有调节行为态度、主观规范、知觉行为控制与社交行为意向的关系。

模型 4 中，行为态度（Beta=0. 308，P<0. 01）、主观规范（Beta=0. 276，P<0. 01）、知觉行为控制（Beta = 0. 130，P < 0. 01）和行为合理化（Beta = 0. 216，P<0. 01）对兴趣行为意向有显著正向影响，行为态度的影响最大，知觉行为控制的影响最小。在加入交互项 F1 * M、F2 * M、F3 * M 之后，拟合优度指标 R^2 由模型 3 的 0. 516 提高到 0. 527，得到显著改善，F 值也有显著的变化（P<0. 01）。F1 * M 的 Beta 值不显著，行为合理化对行为态度与兴趣行为意向的关系没有调节作用。F2 * M 的回归系数不显著，P>0. 05，说明行为合理化对主观规范与兴趣行为意向的关系没有调节作用。F3 * M 的回归系数为 0. 057，显著为负，P<0. 05，说明行为合理化弱化了知觉行为控制与兴

趣行为意向之间的正向关系，即行为合理化程度较高时两者关系较弱，而行为合理化程度较低时两者关系较强。

模型 6 中，行为态度（Beta=0.223，P<0.01）、主观规范（Beta=0.164，P<0.01）、知觉行为控制（Beta=0.140，P<0.01）和行为合理化（Beta=0.242，P<0.01）对利己行为意向有显著正向影响，行为态度对利己行为意向的影响最大，知觉行为控制的影响最小。在加入交互项 F1＊M、F2＊M、F3＊M 之后，模型的拟合优度变化不大，F1＊M、F2＊M、F3＊M 的回归系数不显著，P>0.05，说明行为合理化没有调节行为态度、主观规范、知觉行为控制与利己行为意向的关系。

6.4.4 行为合理化对组织网络偏离行为意向的调节作用

根据 H4 的假设检验，行为合理化在总体行为、社交行为、兴趣行为、利己行为的回归方程中，回归系数分别是 0.260、0.192、0.216、0.242（P<0.01），说明行为合理化会对员工的网络偏离行为意向产生直接的正向影响。

根据 H5~H7 的假设检验，行为合理化会对员工组织网络偏离总体行为决策过程有部分的调节作用。其中，H5 被拒绝，即行为合理化对行为态度与组织网络偏离行为总体意向之间的正向关系没有调节作用，可能的原因是员工产生组织网络偏离行为意向时，行为态度的影响作用是显著的，员工对行为的看法是积极还是消极直接影响着行为意向，所以行为合理化的调节作用并不明显。H6 的结果表明，行为合理化对员工的主观规范与其网络偏离总体行为意向之间的正相关关系有调节作用，H6 成立。交互项 F2＊M 的回归系数显著为负，说明行为合理化会弱化员工对组织网络偏离行为的主观规范与总体行为意向之间的正向关系，即当行为合理化程度较高时两者关系较弱，当行为合理化程度较低时两者的关系较强。H7 被拒绝，行为合理化对知觉行为控制与员工总体行为意向之间的正向关系没有调节作用，若员工知觉行为控制较弱，组织网络偏离行为意愿并不强烈，即使员工认为行为是合理的，由于上网机会较小，没有足够条件给予支持，所以行为合理化的调节作用并不明显。

为了更深入地研究行为合理化对于总体行为和兴趣行为的调节作用，以均值作为标准，将主观规范、知觉行为控制和行为合理化各分成两组，以员工的组织网络偏离行为意向为因变量，对数据进行分析。结果如图 6-2（a）、图 6-2（b）所示。

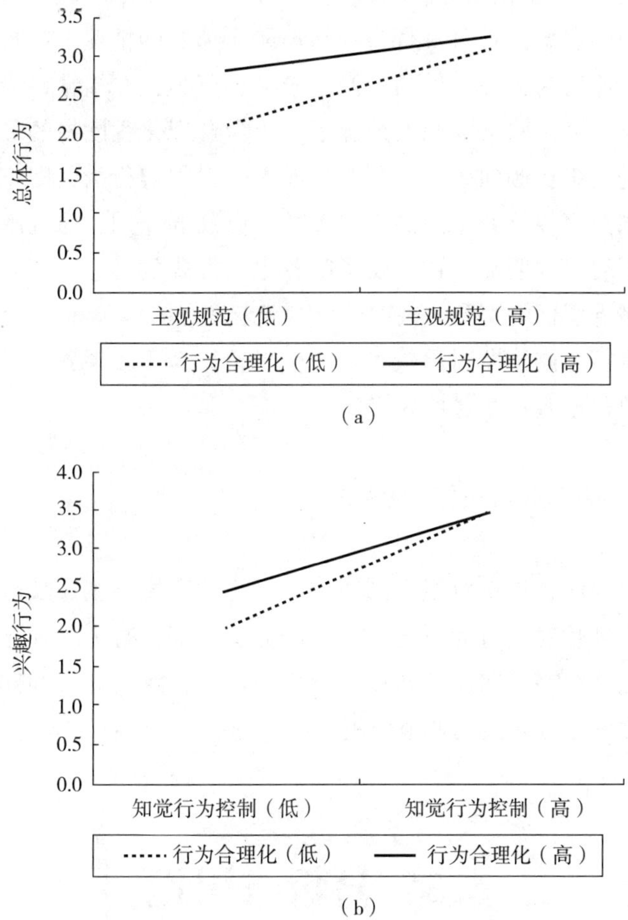

图 6-2 行为合理化的调节作用

结果表明，行为合理化确实会弱化上面两组变量的关系，在主观规范水平较高时，感受到周围的群体的默许和支持度很高的情况下，行为合理化程度高的员工比行为合理化低的更倾向于网络偏离行为；在主观规范水平比较低，周围的群体给其造成很大压力的情况下，行为合理化程度高的员工比行为合理化程度低的员工更倾向于网络偏离行为，而不是去规避行为，进一步证实了 H6，即行为合理化对主观规范与行为意向的正向关系具有削弱作用，而且削弱作用在主观规范低时更加明显。同样，这种影响在知觉行为控制对兴趣行为的关系中也有类似的表现。在知觉行为控制水平较高时，拥有更多工作时间上网的资源，对自身行为的掌控能力越好的情况下，行为合理化程度高的员工，比行为合理化低的越倾向于兴趣行为；在知觉行为控制水平比较低，且不具备太多网络资源的情况下，行为合理化程度高的员工比行为合理化程度低的员工更倾向于兴趣行为，而不是去规避行为，即行为合理化对知觉行为控制与兴趣行为意向的正向关系具有削弱作用，而且削弱作用在知觉行为控制低时更加明显。这说明了随着生活方式的日益丰富和多元化，人们更加看重精神层面的需要，兴趣行为能带来良好的体验和精神上的满足感，即使网络偏离行为的预期阻碍较大，产生兴趣行为比较频繁的员工也会抓住机会让自己放松或查找感兴趣的信息。

6.4.5 假设检验与模型修订

本章研究表明，员工对组织网络偏离行为的态度、主观规范、知觉行为控制、行为合理化对其行为意向有正向的显著影响；行为合理化在主观规范与行为意向之间存在负向调节作用；行为合理化在行为态度和知觉行为控制与行为意向之间不存在负向调节作用。

6.5 分析与讨论

本章基于计划行为理论与行为合理化理论，以 282 名企事业单位员工的数据为样本，对员工的行为态度、主观规范及知觉行为控制对网络偏离行为意向的影响进行调研。得到的主要结论包括：

（1）有组织网络偏离行为意向的员工在组织中是普遍存在的。

（2）行为态度、主观规范、知觉行为控制对组织网络偏离行为意向均产生正向影响，行为态度对网络偏离行为意向的影响最大，其次是主观规范，知觉行为控制的影响最小。

（3）行为合理化对主观规范与组织网络偏离总体行为意向有负向调节作用，显著弱化了两者的正向关系，特别是主观规范水平低时，这种作用更明显；行为合理化对知觉行为控制与兴趣行为意向有负向调节作用，特别是知觉行为控制水平低时，这种作用更显著。

（4）行为合理化与行为态度、主观规范、知觉行为控制之间都有显著的正相关性，行为合理化与行为态度的相关性最强，与主观规范的相关性最弱。

（5）对于不同类型的组织网络偏离行为，各个自变量对组织网络偏离行为意向的影响是有一定差异的，社交行为和兴趣行为中，行为态度是最显著的因素，其次是主观规范，再次是行为合理化，最后是知觉行为控制。在利己行为中，行为合理化的作用大于主观规范。

根据 H1、H2 和 H3 的假设检验，计划行为理论对中国企事业单位中员工的网络偏离行为意向有很好的解释作用，具体表现为行为态度对组织网络偏离行为意向有显著的正向影响，主观规范对员工的组织网络偏离行为意向有显著的正向影响，知觉行为控制对组织网络偏离行为意向有显著的正向影响，说明计划行为理论的三个变量对组织网络偏离行为有很好的预测性。

（1）行为态度与组织网络偏离行为意向的关系。相关分析表明，行为态度与组织网络偏离行为意向显著正相关（$P<0.01$）。行为态度与社交类、兴趣类和利己类行为意向正相关（$P<0.01$）。在总体行为回归分析中，行为态度的回归系数为 0.282，显著性水平小于 0.05，H1 得到证实。在三种类型行为的回归方程中，回归系数分别是 0.309、0.307、0.332，显著性水平都小于 0.05，说明员工对组织网络偏离行为的态度越积极，其行为意向越强；态度越消极，其行为意向越弱。

（2）主观规范与组织网络偏离行为意向的关系。相关分析表明，主观规范与组织网络偏离行为意向在 0.01 水平上显著正相关。主观规范与社交类、兴趣类和利己类行为意向在 0.01 水平上正相关。在总体行为意向回归方程中，主观规范的回归系数为 0.346，显著性水平小于 0.05，H2 得到证实。在三种类型行为的回归方程中，回归系数分别是社交类 0.362、兴趣类 0.407、利己类 0.251，显著性水平都小于 0.05，这与计划行为理论中提出的人们感觉到的他人（重要的）的支持越多，越倾向于从事该行为这一观点是一致的。Galletta 和 Polak（2003）讨论了同事或者上司支持的组织文化中，会促进该行为的发生。Lee 和 Kim（2009）也表示，员工与工作无关的上网行为会受他人（重要的）对于该行为合理与否的评估的影响。Pee 和 Woon（2008）发现，在大多数人认为私人电脑使用是不道德的行为时，该行为的意图水平较低。

（3）知觉行为控制与组织网络偏离行为意向的关系。相关分析表明，知觉行为控制与组织网络偏离行为意向在 0.01 水平上显著正相关。知觉行为控制与社交类、兴趣类和利己类行为意向在 0.01 水平上正相关。在总体行为回归方程中，知觉行为控制的回归系数为 0.105，显著性水平小于 0.05，H3 得到证实。在三种类型行为的回归方程中，回归系数分别是社交类 0.101、兴趣类 0.129、商务类 0.145，显著性水平都小于 0.05，说明员工对组织网络偏离行为的知觉行为控制能力越强，进行组织网络偏离行为的意愿越大。Ajzen（1985）研究发现，个人从事某行为会取决于他所拥有的时间、金钱、技能及其他资源等因素，如果员工有更多的时间和机会上网，比如现在移动互联网的便利性让员工对组织网络偏离行为资源控制力增强，产生组织网络偏离行为的倾向与可能性就更大。

（4）计划行为理论的三个变量对组织网络偏离行为意向的影响作用比较。对于总体行为，由行为态度、主观规范和知觉行为控制的 Beta 值（0.341、0.283、0.128）可以得出，行为态度对组织网络偏离行为意向的影响最大，知觉行为控制的影响最小。在 Liao 等（2009）的研究中，行为态度对组织网络偏离行为的影响最大（回归系数 = 0.466，$P<0.001$），其次是知觉行为控制（回归系数 = 0.221，$P<0.05$），主观规范的影响最小（回归系数 = 0.127，$P<0.05$），对比本章与 Liao 等（2009）的结论，行为态度都是影响行为意向的最大因素，而对于主观规范与知觉行为控制，两者的结论刚好相反。本章认为，主观规范对行为意向造成的影响大于知觉行为控制，这个差异可能是由于文化背景的不同，本章是研究中国企事业单位的员工行为，集体主义文化对中国文化的影响很大，个人作为群体的一部分，主要考虑的不是产生组织网络偏离行为的难易度，而更多地遵从群体的规范和行为。对于三种不同类型的组织网络偏离行为，分别对比它们的回归分析中计划行为三个变量的标准系数，发现影响最大的都是行为态度，知觉行为控制的影响最小，说明这

三个变量分别对社交行为、兴趣行为和利己行为意向的作用大小的差异并不明显。

基于研究结论，计划行为理论的三个变量及行为合理化对组织网络偏离行为意向有紧密的联系，为管理实践提供了重要的参考。针对总体的网络偏离行为意向和不同类型行为之间的差异，组织（企业）可以从以下四个方面来完善相应的管理策略，有效引导员工的网络行为。

第一，通过培训或政策宣传将组织网络偏离行为给组织带来的严重后果告知员工，改变员工的态度，树立正确的行为观。在本章研究的变量中，行为态度是对组织网络偏离行为意向作用最显著的一个变量，它对组织网络偏离行为意向具有正向影响，员工对组织网络偏离行为所持有的积极或消极的认知将对行为意向产生直接影响，企事业单位可以通过多种方式让员工对组织网络偏离行为的本质有更加正确、客观、深入的了解和认识。

第二，建立良好的工作氛围，从主观规范方面引导员工的感知。员工感知到重要他人对于组织网络偏离行为的评价直接影响他们的网络偏离行为意向，这是一种员工自身主观层面对客观环境的细微变化的感知，群体规范对于个体的行为会产生潜在的压力和趋同作用，主要表现在同事和上级对于组织网络偏离行为的支持度。

第三，完善组织中网络使用制度和规范、使用网络行为管理软件，对组织中的上网行为进行实时监控，对获取的数据进行审计和分析知觉行为控制。员工感知到的对执行组织网络偏离行为的难易程度正向影响行为意向，因此，组织可以从多个方面减少员工进行组织网络偏离行为的机会和资源。

第四，增强工作的趣味性和员工对工作的成就感，降低组织网络偏离行为的合理化程度。

此外，在不同类型的组织网络偏离行为中，各影响因素产生的作用大小有所差异，比如，对于社交行为和兴趣行为比较频繁的个体或组织，主观规范的作用大于行为合理化，因此，要更加注重工作氛围、企业文化的塑造，而对于利己行为，两者作用大小相反，所以管理的侧重点在于如何降低员工的行为合理化。

由于诸多因素的限制，本章的研究难免有一些不足：①问卷调查存在固有的缺陷，比如量表的设计问题，本章研究的变量侧重于心理学范畴，无法准确地对不同个体进行测量；数据的正确性与答题人员当时的情绪、对测量问项的语意的理解、对组织网络偏离行为这一较为敏感话题本能地避讳等，都有很大的关系，样本量不具备充分的代表性等，这些问题都会引起研究结论产生偏差。②本章构建的模型虽然反映了组织网络偏离行为意向的形成机理，但是缺乏对不同行业的普遍适用性，不同类型的企业也对组织网络偏离行为有不同的定位和认知，比如以淘宝为代表的互联网企业的员工和传统制造业的员工相比，组织网络偏离行为现象可能存在差异。另外，从网络偏离行为意向到采取实际的行为的过程是极其复杂的，仍然难以真实地表达出行为意向与实际行为之间的联系，因此，模型在完整性和普遍推广性方面还显薄弱。今后，可以从以下几个方面开展更加深入的研究：

（1）探析中国组织员工使用网络办公情况的差异和特点，提出更全面有效的、适应不同类型的组织网络偏离行为的测量量表，提升结论的准确性。

（2）本章中没有对行业进行划分，以后可以选择一个特定行业为背景，使样本更具代表性和推广性。

（3）在心理层面的因素中，我们考察了行为合理化对主观规范、知觉行为控制对行为意向的调节作用，是否存在其他的调节变量和中介变量在发挥作用？比如员工的个性、习惯和过去行为。另外，计划行为理论中的三个变量之间是否存在交互效应及交互形式和强弱程度，也是未来研究的方向。

（4）正在爆发的互联网革命逐渐打破了传统产业分工的既有模式，网络技术的革新会影响员工的工作模式和习惯，因此，社会层面的因素也会成为研究员工网络偏离行为的一个新的切入点。

6.6 研究小结

员工对网络资源的滥用引发了企事业单位的管理危机，组织网络偏离行为已成为普遍现象。本章基于组织网络偏离行为产生的心理层面因素，构建了组织网络偏离行为意向模型，探讨了组织网络偏离行为意向的形成过程。通过对 282 名企事业员工的问卷调查数据分析，结果表明：①计划行为理论能较好地解释组织网络偏离行为意向，行为态度的影响最大，其次是主观规范，知觉行为控制的影响最小。②行为合理化对组织网络偏离行为总体意向及不同行为意向均产生了直接影响，对主观规范与网络偏离总体行为意向有负向调节作用，对知觉行为控制与兴趣行为意向有负向调节作用。③计划行为理论三个变量与行为合理化共同解释了组织网络偏离行为意向 68.4%的变异，表明对行为意向有很高的预测效果。研究结论对领导者有效管理组织网络偏离行为有实际指导意义。

7

组织网络偏离行为：情绪影响机制

7.1 引言

互联网基础设施建设不断地优化升级，已经让人们觉得世界变得“触手可及”，随时随地，哪怕只凭借一部小小的智能手机，人们都可以知道想知道的事情，去想去的地方。2018 年 8 月的《中国互联网络发展状况统计报告》调研发现，我国移动互联网用户达 7.88 亿人，使用手机的互联网用户比例已高达 98.3%。网络覆盖范围扩大、连接速度提升、使用费用降低为互联网普惠化铺平了道路，更为组织网络偏离行为的发生提供了“隐蔽”保障。员工在上班时间可以利用公司的网络资源进行与工作无关的组织网络偏离行为，如聊天、浏览与工作无关的网页、购物，甚至使用邮件等工具非法传送涉密信息。相关调查表明，在一家规模为 500 人的企业里，员工的非工作上网行为会使企业每年因生产力的流失，损失高达 300 万元人民币。这不仅使企业蒙受巨大的损失，也给企业的网络安全造成极大的隐患，更给企业的发展带来了不利的影响。大多数员工的组织网络偏离行为发生在工作不太繁忙时，他们认为自己已经完成了工作，利用剩余的时间回复私人邮件或聊天等也不会给工作或企业造成不好的影响。当员工自身的能力超过工作需求时，他们能很快地完成工作，多余的时间和精力他们可以通过组织网络偏离行为来寻求个人满足，甚至认为这是他们对企业所做贡献的一种非正式补偿。

资质过剩描述的是人们拥有超过正常工作所需要的教育水平、经验、知识和技能的现象。这种现象在如今的劳动力市场屡见不鲜，企业在招聘的时候，总是倾向于选择高资质的员工，他们相信高资质的员工能够更好地胜任这份工作，甚至创造更高的绩效，对于企业的未来发展是十分有利的，但他们往往忽略了岗位和员工的真正需求。当员工恰好处于一个能匹配他们能力的岗位上时，他们就能从工作中获得挑战和成就感。相反，资质过剩员工就不能从工作中获得这种成就感，他们认为自己的工作是无趣的，长此以往就会对工作感到厌倦进而产生负面态度，大部分学者聚焦于探讨资质过剩感知对员工工作态度的影响（如离职倾向、工作满意度及组织承诺），却较少关注资质过剩导致的员工心理感知及由此引发的行为结果。Luksyte 和 Spitzmueller（2011）从资质过剩员工的心理层面，研究了心理倦怠、心理契约引发资质过剩行为结果（反生产行为）的中间心理机制，实证结果发现，心理倦怠和心理契约的破坏在中间起到了较大的作用。此外，资质过剩员工因为其有较高的自尊心，不大可能产生极端的反生产行为，但很可能会产生组织网络偏离行为这一类隐形的反生产行为。

组织网络偏离行为的普遍性、隐蔽性给企业的管理工作带来了巨大的挑战，这也需要管理者在制度管控的基础上寻求造成该行为的更深层次的原因。因此，在前人的研究基础上，本章探讨了员工在面临资质过剩时，可能表现出来的后期心理感知（工作倦怠）及行为结果（组织网络偏离行为）；同时引入个体层面的心理弹性因素，探讨其对于工作倦怠影响组织网络偏离行为的调节机制作用，进而探讨组织网络偏离行为的形成机理。

早期学者从不同角度探索了员工的这类反生产行为，并提出了许多相关概念，相关术语如“非工作上网”“网络怠工”“网络闲逛”“网络闲散”等均是对“组织网络偏离行为”的描述。如今，网络已成为企业不可或缺的办公工具，企业中组织网络偏离行为也早已成为“办公室常态”，要完全杜绝这种常态是不可能的，特别是无线宽带为智能手机提供了很好的无线上网条件，更给组织网络偏离行为提供了便利。员工的这类偏离行为比其他的偏离行为（如职场攻击行为、组织报复行为等）更加隐蔽、普遍，并且难以管理。组织网络偏离行为给组织带来的危害更是不可小觑，在美国有 30%~65%的工作日的网络使用是与工作无关的，由此导致的美国企业生产力年度损失高达 540 亿~850 亿美元。

组织网络偏离行为越来越普遍及其引发的不良后果引起了国内外学者的高度关注，如何有效避免组织网络偏离行为的发生，降低其负面影响，探索该行为背后的形成机制已经迫在眉睫。

从上述分析可知，组织网络偏离行为作为一类特殊的反生产行为，已经受到学者的重视，但仍然存在进一步研究的空间。一方面，学者目前对员工的资质过剩感知研究较少，而且主要关注资质过剩感知与员工旷工、离职等行为的相关研究，对该群体的隐形反生产行为（如组织网络偏离行为）探究更少。另一方面，关于心理弹性的视角，学者之前多将其用于临床学或心理学中，在组织学中的应用较少，但是心理弹性视角不仅可以解释资质过剩感知对组织网络偏离行为的影响机制，还可以帮助管理者很好地预测员工的反生产行为。因此，通过心理弹性视角可以深入分析员工的资质过剩感知影响组织网络偏离行为的机制，并可能会对组织网络偏离行为有很好的预测效果。

本章首先对相关概念文献进行研究整理和总结，并梳理资质过剩感知、组织网络偏离行为、工作倦怠与心理弹性等相关理论的研究现状。其次在相关理论的基础上，提出资质过剩感知、组织网络偏离行为、工作倦怠与心理弹性关系的理论模型。最后采用问卷调查的方式收集样本数据，并用实证分析方法验证假设模型的合理性，为资质过剩感知对组织网络偏离行为的影响提供理论与实践参考。

具体研究内容包括三个方面：①在中国背景下，深入剖析职场中普遍存在的两种现象——资质过剩感知和组织网络偏离行为之间的关系；②在中国背景下，该如何正确地干预和塑造员工心理弹性，以减少资质过剩员工产生的组织网络偏离行为；③在中国背景下，管理者应该如何对资质过剩员工的组织网络偏离行为进行有效的控制和正确的引导。

本章采用实证研究方法（主要包括文献研究法、问卷调查法，并结合 Excel、SPSS 和 AMOS 等定量分析工具与方法）展开相关的研究。

（1）文献研究法。文献研究是以文字、数字、符号、图片等形式收集和分析现有文献资料，探讨和分析各类社会行为、社会关系及其他社会现象的研究方法。本章通过使用万方、知网等数据库，以及在图书馆查阅收集国内外相关研究文献，为研究打下坚实的基础。

（2）问卷调查法。问卷调查法是以书面提出问题的方式收集资料的一种研究方法，了解被调研者对某一现象或问题的看法和意见。本章以中国企业员工为调查对象，以定点调查和随机调查及网络电子问卷等方式配合进行问卷调查。

（3）数理统计法。数理统计法是在概率论基础上，运用统计学的方法对数据进行科学的分析、研究，导出其概念规律性，即统计规律。本章将获得的基础数据用 SPSS22.0、AMOS22.0 分析软件对样本进行信效度分析、相关和回归分析、模型检验等。

随着我国互联网基础设施建设不断地优化升级，网络覆盖范围扩大，互联网普惠化更为员工的组织网络偏离行为的发生提供了"保护伞"。如何有效地减少组织网络偏离行为的发生，成为组织管理中的一大难题，研究组织网络偏离行为的形成机制，可以更好地帮助组织管理该现象。本章拟从心理学视角，聚焦资质过剩感知员工的内在心理感知，探讨资质过剩感知对组织网络偏离行为的影响，有利于多视角探究组织网络偏离的形成机制，为管理组织网络偏离行为提供理论依据和实践指导。

7.2 研究假设

7.2.1 资质过剩感知对组织网络偏离行为的影响

在如今的劳动力市场，企业在招聘的时候，总是倾向于选择高资质的员工，他们相信高资质的员工能够更好地胜任这份工作，甚至创造更高的绩效，对于企业的未来发展是十分有利的。资质过剩感知作为一种心理认知，会使员工产生不满的情绪，进而对他们的工作态度、工作绩效等产生负面的影响。大部分研究者在资质过剩感知对员工态度、行为影响方面取得了一致的结论，即资质过剩感知对员工的工作满意度和组织承诺有负面影响。Maynard 和 Parfyonova（2013）提出，当员工因资质过剩感引起对工作不满时，他们不仅会产生反生产行为，还会采取离职行为。Luksyte 和 Spitzmueller（2011）研究发现，资质过剩感较高的员工，因为觉得组织不关心他们的贡献价值，本身可利用的有价值资源被浪费，而产生消极的情绪，如感到失望、厌烦、压力。员工为了缓解和发泄内心的不满，最终产生反生产行为。在对工作绩效的影响方面，学者得出了不一样的结论。Fine（2007）研究发现，由上级和同级评定的资质过剩个体的培训绩效较高。Fine 和 Nevo（2008）以客户服务代表为研究对象，发现资质过剩感知与上级评定的绩效正相关。而 Bolino 和 Feldman（2000）研究发现，资质过剩个体的绩效反而比资质适当个体的绩效更差。他们以外派到国外的经理为研究对象，结果发现，他们感知到的资质过剩程度和自我评定的工作绩效之间呈现出弱的负相关关系。此外，资质过剩感知较高的员工因为其有较高的自尊心，不大可能产生极端的反生产行为，但很可能会产生组织网络偏离行为这一类隐形的反生产行为。

众多学者已经通过实证研究在资质过剩感知对员工态度行为的影响方面得出了较为一致的结论，即资质过剩感知会对员工工作满意度、组织承诺产生负面影响。相对于过分胜任，员工在一个他们觉得他们恰好胜任的岗位上工作会感到更加满意，这源于员工期望他们能从工作中获得挑战及成就感，而资质过剩个体在心理上产生工作无挑战感，他们处于未激励状态，对工作感到厌倦进而产生低满意度和承诺度。资质过剩感知产生的负面态度（如愤世嫉俗、对工作意义的怀疑和否定）又会导致反生产工作行为或退缩性行为，如迟到、怠工、矿工、离职倾向等，而且这是一个递进发展的过程。

过去的研究者一直将资质过剩看作人—岗不匹配的特殊情形。人—岗匹配指员工的个人属性与他所从事的岗位属性之间的一致程度。每个员工的能力、性情、技能等都是不同的，每一个工作岗位的性质、难度、方式等也是不同的，只有在合适的岗位上安排适合的人，员工才能在他们的岗位上发挥最大作用，创造最大价值。该理论认为，当员工与岗位同时达到上述两种形式的最佳匹配状态时，企业与员工都能产生更大绩效，还能够提高员工的幸福感与工作态度。与之相反，当人—岗匹配程度很低或者根本不匹配时，就会降低员工的工作积极性及工作态度。这些员工会表现出更多的工作求职行为与反生产行为。员工的资质过剩属于要求—能力不匹配，即一种特殊的人—岗不匹配，员工自身的能力、技能、教育水平等方面已经超出了工作需要。当匹配程度低时，员工失去工作积极性，很可能会产生一些不利于组织利益和发展的行为，如组织网络偏离行为。也就是说，资质过剩感知可能导致组织网络偏离行为。

资源存储理论也指出，当个人资源遭受损失时，人们更倾向于投入现有资源防止资源流失，可一旦投入资源失效，人们进而投入更多的资源，最后使资源总量下降，就会进入资源损失的恶性循环中。正是由于资质过剩员工的知识、技能、能力资源未被得到充分利用，造成了有价值的资源的流失，因此员工感觉到自己失去资源，或是受到威胁。员工拥有的和他感觉应该拥有的所得之间的矛盾会导致员工产生消极行为，他们会产生更多的消极情绪，甚至通过组织网络偏离行为来防止自身资源的流失。所以我们推测，与其他组织负面行为一样，资质过剩感知与组织网络偏离行为之间可能存在正相关，即员工的资质过剩感知越强，他们就越容易产生组织网络偏离行为。

基于以上分析，本章提出以下假设：

H1：资质过剩感知对组织网络偏离行为有显著的正向预测作用。

7.2.2 资质过剩感知对工作倦怠的影响

资质过剩作为一种消极的工作事件，可能损耗员工的认知和情绪等资源，并导致压力和情绪耗竭。这种情绪的耗竭是衡量工作倦怠的一个重要指标，它让员工有一种情绪被耗尽、没有活力的感觉，而且会给员工心理带来挫败感与紧张感。国外学者 Gabris（2001）和国内学者李超平（2003）的研究都表明，员工感受到来自组织的公平对工作倦怠有显著负相关的影响。程红玲（2010）从组织支持视角发现工作倦怠受到领导支持的影响。Mendoza 和 Lara（2007）研究发现，工作倦怠在人—组织匹配与组织公民行为之间的关系中起到中介作用。工作倦怠与一般的压力有相近的态度和行为结果（如反生产行为）。在工作态度上，工作倦怠会负面影响员工的工作承诺与组织认同。Lee 和 Ashforth（2009）的元分析结果表明，离职倾向和情绪耗竭、离职倾向和玩世不恭之间存在显著关联。情绪耗竭对员工的旷工行为有预测作用，玩世不恭对员工未来的离职行为有预测作用。部分研究者对工作倦怠引发的行为进行了探讨，一般认为工作倦怠对酗酒及由此导致的问题行为（迟到、矿工、低效率及违背规则等）有正向影响作用。

资质过剩感知会导致员工产生工作不满、组织承诺度低等一系列负面的态度，当个体能力或技能超过工作需要时，他们处于没有被充分利用状态，这种对资源浪费的情况就会引发个体的负面情绪。根据情绪认知评价理论，当个体感知到自身的价值与其所处环境不相符时，便会出现类似应激的体验，并且差异越大，就越容易产生消极情绪。有实证研究表明，压抑负面情绪是导致个体工作倦怠的主要原因。Mendoza 和 Lara（2008）对个人—组织匹配、工作倦怠及组织公民行为三者之间的关系进行了研究，发现人—组织不匹配通过导致员工倦怠从而对组织公民行为产生负面影响。因此，资质过剩感导致个体对工作产生消极态度和负面情绪，从而引发员工的工作倦怠。

根据资源存储理论，个体总是在积极地维持和保护他们的自身资源来维持需求。资源的流失往往被看作一种威胁，进而影响个体的行为。由于资质过剩员工的工作能力、技能等都高于他们工作的需求，而他们多余的能力却又没有得到充分的利用，这就使员工感到自身的资源与资源获取处于失衡状态。个体面对这种资源流失带来的威胁时，他们会感到心理上的不适，从而导致个体产生情绪耗竭。当员工产生情绪耗竭时，他们会采取工作疏离等方式应对工作来降低自身资源损耗。因此，我们推断资质过剩感知会给员工带来情绪耗竭，进而引发个体工作倦怠。

另外，当资质过剩员工与资质恰当员工一起工作时，他们会将自己与资质恰当员工进行比较，觉得和资质不如自己的同事一起工作没有干劲，工作没有意义，他们会对工作投入极少的脑力劳动，甚至他们的情绪也会从工作中抽离出来，不带任何情感地工作、冷漠地对待与工作相关的人（上级、同事、客户），最后还会对自我的能力产生一种怀疑与否定，此为去人格化征兆。

资质过剩员工在工作中也很有可能缺失了对工作环境的自主权和控制权。因为他们自身的能力超过了工作的需求，所以他们对于自身的工作任务能够轻松完成，但是对于很多他们职责以外的事情就缺乏控制力，他们很难给自己创造使用多余自身资源的机会，进而产生对工作环境的失落感。这种失落感会使他们对工作的价值和自己的胜任力持否定态度，即个人成就感低落。

综上所述，资质过剩感会通过工作倦怠的三个子维度——情绪耗竭、去人格化和成就感低落来影响工作倦怠，基于以上理论，本章提出以下假设：

H2：资质过剩感知对工作倦怠有显著的正向预测作用。

H2a：资质过剩感知对情绪耗竭维度有显著的正向预测作用。

H2b：资质过剩感知对去个性化维度有显著的正向预测作用。

H2c：资质过剩感知对成就感低落维度有显著的正向预测作用。

7.2.3 工作倦怠对组织网络偏离行为的影响

工作倦怠是长期工作压抑而使员工产生情绪耗竭、去个性化及成就感低落的现象。国外学者已经深入地探讨了工作倦怠及其子维度对员工产生离职倾向、离职行为的影响。例如，Lu A. C. C. 和 Guroy D.（2016）通过对连锁酒店员工的研究发现，情绪耗竭和玩世不恭对员工的离职倾向有正向预测作用，且工作满意度在其中有中介作用。Chong V. K.（2015）通过对 368 名会计师的实证研究发现，工作倦怠子维度（情绪耗竭）负向影响员工工作满意度，但与离职倾向正相关。

工作倦怠的员工在工作中缺乏干劲，常常感到精力被耗尽，甚至对工作产生抗拒情绪。张若勇（2015）从工作倦怠的重要维度——情绪耗竭，证实了情绪耗竭显著正向影响员工反生产行为（如旷工、偷懒等），并降低了员工的工作效率。情绪耗竭的员工，他们的情绪处于一种耗竭的状态，这种情况下员工会通过从这种环境中抽离，从而保护自身的资源。瞿皎姣等（2014）的研究结果也证实，员工面临资源损失时，首先会保护自身资源，减少对工作的投入，防止资源再次受到损失。正是由于资质过剩员工的知识、技能、能力资源未得到充分利用，造成了有价值的资源的流失，这使员工感觉到自己失去资源，或是受到威胁，因此，他们会产生更多的消极情绪，如懈怠、倦怠等。由于资质过剩员工具有较高的自尊心，他们不大可能产生特别极端的反生产行为，更可能会倾向组织网络偏离行为，使他们流失的资源得到保存。另外，工作倦怠的员工会将他们对工作的热情从工作中抽离，不再关心与工作相关的人（如同事、领导、客户等）。他们会更愿意将这些情感投入到自己感兴趣或利己的事情上，如利用交友软件聊天、听音乐等。长时间地从工作中抽离出来，使他们缺乏了对工作的掌控力且工作资源匮乏。员工会开始对自我工作能力产生怀疑甚至否定，工作不再能给他们带来成就感。从这个角度，去个性化的员工面临较少的资源，这就会消耗他们在身心、社会等方面的资源，从而引起员工的反生产行为。成就感低落员工对工作环境感到失落，从而对自己的工作价值和胜任力产生否定态度。基于资源存储理论，当员工感到自己的付出与得到不成正比时，首先会保存自身资源，降低对工作的付出与投入，最终产生组织网络偏离行为。

综上所述，工作倦怠会通过情绪耗竭、去个性化和成就感低落三个子维度来影响组织网络偏离行为，基于以上理论，本章提出以下假设：

H3：工作倦怠对组织网络偏离行为有显著的正向预测作用。

H3a：情绪耗竭维度对组织网络偏离行为有显著的正向预测作用。

H3b：去个性化维度对组织网络偏离行为有显著的正向预测作用。

H3c：成就感低落维度对组织网络偏离行为有显著的正向预测作用。

7.2.4 工作倦怠的中介作用

工作倦怠是员工不能有效应对工作上持续不断的压力，产生生理和情绪衰竭的状态。工作倦怠是在职场情景下对工作的疏离感，通常在个体面临压力或情绪资源过度要求的情景下产生。

根据情绪认知评价理论，当面临压力情境时，员工先会评估该事件或情境对自己的威胁、挑战等，随之产生一系列的情绪反应。当员工感知到工作中存在对自身目标或利益的威胁时，往往会产生一系列消极的情绪反应。资质过剩感知正是员工感知到自身的受教育程度、技能、知识超出工作需求，处于没有被充分利用状态，是对员工利益的威胁，从而产生的一种不满的情绪。资质过剩感知让员工感知到自身资源流失带来的威胁，从而员工不愿再投入更多的资源甚至情绪到工作中，当员工缺失了对工作环境的自主权和控制权后，进而逐渐对工作产生失落感。由此，资质过剩感知会引发员工的工作倦怠。

情绪认知评价过程中产生的情绪会影响其后续的行为反应。因此，工作倦怠可能在资质过剩感知与组织网络偏离行为的关系中起到关键作用。大多数的研究表明，工作倦怠这种不良的情绪会产生低工作满意度和低组织承诺，甚至会产生离职等反生产行为。Cheung（2005）的研究结果发现，工作倦怠与员工的离职意愿、改善工作条件意愿正相关，即当员工产生工作倦怠时会想要寻求一个更好的工作环境，他们会想要离职或者就地改变。Kim（2015）对 203 名韩国税务人员的研究结果显示，员工内在动机与离职倾向负相关，且情绪耗竭与去个性化两个工作倦怠的子维度在两者之间起中介作用。由于资质过剩员工拥有较高的自尊心，他们不大可能产生特别极端的反生产行为，他们更可能会倾向组织网络偏离行为，使他们流失的资源得到保存。由此，本章认为，资质过剩感知较高的员工首先会产生工作倦怠情绪，对工作参与度降低，进而对自身工作的价值持否定态度，最终产生组织网络偏离行为。

基于以上分析，本章提出以下假设：

H4：工作倦怠在影响资质过剩感知对组织网络偏离行为的过程中起中介作用。

H4a：情绪耗竭在影响资质过剩感知对组织网络偏离行为的过程中起中介作用。

H4b：去个性化在影响资质过剩感知对组织网络偏离行为的过程中起中介作用。

H4c：成就感低落在影响资质过剩感知对组织网络偏离行为的过程中起中介作用。

7.2.5 心理弹性的调节作用

个体可以通过个人资源来增强对环境的控制感，削弱工作引起的压力和情绪耗竭。当个体在面对压力或者挫折时，心理弹性作为一种应对压力的个人资源，在积极的组织行为学领域里，它可以帮助个体承受并有效应对压力。对不同心理弹性水平的个体比较研究发现，心理弹性高的个体有更好的开放、探求态度，在逆境与困难面前更加乐观，更能够自律、控制自己。大量研究表明，心理弹性和个体积极特质（如开放性、外向性和宜人性等）正相关，与消极特质（如神经质等）呈负相关。尽管在组织中关于心理弹性的研究才刚刚起步，但学者通过临床学和心理学中现有的理论和实证结果进行了一些研究。组织中领导力、良好的沟通环境、团队组织承诺度高等均可以促进个体心理弹性的发展提高。在组织中，个体心理弹性会影响到个体关于人—组织匹配关系的评价，且对工作倦怠有一定的预测作用。缪佩君和谢姗姗（2018）采用整体抽样方法从10所幼儿园中抽取400名教师，探讨幼儿教师心理弹性与职业倦怠的关系。通过实证证实，幼儿教师心理弹性与职业倦怠负相关显著。此外，心理弹性会对个体的工作态度有一定的影响和预测作用。Shin等（2012）研究发现，员工对组织变革承诺与心理弹性正相关，即在面临组织变革时，心理弹性高的个体能够保持稳定的积极情感，进而表现出更好的承诺度。

不同的个体在相同的困境下会产生不同的心理反应模式及相应的行为应对模式，有的个体极容易受到来自环境的消极影响，较小的逆境或压力就能够使他们遭受消极情绪的困扰且很难摆脱；而有的个体能够在遭遇逆境时仍保持或很快恢复正常的情绪水平，并且能够很好地适应，甚至能够从逆境中发现机会从而更好地发展自我。这些差异可能由个体心理弹性水平的高低来表现，心理弹性能够保护个体在经历逆境或创伤后仍然能够保持或很快恢复正常的心理机能。

个体心理弹性能够在很多情况下充当调节作用因子，在本章假设模型中，认为心理弹性起作用是发生在个体遭遇逆境后，通过内部保护因子（如忍受消极情绪能力、控制感）来调节个体情绪状态，保护个体免受消极情绪的侵害，缓解工作倦怠。当资质过剩员工有高成就的目标时，他们会将多余的资质当成积极的一面，并且相信自己可以完成工作以外的其他任务，这将会促使他们做出一些有利于组织的行为，如前瞻行为、工作重塑等。因此，本章提出，心理弹性的调节作用发生在员工产生工作倦怠后，直接作用于工作倦怠对员工组织网络偏离行为的影响。根据Garmezy（1985）提出的心理弹性调节模型，心理弹性相当于调节器，它和危险因素的交互作用减少了组织网络偏离行为发生的可能性。

心理弹性较高的个体具有较强的容忍消极情绪能力和对周遭环境的控制感。首先，容忍消极情绪能力会让个体在产生工作倦怠时将消极情绪控制在自身可接受范围内，并采取包容的心态，忍受工作一时的简单和无聊，并进行长远规划，从简单的工作中学到新的东西，为以后从事更加复杂和有挑战性的工作做好充分准备，因此他们的工作倦怠感会降低，组织网络偏离行为发生的频率或可能性也会降低。其次，具有较强控制感的个体认为自己对当前工作环境能够有所掌控，有较明确的目标感，知道从何处可以寻求社会资源来应对当前的处境，他们采取问题解决方式来应对，适应不利的环境。他们的主动行为使自己更加嵌入到工作环境中，工作倦怠会降低，员工的组织网络偏离行为也会减少。基于以上理论，本章提出以下假设：

H5：心理弹性在工作倦怠影响组织网络偏离行为过程中起调节作用，即心理弹性越高，工作倦怠对组织网络偏离行为的影响越弱。

通过对资质过剩感知、组织网络偏离行为、工作倦怠及心理弹性的相关文献进行梳理，本章提出了五大假设。与假设相对应，构建研究模型，即资质过剩感知作为自变量，组织网络偏离行为作为因变量，工作倦怠能够中介资质过剩感知与组织网络偏离行为的关系，心理弹性能够调节工作倦怠与组织网络偏离行为之间的关系。具体研究模型如图 7-1 所示。

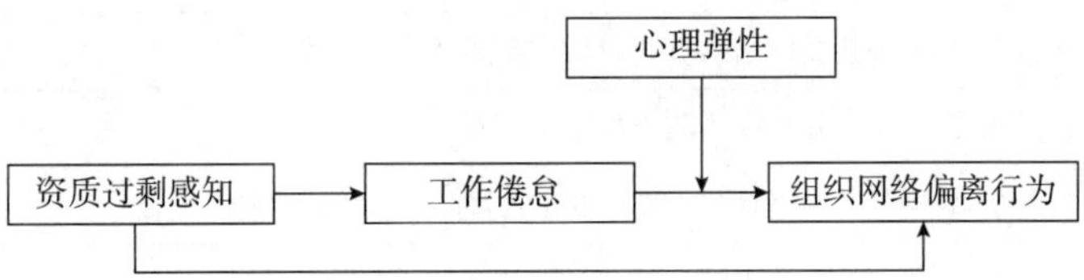

图 7-1　本章理论假设模型

7.3　研究方法

7.3.1　原始调查量表设计

本章采用国内外成熟量表，以调查问卷的方式对目标群体进行测量。每个测量题项均采用李克特 6 点测量方法，并分别提供六个不同程度的答案，即从不/完全不符合、很少/比较不符合、有时/有点不符合、较多/部分符合、经常/比较符合、总是/完全符合，依次记“1、2、3、4、5、6”分。选用 6 点量表，是因为考虑到先前的研究表明中国人倾向于选择奇数李克特量表上的中间值（Chiu & Yang，1987），本章希望通过不设中间值来减少反应偏差。

（1）资质过剩感知量表。本章采用 Maynard（2010）依据资质过剩感知定义开发的 9 题项量表，从教育、知识、能力及经验等方面测量资质过剩，并且将资质过剩感知作为一个整体的概念。具体题项如表 7-1 所示。

表 7-1　资质过剩感知调查量表

测量维度	测量题项
资质过剩感知	1. 我的工作所要求的学历低于我现在的学历
	2. 我所拥有的工作经验对于成功完成这些工作不是必需的
	3. 我的一些工作技能在目前工作岗位上用不上
	4. 比我学历低的人同样可以把这份工作做得很好
	5. 我以前接受的培训对这份工作没多大用处
	6. 我的很多知识在当前岗位上用不着
	7. 我的教育水平比我工作所要求的高
	8. 比我工作经验少的人同样可以把这份工作做得很好
	9. 我的能力高于工作要求的

（2）工作倦怠量表。本章以李超平和时勘（2003）的 MBI-GS 量表为基础，这个量表是结合中国情景修订的职业倦怠量表。该量表由情绪耗竭、去个性化和成就感低落三个维度组成，共 15 个题项，其中，情绪耗竭维度包含 5 个题项，去个性化维度包含 4 个题项，成就感低落包含 6 个题项。具体题项如表 7-2 所示。

表 7-2　工作倦怠调查量表

测量维度	测量题项
情绪耗竭	1. 工作让我感觉身心俱疲
	2. 下班的时候我感觉精疲力竭
	3. 早上起床不得不去面对一天的工作时，我感觉非常累
	4. 整天工作对我来说确实压力很大
	5. 工作让我有快要崩溃的感觉

续表

测量维度	测量题项
去个性化	1. 自从开始干这份工作，我对工作越来越不感兴趣
	2. 我对工作不像以前那样热心了
	3. 我怀疑自己所做的工作的意义
	4. 我对自己所做的工作是否有贡献越来越不关心
成就感低落	1. 我能有效地解决工作中出现的问题
	2. 我觉得我在为公司做有用的贡献
	3. 在我看来，我擅长自己的工作
	4. 当完成工作上的一些事情时，我感到非常高兴
	5. 我完成了很多有价值的工作
	6. 我自信自己能有效地完成各项工作

（3）心理弹性量表。本章采用 Connor 和 Davidson（2013）编制的 CD-RISC 心理弹性量表，一共包含 8 个题项。具体题项如表 7-3 所示。

表 7-3　心理弹性调查量表

测量维度	测量题项
心理弹性	1. 最近我总能从幽默的角度看待事情
	2. 最近我能处理好压力
	3. 最近我知道从何处寻求帮助
	4. 最近我倾向于带头解决问题
	5. 最近我能承受做出艰难决定的压力
	6. 最近我能够处理好自己的不良情绪
	7. 最近我有很强的目标感
	8. 最近我觉得生活尽在掌握

（4）组织网络偏离行为量表。学者对组织网络偏离行为的划分有不同的观点，但三维度量表是国内研究中最为普遍使用的。综合考虑国内量表中比

较成熟且有良好信效度的，本章选取晏芬等（2016）的量表将组织网络偏离行为当成一个整体进行测量。该量表包括“上班期间刷微信”“上班期间接收或发送私人电子邮件”等共 12 个题项。具体内容如表 7-4 所示。

表 7-4 组织网络偏离行为调查量表

测量维度	测量题项
组织网络偏离行为	1. 上班期间使用 QQ、MSN、飞信等进行私人聊天
	2. 上班期间刷微信
	3. 上班期间接收或发送私人电子邮件
	4. 上班期间发布私人消息、图片、文档、小道消息
	5. 上班期间炒股、看基金、买彩票
	6. 上班期间团购、网购（如淘宝、京东等）
	7. 上班期间收集或下载与工作无关的文档资料
	8. 上班期间浏览网页（看新闻、八卦等）
	9. 上班期间玩游戏（如斗地主、棋牌等）
	10. 上班期间听音乐、看电子书、网络小说
	11. 上班期间逛论坛、BBS、发帖
	12. 上班期间上网预订私人旅游

7.3.2 预调查

为保证问卷设计的合理有效性，在正式调研之前，通过小范围针对性地发放问卷，回收并处理数据，然后通过 SPSS 和 AMOS 软件对问卷的信效度进行检验，并剔除载荷度较低（<0.5）的题项，优化量表。此次预调研的发放对象是武汉某高校的部分 MBA 学员，总共发放问卷 60 份，回收 60 份。其中，5 份问卷填写不完整或连续大量选择同一答案，最终回收有效问卷 55 份，有效回收率为 92%，问卷有效回收率较高。预调研问卷如附录 5 所示。

7.3.2.1　原始量表信度检验

信度是衡量测验质量的重要指标。本章使用 SPSS22.0 对 55 份预调研问卷的数据进行信度分析，资质过剩感知、工作倦怠、心理弹性及组织网络偏离行为的信度分析结果如表 7-5 所示。本章的四个量表的 Cronbach's α 系数均大于 0.7，说明量表均具有较好的信度。

表 7-5　各量表信度检验结果

量表名称	Cornbach's α
资质过剩感知	0.837
工作倦怠	0.978
情绪耗竭（分量表）	0.909
去个性化（分量表）	0.903
成就感低落（分量表）	0.873
心理弹性	0.935
组织网络偏离行为	0.954

7.3.2.2　原始量表效度检验

通过信度分析之后，采取探索性因子分析对预调研量表的效度进行进一步分析。本章用 SPSS22.0 统计软件对预调研数据进行降维因子分析，提取主成分。根据探索性因子分析要求，KMO 值在 0.6 以上，且 Bartlett 球形检验参数在 0.01 水平上显著，则表明数据适合做探索性因子分析。通过分析，测得资质过剩感知、工作倦怠、心理弹性及组织网络偏离行为四个量表的 KMO 值分别为 0.804、0.829、0.900、0.928，且 Bartlett 球形检验参数在 0.01 水平上显著，符合做探索性因子分析的基本要求。具体结果如表 7-6 所示。

表 7-6　KMO 值和 Bartlett 球形检验结果

量表名称	KMO 值	Bartlett 球形检验参数
资质过剩感知	0.804	0.000
工作倦怠	0.829	0.000
心理弹性	0.900	0.000
组织网络偏离行为	0.928	0.000

通过因子分析，资质过剩感知提取 1 个主成分，工作倦怠分别提取情绪耗竭、去个性化和成就感低落 3 个主成分，心理弹性提取 1 个主成分，组织网络偏离行为提取 1 个主成分。通过对四个量表的因子载荷系数进行分析，挑选出每个维度上载荷最高的题目，该做法的有效性也得到普遍验证。资质过剩感知的第四个题项的因子载荷低于 0.5，故将此题项剔除，剔除该项后，量表其他题项的因子载荷均高于 0.6，累计贡献率为 62.75%，效度达标。工作倦怠提取 3 个主成分，题项的因子载荷均高于 0.6，累计贡献率为 71.81%，效度达标。心理弹性提取 1 个主成分，题项的因子载荷高于 0.7，累计贡献率为 69.15%，效度达标。组织网络偏离行为提取 1 个主成分，题项的因子载荷高于 0.6，累计贡献率为 76.08%，效度达标。具体结果如表 7-7 所示。

表 7-7　各量表因子分析结果汇总

变量	维度	测量项	因子载荷	累计贡献率（%）
资质过剩感知		资质过剩感知 1	0.857	62.75
		资质过剩感知 2	0.805	
		资质过剩感知 3	0.673	
		资质过剩感知 5	0.700	
		资质过剩感知 6	0.871	
		资质过剩感知 7	0.780	
		资质过剩感知 8	0.739	
		资质过剩感知 9	0.893	

续表

变量	维度	测量项	因子载荷	累计贡献率（%）
工作倦怠	情绪耗竭	情绪耗竭 1	0.842	24.67
		情绪耗竭 2	0.903	
		情绪耗竭 3	0.853	
		情绪耗竭 4	0.870	
		情绪耗竭 5	0.671	
	去个性化	去个性化 1	0.810	49.18
		去个性化 2	0.895	
		去个性化 3	0.849	
		去个性化 4	0.807	
	成就感低落	成就感低落 1	0.737	71.81
		成就感低落 2	0.828	
		成就感低落 3	0.852	
		成就感低落 4	0.740	
		成就感低落 5	0.677	
		成就感低落 6	0.818	
心理弹性		心理弹性 1	0.783	69.15
		心理弹性 2	0.884	
		心理弹性 3	0.845	
		心理弹性 4	0.854	
		心理弹性 5	0.850	
		心理弹性 6	0.859	
		心理弹性 7	0.797	
		心理弹性 8	0.773	

续表

变量	维度	测量项	因子载荷	累计贡献率（%）
组织网络偏离行为		组织网络偏离行为 1	0.703	76.077
		组织网络偏离行为 2	0.698	
		组织网络偏离行为 3	0.744	
		组织网络偏离行为 4	0.769	
		组织网络偏离行为 5	0.646	
		组织网络偏离行为 6	0.880	
		组织网络偏离行为 7	0.898	
		组织网络偏离行为 8	0.821	
		组织网络偏离行为 9	0.791	
		组织网络偏离行为 10	0.811	
		组织网络偏离行为 11	0.795	
		组织网络偏离行为 12	0.806	

7.4 研究结果

正式调研主要通过问卷星发放问卷，施测对象主要是来自武汉、广州、长沙等地区的在职人员。最终共回收问卷 500 份，此外还将问卷填写不完整或连续大量选择同一答案及答题时间特别短的问卷（0~30 秒）予以筛选并删除，最终剩下有效问卷 441 份，有效率为 88%。通过 SPSS 统计软件对校验后量表的信度进行分析，资质过剩感知、工作倦怠、心理弹性及组织网络偏离行为量表的信度都在 0.8 以上，均具有较好的信度。问卷如附录 6 所示。

7.4.1 验证性因子分析

本章参照吴明隆（2010）对于结构方程模型整体模型适配指标的选取和

标准作为本章检验的重要依据。每个指标的评价标准为：χ^2/df（卡方自由度比）介于1和3之间合适，RMSEA（近似均方根误差）小于0.08为适配合理，CFI（比较拟合指数）、TLI（非规准适配指数）大于0.9，RMR（残差均方根）小于0.05，一般CR值要求大于0.7，AVE值需大于0.5。

通过验证性因子分析发现，本章的四个变量的各项指标均达标，其中CR值均大于0.7，且AVE值均大于0.5，模型的配适度指标也合格，具体验证性因子分析结果如表7-8所示。

表7-8 验证性因子分析指标

构面		收敛效度		配适度指标							
		C. R.	AVE	χ^2	df	χ^2/df	CFI	TLI	GFI	RMSEA	RMR
资质过剩感知		9.651	0.60	35.57	20	1.78	0.993	0.990	0.980	0.042	0.037
工作倦怠	情绪耗竭	9.354	0.589	100.531	87	1.156	0.996	0.995	0.970	0.019	0.058
	去个性化	9.162	0.625								
	成就感低落	9.372	0.636								
心理弹性		9.022	0.600	34.869	20	1.743	0.993	0.990	0.981	0.041	0.032
组织网络偏离行为		9.178	0.617	81.433	51	1.597	0.989	0.986	0.971	0.037	0.060

7.4.2 共同方法偏差检验

共同方法偏差是人为的共变对研究结果产生严重的混淆并对结论有潜在的误导而产生的系统误差。本章从研究设计和统计两个方面来减少此类误差。问卷的研究设计方面，首先尽可能选用简明清晰的表达，避免选项的模棱两可；其次明确告知被调查者答案没有对错好坏之分，并会确保回答的匿名性。另外，本章研究采用李克特6点量表，避免了中国人的中庸思维造成的误差。统计控制方面，采用最常见的Harman单因素检验，通过对本章收集数据检验发现，本章研究中共可提取6个因子，且第一个因子对变量的解释程度为26.1%（低于40%），符合要求。但Harman单因素检验是一种不灵敏的检验方法，且没有任何控制方法效应作用，所以本章进一步通过AMOS建立单因素、六因素和七因素模型检验。首先建立模型一，即单因素模型，将组织网络偏离行为、工作倦怠、心理弹性及资质过剩感知的所有题项负荷到一个新设共变因子上；其次建立模型二，即六因素模型，按照本章之前提出的假设及理论模型，构建组织网络偏离行为、情绪耗竭、去个性化、成就感低落、心理弹性及资质过剩感知六因素模型；最后建立模型三，在模型二的基础上增加一个未知的共变因子，并将所有题项负荷到该共变因子上，构建七因素模型。通过构建模型检验，最终结果如表 7-9 所示。可以看出，单因素模型的配适度指标均不符合标准，模型未通过检验。对比六因素模型和七因素模型，发现六因素模型的配适度指标整体优于七因素模型。检验结果说明，加入共同方法变异因子后，模型并没得到优化。因此，本章不存在共同方法偏差，调研的数据也有可信度，可以用来进行模型检验。

表 7-9　共同方法偏差检验

模型	配适度指标							
	χ^2	df	χ^2/df	CFI	TLI	GFI	RMSEA	RMR
单因素	7729. 009	860	8. 987	0. 383	0. 352	0. 402	0. 135	0. 271
六因素	641. 114	547	1. 172	0. 989	0. 915	0. 915	0. 020	0. 065
七因素	1587. 167	803	1. 977	0. 930	0. 921	0. 854	0. 047	0. 129

7. 4. 3　样本的描述性统计分析

通过 SPSS 统计软件对问卷进行描述性统计分析，如表 7-10 所示。通过对本次研究对象的基本信息初步了解发现：①性别方面，男性占 55. 8%，女性占 44. 2%，男女比例基本持平；②年龄方面，主要是年轻人居多，其中 25~34 岁占 63%，是本次调研的重要组成部分；③受教育程度方面，大部分是本科以上学历，其中本科生占 56. 9%，硕士及以上占 25. 6%，总占比达 82. 5%；④职位层次上，基层管理者居多，占 54. 2%，这与调研对象的年龄偏小有关，中层管理者占 17. 5%，高层管理者占 9%。

表 7-10 样本描述性统计（N=441）

项目	类别	人数	百分比（%）
性别	男	246	55. 8
	女	195	44. 2
年龄	25 岁以下	40	9. 1
	25~34 岁	278	63. 0
	35~44 岁	79	17. 9
	45~54 岁	38	8. 6
	55 岁及以上	6	1. 4
职位	高层管理者	40	9. 0
	中层管理者	77	17. 5
	基层管理者	231	54. 2
	一般员工	93	21. 1
工作年限	1 年以下	119	27. 0
	1~3 年	156	35. 4
	3~5 年	91	20. 6
	5~10 年	53	12. 0
	10 年以上	22	5. 0
受教育程度	高中及以下	28	6. 3
	专科/技校	49	11. 1
	本科	251	56. 9
	硕士及以上	113	25. 6
工作单位性质	国有企业	136	30. 8
	外资企业	68	15. 4
	政府机关	18	4. 1
	事业单位	53	12. 0
	民营/私营企业	166	37. 6

本章用 SPSS22.0 统计软件将人口统计变量对组织网络偏离行为的影响进行了分析，结果发现，工作年限对组织网络偏离行为有显著差异（P<0.001），这可能是由于工作年限少于 3 年的员工刚刚进入职场，他们对组织制度了解不深，而且还尚未对组织形成忠诚感与承诺感，因此，他们的组织网络偏离行为意愿较高。随着工作年限的增加，即工作年限在 3~5 年和 5 年以上的员工，他们的工作和生活逐渐稳定，更愿意选择兢兢业业地工作，因此他们的组织网络偏离行为的意愿会相对降低。具体统计结果如表 7-11 所示。

表 7-11 人口变量与组织网络偏离行为之间的差异

项目		平方和	df	均方	F	显著性
性别	组间	9.890	47	0.210	0.836	0.771
	组内	98.885	393	0.252		
年龄	组间	40.900	47	0.870	1.402	0.470
	组内	243.989	393	0.621		
教育程度	组间	22.539	47	0.480	0.750	0.887
	组内	251.316	393	0.639		
企业性质	组间	86.667	47	1.844	0.791	0.837
	组内	916.059	393	2.331		
职位层次	组间	32.577	47	0.693	0.880	0.698
	组内	309.645	393	0.788		
工作年限	组间	127.191	47	2.706	2.386	0.000
	组内	445.789	393	1.134		

7.4.4 路径分析与模型检验

变量之间的相关性分析是对后期模型检验与路径分析的前提，因此本章通过 SPSS22.0 软件对各变量进行了相关性分析，具体结果如表 7-12 所示。

资质过剩感知、情绪耗竭、去个性化、心理弹性及组织网络偏离行为之间的相关性系数均在 0. 01 水平上显著相关，但成就感低落与资质过剩感知、心理弹性等相关性并不显著，可能成就感低落维度不存在中介效应，仍需要在后面做进一步分析。

表 7-12 变量间相关性系数

			资质过剩感知	工作倦怠			心理弹性	组织网络偏离行为
				情绪耗竭	去个性化	成就感低落		
资质过剩感知		Pearson 相关性	1	0. 345**	0. 333**	0. 34	0. 432**	0. 408**
		显著性（双侧）		0. 000	0. 000	0. 241	0. 000	0. 000
工作倦怠	情绪耗竭	Pearson 相关性	0. 345**	1	0. 196**	0. 144**	−0. 194**	0. 427**
		显著性（双侧）	0. 000		0. 000	0. 001	0. 000	0. 000
	去个性化	Pearson 相关性	0. 333**	0. 196**	1	0. 083	−0. 196**	0. 364**
		显著性（双侧）	0. 000	0. 000		0. 040	0. 000	0. 000
	成就感低落	Pearson 相关性	−0. 34	0. 144**	0. 083*	1	0. 007	0. 177**
		显著性（双侧）	0. 241	0. 001	0. 040		0. 439	0. 000
心理弹性		Pearson 相关性	−0. 432**	−0. 194**	−0. 196**	0. 007	1	−0. 383**
		显著性（双侧）	0. 000	0. 000	0. 000	0. 439		0. 000
组织网络偏离行为		Pearson 相关性	0. 408**	0. 427**	0. 364**	0. 177**	−0. 383**	1
		显著性（双侧）	0. 000	0. 000	0. 000	0. 000	0. 000	

注：** 表示在 0. 01 水平（双侧）上显著相关，* 表示在 0. 05 水平（双侧）上显著相关。

通过上述相关性分析，结合本章之前提出的假设，本章首先建立了资质过剩感知对组织网络偏离行为的结构模型一，如图 7-2 所示，探究资质过剩感知对组织网络偏离行为的标准回归系数。其次构建模型二验证资质过剩感知对工作倦怠的三个维度（情绪耗竭、去个性化和成就感低落）的作用，如图 7-3 所示。再次构建模型三验证工作倦怠的三个子维度分别对组织网络偏离行为的影响，如图 7-4 所示。最后构建模型四，考察资质过剩感知通过工作倦怠的中介效应对组织网络偏离行为的效应，如图 7-5 所示。本章运用AMOS

22.0 数据分析软件进行检验，从分析结果中可以看出各模型拟合情况良好。

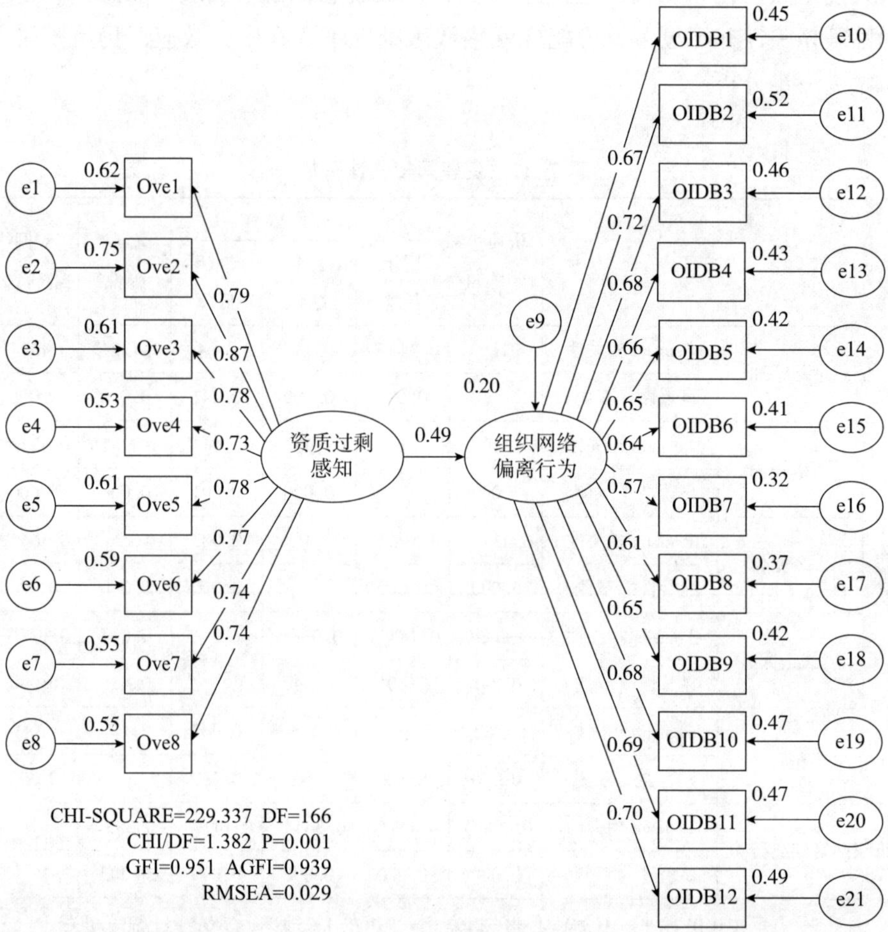

图 7-2　资质过剩感知与组织网络偏离行为关系的路径系数和模型配适度指标

从图 7-2 分析可以看出，模型一的配适度结果良好。路径分析也可以看出资质过剩感知对组织网络偏离行为具有显著正向影响，路径系数为 0.49（P<0.001）。假设 H1 成立，具体的标准化路径系数如表 7-13 所示。

从图 7-3 分析可以看出，模型二的配适度结果良好。路径分析也可以看出资质过剩感知对工作倦怠的两个子维度（情绪耗竭和去个性化）具有显著正向影响，路径系数分别为 0.39 和 0.36（P<0.001）。但对成就感低落维度

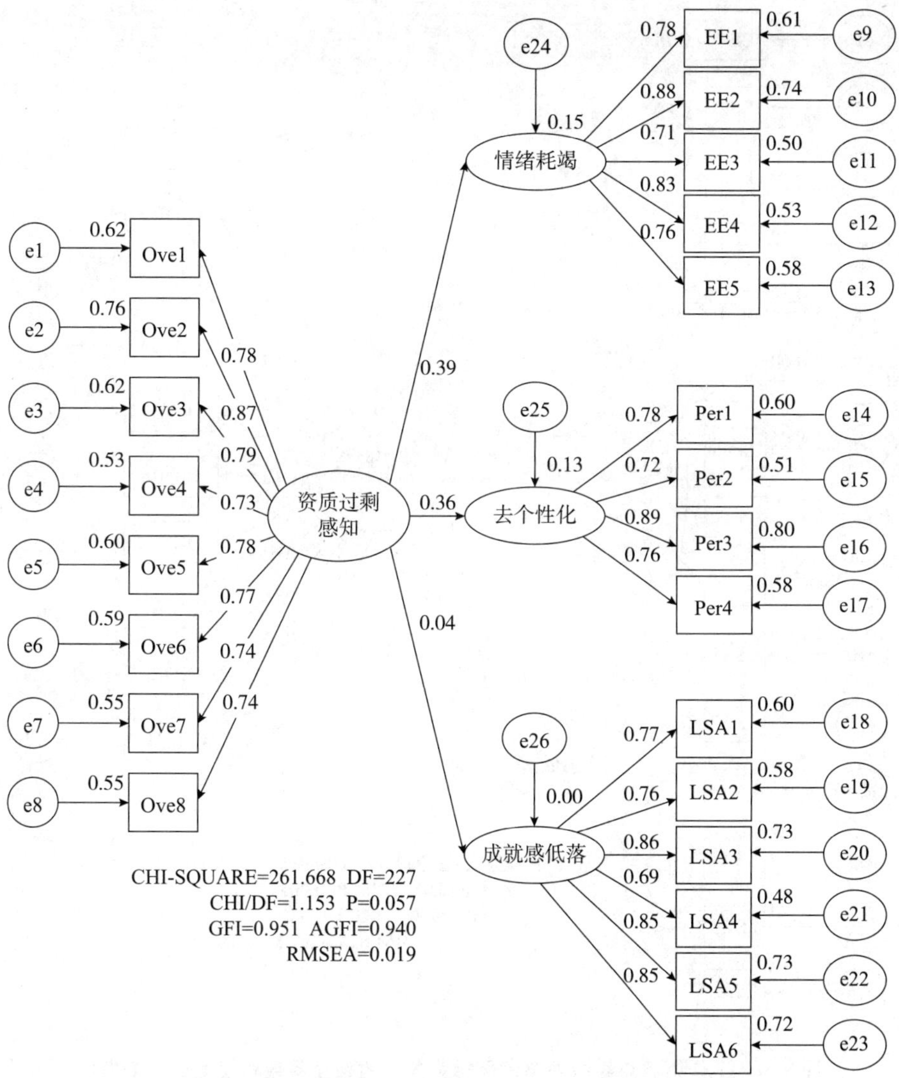

图 7-3 资质过剩感知与工作倦怠关系的路径系数和模型配适度指标

的影响不显著，路径系数为 0.04，P 值为 0.401，大于 0.05。故假设 H2a、假设 H2b 成立，但假设 H2c 不成立。具体的标准化路径系数如表 7-13 所示。

从图 7-4 分析可以看出，模型三的配适度结果良好。路径分析也可以看

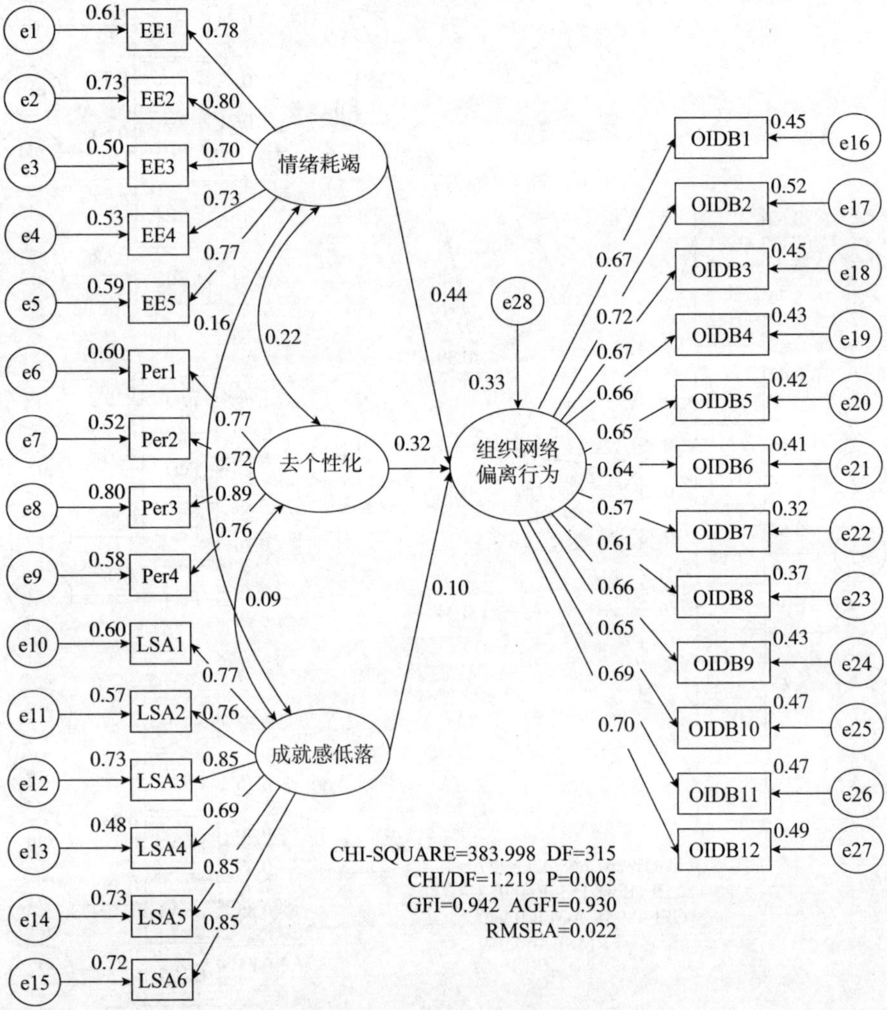

图 7-4 工作倦怠与组织网络偏离行为关系的路径系数和模型配适度指标

出工作倦怠的三个子维度（情绪耗竭、去个性化和成就感低落）对组织网络偏离行为具有显著正向影响，路径系数分别为 0.44（P<0.001）、0.32（P<0.001）和 0.1（P<0.05）。故假设 H3、假设 H3a、假设 H3b、假设 H3c 成立，具体的标准化路径系数如表 7-13 所示。

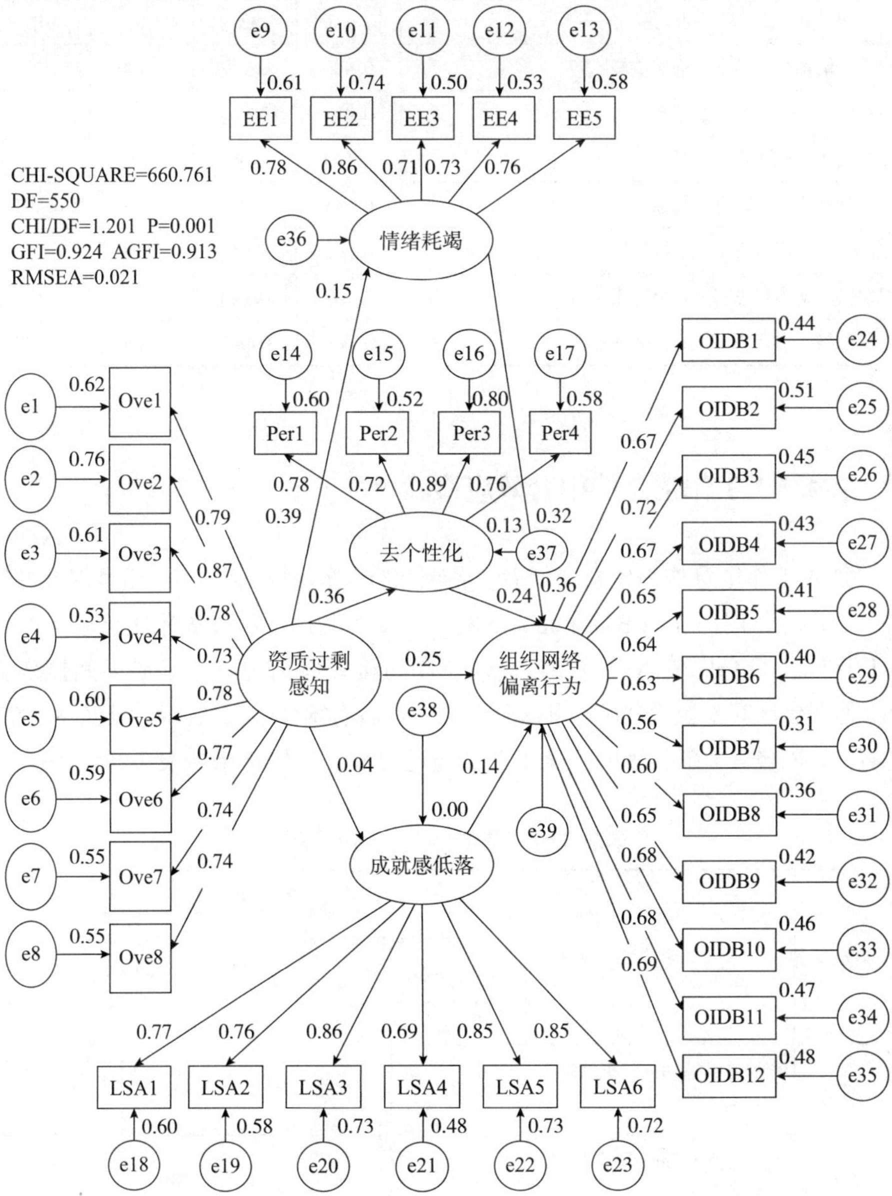

图 7-5 工作倦怠中介效应的路径系数和模型配适度指标

表 7-13 标准化路径系数

研究假设	Estimate	SE.	CR.	P
组织网络偏离行为 <--- 资质过剩感知	0.403	0.052	7.780	***
情绪耗竭 <--- 资质过剩感知	0.452	0.063	7.180	***
去个性化 <--- 资质过剩感知	0.403	0.061	6.614	***
成就感低落 <--- 资质过剩感知	0.043	0.051	0.840	0.401
组织网络偏离行为 <--- 情绪耗竭	0.308	0.043	7.089	***
组织网络偏离行为 <--- 去个性化	0.242	0.042	5.708	***
组织网络偏离行为 <--- 成就感低落	0.069	0.033	2.100	0.036

7.4.5 工作倦怠的中介效应检验

加入工作倦怠作为中介变量后，各项指标均达到要求，整个模型拟合度较好，但中介作用仍要用 Bootstrapping 做进一步的验证。通过拔靴法检验不对称置信区间，综合比较总效应、直接效应和间接效应情况，通常如果间接效应 95%的置信区间不包含“0”，则表明中介效应具有统计学意义；若直接效应 95%的置信区间包含“0”，表明完全中介。通过分析，具体结果如表 7-14 所示。

表 7-14 工作倦怠的中介作用检验

效应	变数	Bootstrapping			
		Bias-corrected 95% CI		Percentile 95% CI	
		Lower	Upper	Lower	Upper
总效应	资质过剩感知→组织网络偏离行为	0.307	0.520	0.309	0.525
间接效应	资质过剩感知→组织网络偏离行为	0.117	0.247	0.118	0.249
直接效应	资质过剩感知→组织网络偏离行为	0.139	0.332	0.139	0.333

由表 7-14 可知，资质过剩感知对组织网络偏离行为的中介效应中，间接效应置信区间不包含“0”，所以工作倦怠在资质过剩感知和组织网络偏离行为中存在中介作用；直接效应置信区间也不包含“0”，所以工作倦怠在资质过剩感知和组织网络偏离行为中起部分中介作用。假设 H4、假设 H4a、假设 H4b 得到验证。但由于成就感低落维度在相关性分析中不显著，对成就感低落的中介效应做进一步判定，发现成就感低落维度在资质过剩感知和组织网络偏离行为中，间接效应置信区间包含“0”，所以不存在中介效应，假设 H4c 未得到验证。

7.4.6　心理弹性的调节效应检验

本章采用 SPSS22.0 对心理弹性的调节作用进行检验，首先对工作倦怠和心理弹性进行中心化，来降低它们之间的交互项及共线性的问题。本章的分层回归分析具体步骤如下：建立模型Ⅰ，以组织网络偏离行为做因变量，加入人口统计学等控制变量进行回归分析；建立模型Ⅱ，以组织网络偏离行为做因变量，以工作倦怠为自变量进行回归分析；建立模型Ⅲ，加入调节变量心理弹性；建立模型Ⅳ，加入工作倦怠三个子维度与心理弹性中心化后两者的乘积变量。验证结果如表 7-15 所示。

表 7-15　心理弹性在工作倦怠与组织网络偏离行为之间调节效应分析

控制变量	组织网络偏离行为							
	模型Ⅰ		模型Ⅱ		模型Ⅲ		模型Ⅳ	
	β	Sig.	β	Sig.	β	Sig.	β	Sig.
性别	0.96	0.039	0.112	0.005	0.101	0.009	0.095	0.006
年龄	-0.184	0.00	-0.161	0.000	-0.154	0.000	-0.139	0.000
职位	-0.134	0.005	-0.121	0.003	-0.080	0.043	-1.859	0.064
工龄	-0.142	0.002	-0.095	0.017	-0.080	0.035	-2.374	0.018
学历	0.071	0.129	0.033	0.418	0.029	0.459	0.014	0.692
企业性质	0.027	0.577	-0.016	0.688	-0.046	0.242	-0.063	0.072

续表

控制变量	组织网络偏离行为							
	模型Ⅰ		模型Ⅱ		模型Ⅲ		模型Ⅳ	
	β	Sig.	β	Sig.	β	Sig.	β	Sig.
自变量								
情绪耗竭			0.337	0.000	0.298	0.000	8.276	0.000
去个性化			0.282	0.000	0.243	0.000	7.349	0.000
成就感低落			0.109	0.007	0.119	0.002	3.672	0.000
心理弹性					-0.255	0.000	-7.480	0.000
交互项								
F1＊M							-4.638	0.000
F2＊M							-4.936	0.000
F3＊M							-5.737	0.000
R^2	0.085		0.337		0.395		0.523	
调整后 R^2	0.072		0.323		0.381		0.508	
ΔR^2	0.085		0.252		0.058		0.128	
ΔF	6.715	0.000	54.549	0.000	41.587	0.000	38.031	0.000

注：用 F1、F2、F3、M 分别表示情绪耗竭、去个性化、成就感低落、心理弹性。

如表 7-15 所示，第一步验证了控制变量对组织网络偏离行为的回归效应。第二步加入工作倦怠后，工作倦怠三个子维度（情绪耗竭、去个性化和成就感低落）影响组织网络偏离行为的标准化路径系数分别为 0.337（P<0.01）、0.282（P<0.01）、0.109（P<0.01）。第三步加入心理弹性后，标准化路径系数分别变为 0.298（P<0.01）、0.243（P<0.01）、0.119（P<0.01）。第四步加入交互项后，模型的拟合优度由 0.395 提高到 0.523，交互项对组织网络偏离行为的标准化路径系数 β 值分别为-4.638、-4.936、-5.737，P=0.001，表明交互项对组织网络偏离行为均有显著的影响，并且工作倦怠对组织网络偏离行为及心理弹性对组织网络偏离行为的预测作用（β=-7.480，P<0.01）显著。因此，假设 H5 成立。

7.5　分析与讨论

7.5.1　研究分析

数据分析结果发现，资质过剩感知对组织网络偏离行为有显著的正向预测作用，即假设 H1 成立；资质过剩感知对工作倦怠的两个子维度（情绪耗竭和去个性化）也有显著正向预测作用，假设 H2、假设 H2a、假设 H2b 成立，但对成就感低落维度没有显著正向预测作用，假设 H2c 不成立；同时，情绪耗竭、去个性化和成就感低落均对组织网络偏离行为有显著正向预测作用，假设 H3、假设 H3a、假设 H3b、假设 H3c 成立。通过 AMOS 软件对工作倦怠及其三个维度的中介效应分别进行验证，发现工作倦怠在资质过剩感知与组织网络偏离行为间存在部分中介效应，假设 H4、假设 H4a、假设 H4b 成立，而成就感低落在它们之间的中介效应不存在，即假设 H4c 不成立。在引入心理弹性这一调节变量后，通过分层回归分析发现，心理弹性在工作倦怠影响组织网络偏离行为的过程中存在调节作用，即假设 H5 成立。

第一，根据本章研究的结果，员工的资质过剩感知越强，则他们产生组织网络偏离行为的可能性就越大。这与 Maynard 等（2013）得出的结论一致，当资质过剩员工对工作不满时，他们不仅会采取退行性行为或离职行为，还会产生管理者最不希望看到的反生产行为。资质过剩感知较高的员工，认为组织不关心他们的价值与贡献，觉得自身可以被有效利用的资源浪费了，会出现失望、压力等消极情绪，为了缓解这些消极情绪，从而产生反生产行为。但是资质过剩感知较强的员工本身具有较高的自尊心，他们更可能会倾向组织网络偏离行为，使自身没有被充分利用的资源得以利用。

第二，资质过剩感知对工作倦怠假设结果分析。资质过剩感知对情绪耗竭和去个性化均具有显著正向影响，资质过剩感知作为一种心理认知，会使员工产生不满的情绪。若员工长期处于资质过剩感知中，他们会对工作失去热情与期望，员工有一种情绪被耗尽、没有活力的感觉。另外，当资质过剩员工与资质恰当员工一起工作时，他们会将自己与资质恰当员工进行比较，觉得自己和资质不如自己的同事一起工作没有干劲，工作没有意义，会对工作投入极少的脑力劳动，甚至他们的情绪也会从工作中抽离出来。资质过剩感知对成就感低落有显著的正向预测作用的结果没有通过，可能的原因可以通过赫茨伯格双因素理论来解释。该理论认为，引发人们工作动机的两个主要因素是激励因素和保健因素。只有激励因素才能给人们带来满足感，而保健因素只能消除人们的不满，不会带来满意感。资质恰当对于员工的情绪耗竭和去个性化两个维度具有保健因素作用。保健因素（资质恰当）得不到满足，员工就会产生不满情绪（情绪耗竭、去个性化）；在保健因素（资质恰当）得到满足后，员工工作中的消极与不满情绪（情绪耗竭、去个性化）就能消除。资质恰当对于员工的成就感维度具有激励因素作用。激励因素没有得到满足时，也不会使员工产生不满的情绪（成就感低落）。另外，根据马斯洛的需要层次理论，人类价值体系中存在两种不同的需求：一类是生理需求，另一类是高层次需求。只有满足了人类最基本的生理需求，才可能有更高层次的需求考虑。当员工的生理需求尚未得到满足时，他们可能不会考虑更高层次需求，成就感就属于高层次需求。他们之所以会选择这份与他们能力不匹配的工作，很可能是他们仅想通过这份工作满足最基本的生存问题，并没有将工作当作能给他们带来成就感和荣誉的途径。因为他们知道自身的能力是绝对能够胜任这份工作的，即他们知道自己能够很轻松地完成这份工作，也不会在意这份工作能否带给他们成就感。

第三，工作倦怠的三个维度（情绪耗竭、去个性化和成就感低落）对组织网络偏离行为的结果分析。情绪耗竭、去个性化和成就感低落均对组织网络偏离行为有正向预测作用，即情绪耗竭、去个性化或成就感低落感越高的员工越容易产生组织网络偏离行为。资质过剩作为一种消极的工作事件，会造成员工认知和情绪等资源的损耗，并导致压力和情绪耗竭。这种情绪的耗竭是衡量工作倦怠的一个重要指标，它让员工有一种情绪被耗尽、没有活力的感觉，而且会给员工心理带来挫折、紧张感。这与国外学者 Gabris（2010）和国内学者李超平等（2003）的研究结论一致，工作倦怠与一般的压力有相近的态度和行为结果（如反生产行为）。

第四，工作倦怠的三个维度（情绪耗竭、去个性化和成就感低落）影响资质过剩感知对组织网络偏离行为的结果分析。工作倦怠在资质过剩感知对员工组织网络偏离行为影响中起到部分中介作用。资质过剩员工在产生情绪耗竭之后，会调节自身行为来降低甚至保存自身的资源。员工可能会采取工作疏离、迟到等撤退行为，从威胁环境中抽离从而保护自身的资源。当员工遭受到情绪耗竭时，会产生低工作满意度和低组织承诺，甚至会产生组织网络偏离行为，使他们流失的资源得到保存。资质过剩感知强的员工不一定就会产生组织网络偏离行为，而是需要通过工作倦怠这一中介变量来产生影响。因此，企业想降低员工的组织网络偏离行为，可以试图通过减少员工的情绪耗竭和去个性化实现。

第五，心理弹性的调节作用结果分析。心理弹性在工作倦怠与组织网络偏离行为之间有调节作用。为了具体地研究心理弹性对工作倦怠三个维度和组织网络偏离行为的调节作用，将情绪耗竭、去个性化、成就感低落和心理弹性分成三组，以组织网络偏离行为为因变量，对数据进行分析，如图 7-6 所示。

由图 7-6（a）可知，当员工的心理弹性较低时，情绪耗竭与组织网络偏离行为之间有较强的正向关系（图中实线所示）；当员工的心理弹性较高时，情绪耗竭与组织网络偏离行为之间仍呈正向关系，但是关系明显减弱（图中虚线所示）。

由图 7-6（b）可知，当员工的心理弹性较低时，去个性化与组织网络偏离行为之间有较强的正向关系（图中实线所示）；当员工的心理弹性较高时，尽管去个性化与组织网络偏离行为之间仍呈正向关系，但是关系明显减弱（图中虚线所示）。心理弹性对成就感低落与组织网络偏离行为的调节作用与上述两组相同，如图 7-6（c），而且削弱作用在成就感低落较高时更加明显。心理弹性较高的员工会让自身在产生工作倦怠时，将消极情绪控制在自身可接受范围内，并采取包容的心态，忍受一时工作的简单和无聊，并采取长远的目光，从简单的工作中学到新的东西，为以后从事更加复杂和有挑战性的工作做好充分准备，因此他们的工作倦怠感会降低，组织网络偏离行为发生的频率或可能性也会降低。

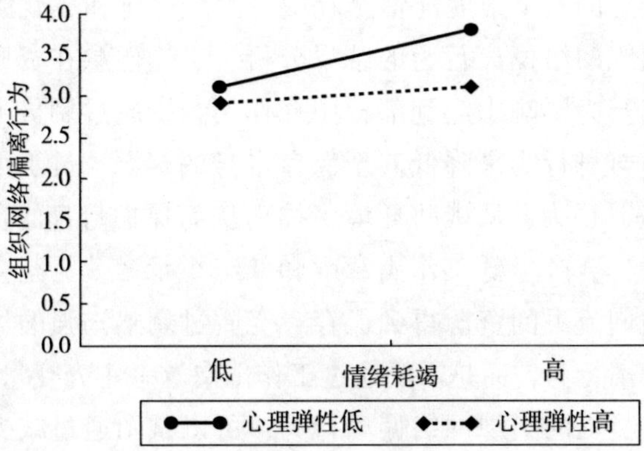

（a）

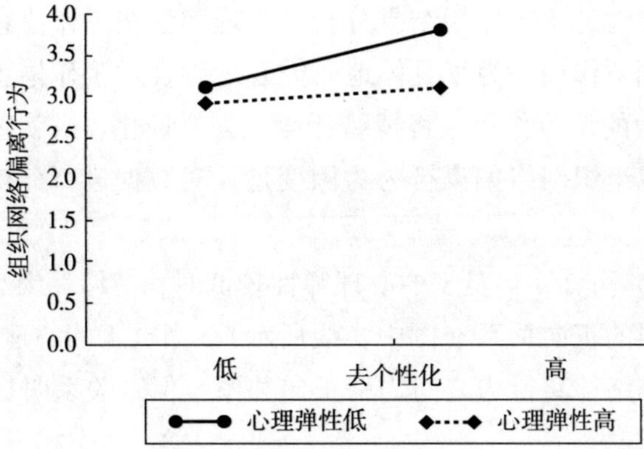

（b）

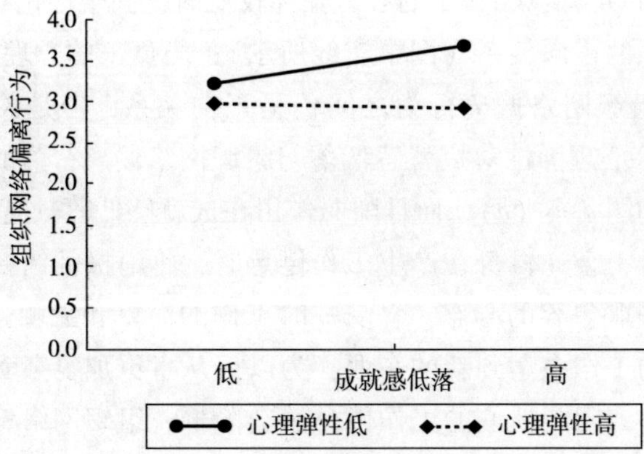

（c）

图 7-6　心理弹性的调节作用

7.5.2 管理启示

根据本章的研究假设检验结果发现，资质过剩感知对员工组织网络偏离行为有正向预测作用；资质过剩感知对情绪耗竭和去个性化均有显著的正向预测作用，但对成就感低落的正向作用不明显；情绪耗竭和去个性化在资质过剩感知和组织网络偏离行为关系中起部分中介作用；心理弹性对工作倦怠与组织网络偏离行为有负向调节作用。资质过剩员工作为组织中尚未完全利用的人力资本，他们本身可能富有才智或丰富的经验，企业应该做到人尽其才。因此，本章将基于结果和研究对象的特征提出如下管理建议：

第一，人岗匹配，人尽其才。组织中资质过剩员工普遍存在，不仅这些员工苦恼自身的资源没有被充分利用，而且由于资质过剩导致的组织网络偏离行为，更会给组织带来巨大损失。资质过剩员工本身有着超过工作要求的能力，若能放在合适的岗位上，不仅能够减少他们的组织网络偏离行为，而且应该有更大的潜力给组织带来积极的影响。首先，改变招聘者“能力/学历越高越好”的观念。他们认为，倘若付出相对较小的成本却能聘请到物超所值的员工，很有可能会给组织带来创新和高绩效，但他们却忽略了这类员工潜在的反生产行为给企业带来的损失。重视资质过剩问题，避免大材小用势在必行。除了需要采取相应措施降低员工的资质过剩感知，企业的人力资源部在进行招聘前，要对招聘的岗位与工作进行详细的分析，如该岗位要求应聘者应该具备什么知识、技能和能力素质要求。在招聘时，将该岗位和工作所需的核心胜任力作为择人标准。其次，采用多种测评方法综合择人，实现最大化的人岗匹配。除了最常见的笔试、无领导小组和半结构化面试外，还应该考虑到员工个体之间存在的人格特质差异，尽可能发掘员工的能力与优点，将其放在合适的岗位上，发挥他们最大的潜力与积极性，实现人才的有效利用。

第二，工作重塑与加强培训双管齐下。工作倦怠是影响资质过剩员工产生组织网络偏离行为的关键性因素。随着新生代员工步入职场，他们对自主性有着更高的需求，由组织管理者来设计相对统一的工作已经变得不再适用。已有研究证实，工作重塑能够通过提高人岗匹配、工作意义进而减少工作倦怠，所以员工可以通过自发进行工作重塑来改善。工作重塑可以分为认识重塑、关系重塑和任务重塑三种。通过认识重塑，员工转变对工作任务或工作本身的认识，感受到独特的工作价值，肯定自己的工作价值和意义，从而减少他们的资质过剩感知；关系重塑是员工对工作中的互动与交流做出的改变，资质过剩感知员工可以通过多与和他们资质相当的员工进行工作上的沟通与交流，从而减少他们的资质过剩感知；任务重塑则是员工在工作中主动增加（减少）任务，或拓宽（缩小）任务范围的行为，资质过剩员工可以通过任务重塑，适当增加自己工作的挑战难度，或者丰富工作的内容，进而减少他们的资质过剩感知，减少组织网络偏离行为。在与组织目标不冲突的前提下，组织应该给员工的工作重塑提供一些空间，鼓励他们进行工作重塑，从而调动他们的工作积极性。但是不能确保员工工作重塑的目的与组织的发展方向是一致的，因此，管理者可以为这类员工提供个性化的培训，并进行工作重塑的干预。从员工角度出发，通过有效的沟通与交流了解员工的真实想法，根据他们自身的实际情况，找出合适的工作重塑的工作内容，如新颖的工作内容、增加工作挑战难度等。缺乏挑战和多样化的工作内容容易使员工产生厌烦情绪，也容易导致组织网络偏离行为的发生。帮助员工找出适合他们的工作重塑内容之后，再对他们进行工作重塑的知识培训和针对性的辅导，设计出符合他们自身价值观、兴趣爱好的工作方式，并按时进行监督与反馈，建立完整的工作重塑干预流程。

第三，关注员工的心理健康。心理弹性是调节工作倦怠与组织网络偏离行为之间关系的重要因素，企业可以在招聘时选取心理弹性较高的员工，或者提高员工的心理弹性。高心理弹性是一种良好的内部心理资源，不仅有助于帮助员工从压力中恢复，更能减少员工的工作倦怠。首先，企业可以在招聘环节使用问卷调查或心理测评的方式，测试应聘者的心理弹性水平，在其他重要方面水平相当的情形下，优先选择心理弹性较高的员工。其次，定期给员工进行心理弹性方面的培训与训练。不同的员工，心理弹性存在着差异，要测量和确定员工的心理弹性水平，通过制定不同程度的训练或逆境体验，来提高员工的心理弹性水平。最后，企业定期对员工的心理弹性变化进行观测，当员工出现较大的心理弹性波动时，企业需要对其进行干预和指导，排解员工的不良情绪，防范组织网络偏离行为的发生。

7.5.3 未来研究展望

本章基于资源存储理论、人—岗匹配理论和情绪认知评价理论，并在对资质过剩感知及组织网络偏离行为等相关理论进行总结与回顾的基础上，引入工作倦怠作为中介变量、心理弹性作为调节变量，建立资质过剩感知、组织网络偏离行为、工作倦怠及心理弹性的关系模型，以中国企业员工为研究对象，运用结构方程模型对假设进行检验，试图深入探讨资质过剩感知、心理弹性、工作倦怠、组织网络偏离行为之间的内在关系。可能在以下两个方面进行了创新：

（1）在中国企业的背景下，对资质过剩员工的组织网络偏离行为进行了探究。职场办公环境向技术化、网络化转型，组织网络偏离行为普遍存在。而职场中另一种现象——资质过剩也普遍存在，这两种普遍存在的现象背后是否存在联系，有什么样的联系，值得深入探讨。

（2）通过“知—情—意”的情绪路径探讨资质过剩感知对组织网络偏离行为的影响。本章引入工作倦怠作为中介变量，并加入组织管理中较新的概念——心理弹性为研究变量。从员工有较强的资质过剩感知，到产生工作倦怠的负面情绪，再以员工心理弹性为调节变量，试图从情绪路径方面探讨员工组织网络偏离行为的产生。

前文已总结了本章的相关成果并提出了管理启示，但不可否认，由于时间和各方面条件的限制，本章的研究也存在如下局限：

（1）样本缺乏代表性。本章调查样本主要来自武汉、广州、长沙等较为发达地区的年轻人，样本大部分年龄集中在 25~34 岁（占 63%），他们大多缺乏工作经验，且在公司的职位也较低，不足以代表所有公司员工的想法。此外，由于资源条件的限制，本章不能严格按照随机抽样的方法选取样本。因此，以后的研究应该尽可能扩大样本数量和范围，采用科学的抽样方法来减少误差，提高研究的准确性，并得出更具代表性和适用性的结论。

（2）本章探讨资质过剩感知对组织网络偏离行为的影响，将组织网络偏离行为作为一个消极的方面进行研究。但由于资质过剩群体的特殊性，这类员工可能通过组织网络偏离行为来向其他组员传递知识和技能，或者进行一些组织公民行为，因此这些员工的组织网络偏离行为可能会对组织产生正面影响。因此，在以后的研究中，可以试图从该角度入手，探讨组织网络偏离行为的积极效应。此外，组织网络偏离行为本是一个三维的构念，包括社交行为、兴趣行为和利己行为。本章中仅将组织网络偏离行为作为一个整体构念进行测量，研究中未从三维角度做出逐一影响分析。本章研究发现了工作倦怠对资质过剩感知与组织网络偏离行为的部分中介作用，解释这一关系的其他变量仍需要进一步验证。例如，Liu 和 Wang（2012）对资质过剩感知理论模型的研究发现，公平感知、自尊与自我效能感也是影响员工资质过剩感知与反生产行为的重要因素。因此，在未来研究中，可以尝试从这些角度展开更细致而具体的分析。

7.6 研究小结

本章从情绪路径的视角，以人—岗匹配理论、资源存储理论和情绪认知评价理论为基础，探讨资质过剩感知员工产生组织网络偏离行为的形成机制。具体地，在对资质过剩感知与组织网络偏离行为的相关理论进行总结与回顾的基础上，本章将工作倦怠作为中介变量，引入心理弹性作为调节变量，构建资质过剩感知与组织网络偏离行为之间的关系模型。通过对回收的 441 份样本数据进行实证研究，运用 SPSS22.0 数据统计软件和 AMOS22.0 数据分析软件对假设与模型进行检验，解释资质过剩感知、组织网络偏离行为、工作倦怠与心理弹性之间的关系。在现有理论的基础之上，提出相关假设，运用 SPSS 统计软件和 AMOS 分析软件对收集的调查数据进行实证分析和假设检验，主要研究结论如下：

（1）资质过剩感知较高的员工极易产生组织网络偏离行为。通过人口统计学变量与组织网络偏离行为的分析发现，性别、受教育程度等大部分个人属性对组织网络偏离行为的影响没有显著差异，但工作年限较低（3 年以下）的员工普遍存在着组织网络偏离行为。

（2）资质过剩感知对工作倦怠有正向预测作用。资质过剩感知越强的员工，其情绪耗竭和去个性化就越明显，但资质过剩感知对成就感低落没有明显的预测作用。

（3）工作倦怠对组织网络偏离行为有显著的正向预测作用，情绪耗竭、去个性化和成就感低落对组织网络偏离行为都有显著的正向预测作用，情绪耗竭与组织网络偏离行为的相关性最强，成就感低落与组织网络偏离行为的相关性最弱。

（4）工作倦怠在资质过剩感影响组织网络偏离行为的过程中起到部分中介作用。其中，情绪耗竭和去个性化两个维度在资质过剩感影响组织网络偏离行为的过程中有部分中介作用，即资质过剩感知会导致员工产生工作倦怠情绪（情绪耗竭和去个性化），员工的工作参与度降低，产生组织网络偏离行为。

（5）心理弹性对工作倦怠与组织网络偏离行为有负向调节作用。当员工的心理弹性较低时，工作倦怠与组织网络偏离行为之间有较强的正向关系；当员工的心理弹性较高时，尽管工作倦怠与组织网络偏离行为之间仍呈正向关系，但是关系明显减弱。且心理弹性的削弱作用在成就感低落与组织网络偏离行为之间关系更加明显。

最后，根据研究结论，从人—岗匹配、工作重塑和心理弹性三个角度提出了针对性的管理对策及建议。

8

组织网络偏离行为研究：交互影响机制

8.1 引言

为了满足业务的需要及应对工作全球化的挑战，各组织对于网络的使用越来越频繁。网络已成为组织运行中不可缺少的部分，不仅提高了组织效率，改进了企业的生产方式，还加强了员工之间的交流（Whitmore et al.，2015）。然而，网络在组织中被广泛使用的同时，其带来的问题也渐渐呈现在组织管理人员的视野中。有调查表明，企业员工在上班期间玩游戏、听音乐、看电影与网络直播、浏览不相关的网页或者非法网站、接发私人邮件等行为越来越频繁，使员工的管理工作变得越来越困难。员工在上班期间进行的对工作没有任何帮助的网络行为占30%~40%，中国员工每星期花费在观看网络直播、玩网络游戏、使用App软件上的时间要比其他国家员工多6~7小时（宋良梁，2013）。员工组织网络偏离行为的出现日益频繁，使公司网络资源所承受的压力越来越大。不恰当的网络资源的使用越来越多，工作中对于带宽的要求越来越高，导致组织中大部分的带宽资源没有被用到实处，造成了严重的资源浪费，也给组织工作的正常运行带来了诸多不便。这不仅使管理者的管理工作面临巨大挑战，使组织存在安全问题隐患，也使组织资源不断减少，组织的效率受到严重影响，给组织未来的发展带来不利影响。对于组织网络偏离行为形成机制的探究已成为组织管理研究中必须面对的难题之一。

人的行为不仅会被人的自身认知所影响，还与外部的环境条件密切相关。因此，在探索组织网络偏离行为的形成机制的过程中，不仅要考虑不同的人对于自我的认知不同，更要注意外部环境与人的认知活动的密切联系。在以往的研究中，学者重点研究了个体或环境单一层面上对组织网络偏离行为的影响，如 Kim 等（2016）发现，责任心、情绪稳定性与网络怠工行为显著负相关；余璇等（2015）发现，自利型组织伦理氛围正向影响工作场所偏离行为，规则型组织伦理氛围负向影响工作场所偏离行为等。这些研究均忽视了其影响因素的不同层面之间可能存在一定的联系。

组织网络偏离行为极有可能受多个层次的变量影响，如果只针对单一方面展开研究，在理论分析与实际操作上都会有不同程度的问题，就算研究结果能找出影响组织网络偏离行为的前因变量，但得到的结果往往是有条件限制的，与企业的实际情况相去甚远。

本章构建个体、团队两个层面的跨层次模型对组织网络偏离行为进行跨层次研究，在个体层面选择人格特质作为前因变量，团队层面则选择组织伦理氛围，并对两个层级的交互作用进行深入探讨，利用多层次线性模型分析变量间的关系，试图在理论上更全面地探索组织网络偏离行为的形成机制；实践上则为跨层次研究在管理上的应用提供借鉴，帮助组织管理人员有效干预员工的组织网络偏离行为，提升组织绩效。

具体地，本章通过对国内外有关文献的整理与分析，分析了人格特质与组织伦理氛围对组织网络偏离行为的作用机制，检验了人格特质、组织伦理氛围与组织网络偏离行为之间的跨层次交互作用。以本章的结论为基础，分析管理者应如何有效控制组织网络偏离行为，以充分发挥组织伦理氛围对组织网络偏离行为影响的正面效应，并适当地丰富与提升组织网络偏离行为的相关理论研究以及在中国本土的科学实践。

本章的研究思路是：第一，从行为的形成机制方面对国内外组织网络偏离行为的研究现状进行归纳，厘清当前研究存在的问题，对本章的研究内容、思路、方法与创新之处进行一一说明；第二，在以相关理论为支撑的情况下，经过理论推导，提出本章的研究假设，收集调查数据并对量表的信度、效度进行检验，运用实证分析的方法对研究假设进行验证；第三，得出结论并对结论进行分析，针对分析结果给出相应的管理启示，说明研究的局限与未来研究的方向。

本章中主要使用了以下三种研究方法：

第一，文献研究方法。本章从中国知网、SCI 等数据库中收集了大量与本章研究相关的文献，归纳了学者对于“人格特质、组织伦理氛围、组织网络偏离行为”的研究情况，在相关理论的指导下，经过理论推导，提出了本章研究的理论模型及研究假设。

第二，问卷调查方法。本章使用线上和线下两种不同的发放形式，通过预调研对量表进行修改和完善，形成最终的问卷，然后进行大样本调研，通过对回收的问卷进行统计来获取研究的数据。

第三，统计分析方法。本章采用问卷调查的方式来收集研究过程中所需要的数据。首先对回收的数据进行描述性统计分析；其次使用 SPSS 和 AMOS 软件对变量进行信、效度的检验及相关性分析；最后用 HLM 进行跨层次交互效用分析。

本章的目的主要是探究员工组织网络偏离行为的形成机制，相比前人的研究而言，创新之处主要包括：

（1）研究内容上，本章形成了以组织伦理氛围为调节变量，人格特质为前因变量，组织网络偏离行为为结果变量的研究框架。

（2）研究结果上，本章在国内外有关组织网络偏离行为的作用机制的研究基础上，在实证研究多以单一方面的研究为主，跨层次研究比较欠缺的条件下，选择运用多层线性模型来检验人格特质、组织伦理氛围与组织网络偏离行为三者之间的跨层次交互作用。

8.2 研究假设

8.2.1 人格特质与组织网络偏离行为

关于人格特质与组织网络偏离行为的关系，已有研究表明，不同的人格特质对于组织网络偏离行为具有不同的预测作用。Davis（2002）研究发现，有问题的网络使用发生的原因主要包括四个方面：性格冲动、情绪低落、自我享受和转移视线。其中，容易冲动的员工和情绪低落的员工出现网络偏离的可能性更高。Everton 等（2005）通过对教育机构员工使用电脑情况的研究，发现他们使用电脑的行为与五个因素有关，即刺激寻求、冲动性、责任心、工作满意度和人口特征。Mount 等（2006）在对人格特质和工作偏离行为的研究中发现，高责任心的人更不容易发生工作偏离行为，而在情绪稳定性方面得分低的员工更容易产生生产偏离行为。Krishnan 等（2010）在对大五人格如何影响员工在网络怠工行为上花费的时间的研究中发现，宜人性低的员工会在网络怠工行为上花费更多的时间，并且责任心可以调节宜人性和网络怠工行为的关系。

张燕（2009）在探讨工作压力与员工工作场所偏离行为的关系时发现，个性差异和压力感知对员工工作场所偏离行为有很大影响。王群等（2009）认为，影响非工作上网行为的个人因素包括人格特质、对于问题的了解不够和合理化倾向。涂晓春等（2016）认为，员工非工作上网行为的影响因素很多，认知不足、合理化倾向、寻求个人满足、组织公正、工作压力和相关制度不完善六个因素对员工非工作上网行为产生了显著影响。姜荣萍等（2013）认为，特定工作情境和工作事件会导致员工特定情绪情感反应，消极情感与工作场所偏离行为等负向行为相关。

人格特质是指个体在社会生活中无论在哪种环境条件下所表现的保持稳定的行为方式。由于人格特质可以通过较低层次的个体特质反映较高层次的人格维度，进而预测个体行为的某些倾向性，因而它在研究组织网络偏离行为前因变量的过程中被广泛关注，但实证研究的结果也显示，并不是人格特质的所有维度都对组织网络偏离行为具有显著影响。Berry 等（2007）发现，责任心和宜人性与工作偏离行为有密切的关系，通过责任心和宜人性可以很好地预测工作偏离行为。Spector（2010）通过大量文献分析发现了尽责感、宜人性和神经质与各种违反组织规范的非暴力行为之间存在显著的相关性。Jia 等（2013）发现，责任心、情绪稳定性与网络偏离行为显著负相关，宜人性与员工网络偏离的关系未得到证实。组织网络偏离行为是一种可以为工具型动机所驱使的主动行为，可以基于 Hobfoll（1989）开创的资源保存理论

（Conservation of Resource Theory，COR）对人格特质与其之间的关系给予合理解释。

资源保存理论是由 Hobfoll（1989）提出的用来解释个体工作压力的动机理论。该理论的内容主要包括：个体会尽最大可能保证自身现有的资源不被消耗，如果现有的资源被损耗或者即将流失，都会给个体带来不适。这些具有工具性价值的资源可分为四大类：实体（如家庭）、条件（如工作任期）、个性特征（如乐观）和能量（如个人的情绪、组织的支持、同事的支持等）。资源保存理论强调三个关键要素：第一，相比于得到更多的资源而言，个体更担心现有资源的严重消耗。如果个体能够维持现有的资源，就不会致力于获得更多的资源，只有现有资源消耗严重，个体才会寻求新的资源的获取。第二，个体现有资源被消耗时，需要补充新的资源。当个体现有的资源存在被消耗的可能时，出于保存核心资源的目的，个体会选择补充新的资源来使现有资源得以保存（Hobfoll & Lilly，1993）。第三，资源损失和资源获取存在“资源获得螺旋”和“资源损失螺旋”效益。当个体手中的资源数量足够时，他会通过手中的资源去拿到更多的资源，以使手中的资源不断增多，进而达到资源获取的良性循环。相反地，当个体现有资源被消耗时，个体会选择补充新的资源来使现有资源得以保存，如果补充新的资源没有作用，个体就会增加新的资源的补充量，最后使手中的资源越来越少，形成了资源损失的恶性循环。

COR 理论强调个体本身的资源是有限的，个体会尽可能防止现有资源的流失及获得更多的资源。当外界的压力增加时，为了避免情绪资源的损失，个体会通过其他资源的补充来防止资源的进一步消耗。组织网络偏离行为的出现，其实是个体为了保护资源而做出的理性决策。事实上，近些年已经有一些学者利用 COR 理论来解释人格特质对个体行为的影响。基于此，本章对尽责感、宜人性和神经质这三种人格特质对组织网络偏离行为的影响做出如下理论分析。

员工在每天的工作中都会损失部分资源，在一直没有新资源的加入来维持现有资源不被减少的情况下，员工就会出现异样情绪。在员工认识到自身现有资源逐渐被消耗抑或是现有资源存在被消耗的风险时，员工会通过自身的行为去寻求新的资源的加入，也会尽力去维持现有的资源不被减少。而上司的认可等重要资源的加入能够维持现有资源的稳定，防止现有资源的进一步损失。具体而言，高神经质的员工情绪不稳定，一方面，这使他们在工作过程中会消耗更多的情绪资源；另一方面，这也会导致他们既难得到主管的支持又难与同事融洽相处。资源得不到补偿，员工没有足够的资源来控制自己的情绪和行为，出现组织网络偏离行为的可能性就会增加。高宜人性的员工与人交好，这使他们在工作过程中能够妥善地处理好同事之间的关系，弥补了资源的损失，为了维持由宜人性所带来的各种资源，他们通常也不会做与工作无关的事，也就是说，高宜人性的员工往往也缺乏表现出组织网络偏离行为的动机。高尽责感的员工责任心很强，这是工作过程中每位员工最基本的品质，这也使他们能够得到主管的支持，从而弥补了工作过程中所消耗的资源。为了维持由尽责感带来的资源，他们往往不会做与工作无关的事，也就是说，高尽责感的员工往往缺乏组织网络偏离行为的动机。

基于此，本章提出以下假设：

H1a：神经质正向影响组织网络偏离行为。

H1b：宜人性负向影响组织网络偏离行为。

H1c：尽责感负向影响组织网络偏离行为。

8.2.2 组织伦理氛围与组织网络偏离行为

随着社会的发展，对于企业的要求越来越高。企业在追求利润的同时还要加强对员工价值的关注及对环境和社会的贡献，企业必须要承担社会责任，这也使企业中的伦理问题被广泛关注。从伦理角度研究员工行为是一种全新的视角，既紧跟时代的潮流，又能帮助企业有效解决员工问题，具有较大的实践价值。Victor 等（1987）最早给出组织伦理氛围的定义，他们认为，组织伦理氛围是组织中员工面对伦理问题和解决伦理问题的标尺，对于员工的行为具有导向作用。Wimbush 等（1994）指出，组织伦理氛围是组织中占主导地位的员工思想。Falkenberg 等（1995）提出，组织伦理氛围是组织中存在的隐形体系，适用于伦理问题的处理与解决。Cullen 等（2003）通过进一步的研究，认为组织伦理氛围是组织中现阶段最突出的行为模式，它是根据环境的不同而变化的，它能够调节员工的行为。Pozveh 等（2016）提出用“关于组织伦理氛围”来加强对概念认识的准确性。朱颖俊等（2011）提出，组织伦理氛围是指组织中特定的环境特征，它能反映出绝大部分员工当时对待伦理问题的想法。通过对前人研究的总结与分析，我们将组织伦理氛围（Organizational Ethical Climate，OEC）定义为组织中真实存在、能够影响员工行为、可以处理伦理问题、在组织整体的思想中起决定性作用的伦理气氛。

Victor 等（1988）从规范性和价值观的角度进一步分析了组织伦理氛围的具体构成。他们依次从价值观的个体、团队和组织三种类型和规范性的自利、关怀和规则三种类型统一归类，指出组织伦理氛围由九个维度构成，分别为自利、关怀、个体品质、企业效益、组织效益、公平、效率、道德要求和法律要求。他们在关于组织伦理氛围的测量方面也有重大贡献，前后共编制了三套组织伦理氛围调查问卷（ECQ），然后在 1987 年、1988 年和 1993 年进一步修改和完善前期的问卷，最终得到了普遍适用的组织伦理氛围的五个维度，即自利型伦理氛围、独立型伦理氛围、规则型伦理氛围、关怀型伦理氛围、法律与规范型伦理氛围。这份量表在多个国家和地区、多种行业和多种类型的组织中都能够正常使用，量表的信度和效度都很高。

Agarwal（1999）认为，伦理氛围类型主要包括独立型、规则型、关怀型及适应型。其中，关怀型又包括组织关怀型与个体关怀型。Deconinck（2011）指出，组织伦理氛围是一个多维度的结构，具体到组织中应该存在若干起决定性作用的组织伦理氛围，它们能够指导员工的行为，代表了组织目前的整体思想状况。李波（2008）通过开发中国企业的组织伦理氛围问卷，分析出中国本土文化背景下的组织伦理氛围应当包含五个维度，分别是规则导向、团队导向、效益导向、自利导向和关怀导向。刘冰等（2015）将组织伦理氛围分为四类，即关怀导向、利益导向、独立导向和规则导向。

在组织伦理氛围的测量方面，包含 36 个题项版本的量表使用最为广泛，也有学者根据自身研究的具体情况，从 36 个题项中挑选出若干与当前研究相关的抑或是因子载荷量较大的题项来形成自身研究所需要的问卷。从对前人的研究整理分析的结果来看，并不是所有类型的组织伦理氛围都被证实是真实存在的，这与地域、行业、组织类型有关，但有五个维度在组织中都普遍存在，依次为自利、关怀、独立、规则和法律导向，其中最稳定的是关怀、规则和自利导向三个维度。本章采用 Victor 等（1998）编制的 ECQ 量表对组织伦理氛围关怀、规则和自利维度进行测量。

（1）关怀型伦理氛围。在关怀型伦理氛围起决定性作用的团队中，员工不仅会考虑个体需求和团队需求，还会关注其他团队成员的需求，会思考自身行为对团队和其他团队成员产生何种影响，团队在重视效率的同时，也会注意对员工需求的满足。

（2）规则型伦理氛围。在规则型伦理氛围起决定性作用的团队中，企业的规章制度决定了员工行为的合理性，团队要求员工一定要按规矩办事，员工所能表现出的行为一定是规则中所允许的，逾越规章制度的行为是被团队所排斥、不被认可的。

（3）自利型伦理氛围。在自利型伦理氛围起决定性作用的团队中，员工在工作过程中只会考虑满足自身的需求，即使是以牺牲团队利益或者是其他团队成员的利益为代价。团队的凝聚力不足，形成了各做各的事情的局面，既影响了团队效率，又使员工之间的关系更加冷漠。

组织伦理氛围是组织中员工主流的价值取向，对于组织的稳定具有重大意义，一直为众多专家学者所重点关注。Trevino（1986）指出，组织文化是组织能够顺利运行、组织效率能够保持增长、员工乐意在组织中工作的关键。组织文化对员工的行为具有巨大的导向作用。而组织伦理氛围代表着组织与员工之间的一种微妙关系，决定了组织文化的建设方向，在一定程度上也会影响到员工的行为。Galletta（2003）的研究以计划行为理论为基础，通过对调查问卷的统计分析后发现，绝大部分的员工表示，主动性和公平性是导致网络偏离行为出现的决定性因素，较少部分的员工则觉得自我的控制力才是首要原因。Hsieh 等（2016）研究指出，自利导向组织伦理氛围负向影响组织偏离行为。Tim 等（2000）通过实证研究得出结论，认为组织伦理氛围能够调节员工的组织网络偏离行为动机，具体来说，当以社会责任为导向的伦理氛围在组织中占主导地位时，员工的主观认知对于组织网络偏离行为的调节作用显著。Humphries（2016）研究表明，处于积极的组织伦理氛围时，上司的正向行为对员工伦理行为有较好的指导和标杆作用。

余璇等（2015）发现，自利型伦理氛围对工作偏离行为有显著正向影响，规则型伦理氛围对工作偏离行为有显著负向影响。朱颖俊等（2011）通过数据分析证明，独立判断型伦理氛围正向预测信息伦理行为，而功利型伦理氛围负向预测信息伦理行为。刘玉波（2012）指出，自利型伦理氛围与组织公民行为之间呈负相关关系，关怀型伦理氛围、规则型伦理氛围与组织公民行为之间呈正相关关系。马璐等（2014）分析表明，组织伦理氛围的关怀维度、独立判断维度和法规维度对员工反伦理行为具有负向影响，而个人功利导向则相反。

社会交换理论由 Homans 最早提出，主要用于对个体活动中个体心理的研究。Homans 指出，个体在社会中的活动均是以交换为目的，交换这一现象在个体日常生活中经常发生。社会交换理论强调对个体心理的探究与分析，突出个体自身的主导地位。Blau 等（1964）认为，交换行为存在于社会活动的各个部分，个体的交换行为分为关系互换和利益互换两类。关系互换行为是在没有任何保障，完全只是出于对交易对象的信任的情况下，个体为了达成自身目的所自发表现的行为，而利益互换行为是交易的双方在事先确定交易的条件后按照规定要求进行的符合双方利益的行为。他还强调，个体之间的交换存在的原因在于满足个体不同的需求。

社会交换理论强调，生活中的人与人之间的联系其实是一种交换关系，它既可能是物品的互换，又可能是非物品的互换。在组织管理的情景下，社会交换理论可以分解为自下而上的心理契约理论和自上而下的组织支持理论两个部分。心理契约理论从员工对组织的承诺角度进行定义，而组织支持理论则以互惠为原则，从组织对员工所提供的资源角度进行解释。整体来说，员工工作的动力不仅有经济报酬，还有社会性报酬，比如员工感受到的组织关心和赞赏。当员工感受到组织的关爱时，基于互惠原则，他往往也会给予组织更多积极的回报。本章主要以社会交换理论的组织支持理论为理论基础。

根据社会交换理论，员工与组织之间是存在交换关系的，员工希望和组织共同进步、共同发展，而不愿因为组织目标的限制而使自己的需求得不到满足，讲求的是与组织的互利互赢。如果组织能够在员工遇到困难时给予帮助或者给员工提供工作的便利，员工在日常的工作过程中也会为了达成组织目标而不懈努力，减少负向的行为。从社会交换理论来看，组织网络偏离行为是基于社会交换的、不受外物控制的、不利于组织的有害行为。在一定程度上，组织网络偏离行为的出现会受到环境条件的影响。刘文彬等（2015）

发现，组织公平负向预测反生产行为。当组织整体处于公平状态时，员工出现反生产行为的可能性极小。而组织公平是组织伦理的一部分，组织伦理氛围又蕴含了伦理方面的特点（Cullen et al.，2003）。Martin 等（2006）指出，自利型组织伦理氛围负向影响伦理行为，关怀型和规则型则对伦理行为有正向影响。而组织网络偏离行为属于工作场所的伦理行为。因此，组织伦理氛围是能够影响组织网络偏离行为的。

Wang 等（2013）研究指出，自利型伦理氛围负向影响组织网络偏离行为。余璇等（2015）发现，自利型组织伦理氛围正向预测工作偏离行为，规则型组织伦理氛围负向预测工作偏离行为。马璐等（2014）的研究证实，关怀型和规则型组织伦理氛围负向预测员工反伦理行为，而自利型则相反。在关怀型组织伦理氛围下，出于对集体利益的考虑，员工更专注于通过与其他员工积极合作来提高组织绩效，而不是做与工作无关的事；在规则型组织伦理氛围下，员工工作中多按企业的规章制度办事，不易出现组织网络偏离行为；在自利型组织伦理氛围下，员工行为往往受个人利益所驱使，当个人利益得不到满足时，员工极易产生组织网络偏离行为。

基于此，本章提出以下假设：

H2a：关怀型组织伦理氛围负向影响组织网络偏离行为。

H2b：规则型组织伦理氛围负向影响组织网络偏离行为。

H2c：自利型组织伦理氛围正向影响组织网络偏离行为。

8.2.3 组织伦理氛围的跨层次调节作用

个体的认知与个体行为之间的关系一直以来是学者关注的热点。社会认知理论作为社会心理学最为重要的理论之一，强调了个体的认知活动对于个体行为的影响，从特殊的角度分析了个体行为出现的过程及相关因素在其中所起的作用。社会认知理论认为，个体、环境与行为三者之间是密切联系、不可分割、共同促进的。这种个体、环境与行为之间始终保持彼此之间的决定作用被定义为“三元交互作用”。三元交互论利用个体、环境和行为三者之间的关系来解释特定的环境条件下个体的内在心理和外在表现，厘清了个体认知、环境与行为之间的作用机制。根据该理论，个体认知、环境与行为之间是彼此联系、相互决定的。个体的认知能够指导个体的行为，而当时的环境条件又会从侧面影响个体的决定。简单来说，个体的行为是个体的认知与所处的环境共同作用的结果。

社会认知理论认为，个体行为是个体认知和外部环境共同作用的结果。外部环境的变化会导致个体行为变化，同时，环境对于个体的个性与个体的行为之间的联系具有调节作用。组织伦理氛围作为一种重要的组织环境因素，虽然无法从本质上影响个体的自我约束能力和责任感、对待他人的态度，以及情绪稳定性和内心感受，但它可以对人格特质与组织网络偏离行为之间的关系产生相应的调节作用。

具体而言，对于高尽责感和高宜人性的员工，其行为更多受外部因素驱使，他们本身就拥有较多的资源，并且想要通过努力工作来获得主管支持，以及与其他成员友好相处来获得更多的资源，从而进入资源的良性循环。如果他们在具有较强关怀型和规则型的组织伦理氛围的组织中工作，员工可以感受到组织的重视与支持，而组织支持是一种有价值的组织资源，这迎合了他们的目的，也越发证实了其行为的合理性，进而增强了外部因素对组织网络偏离行为的抑制作用；但如果在具有较强的自利型组织伦理氛围的组织中工作，由于组织不仅不重视员工，还使组织内成员间关系紧张，这就导致了资源的损失，这与自身的初衷相违背，因而个体开始质疑自己行为的合理性，这就使外部因素对组织网络偏离行为的抑制作用被削弱。对于高神经质的员工，其行为往往由自身因素驱使，他们不会调节情绪。如果他们在具有较强关怀型和规则型的组织伦理氛围的组织中工作，组织的重视与支持会使他们从对组织的强烈情感依附中寻求慰藉和资源的弥补，进而减少组织网络偏离行为的出现；但如果在具有自利型的组织伦理氛围的组织中工作，同事间糟糕的人际关系会加重资源的消耗，从而增加组织网络偏离行为的出现。

基于此，我们提出如下假设：

H3a：关怀型组织伦理氛围可以调节人格特质与组织网络偏离行为之间的关系。关怀型组织伦理氛围越强，尽责感、宜人性与组织网络偏离行为的负向关系越强，神经质与组织网络偏离行为的正向关系越弱。

H3b：规则型组织伦理氛围可以调节人格特质与组织网络偏离行为之间的

关系。规则型组织伦理氛围越强，尽责感、宜人性与组织网络偏离行为的负向关系越强，神经质与组织网络偏离行为的正向关系越弱。

H3c：自利型组织伦理氛围可以调节人格特质与组织网络偏离行为之间的关系。自利型组织伦理氛围越强，尽责感、宜人性与组织网络偏离行为的负向关系越弱，神经质与组织网络偏离行为的正向关系越强。

综上所述，本章选取人格特质（神经质、尽责感、宜人性）作为自变量，组织网络偏离行为作为因变量，以组织伦理氛围（自利型、关怀型、规则型）作为调节变量，探讨人格特质、组织伦理氛围与组织网络偏离行为之间的交互作用。本章的理论模型如图 8-1 所示。

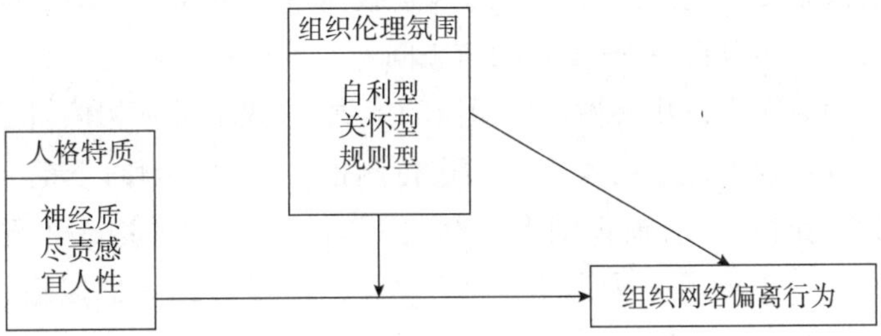

图 8-1　本章的理论假设模型

8.3　研究方法

8.3.1　问卷编制

此次研究的问卷包括四部分：第一部分是被调查者的基本信息，主要包括年龄、单位性质、受教育程度等。第二部分涉及测量人格特质（神经质、尽责感、宜人性）的 14 个题项。第三部分主要包括测量组织伦理氛围（自利型、关怀型、规则型）的 14 个题项。第四部分主要包括组织网络偏离行为的 12 个题项。考虑到先前的研究表明中国人倾向于选择奇数李克特量表上的中间值（Chiu & Yang，1987），本章希望通过不设中间值来减少反应偏差，问卷使用李克特6点测量方法，对每个题项进行打分，依次记“1、2、3、4、5、6”分，其中“1”表示“从不/完全不符合”，“2”表示“很少/比较不符合”，“3”表示“有时/有点不符合”，“4”表示“较多/部分符合”，“5”表示“经常/比较符合”，“6”表示“总是/完全符合”。

8.3.1.1　人格特质的量表设计

人格特质的测量使用王孟成等（2011）开发的《中国大五人格问卷简式版》（Brief Version，CBF-PI-B）量表。该量表共包含5个维度，共40个条目。本章根据原文献提供的各条目的因素载荷量，挑选了三个维度上载荷量较高的题项，最终得到一份14题的简版问卷，其中神经质通过5个题项进行测量，如“面对压力，我有种快要崩溃的感觉”“我常常不相信自己能够独立完成任务”等；宜人性采用4个题项进行测量，如“我倾向于把人往好的方面想”“无论何时我不会损害别人的利益”等；尽责感采用5个题项进行测量，如“我是一个倾尽全力做事的人”“我常常是仔细考虑以后再做决定”等。具体内容如表8-1所示。

表8-1　人格特质测量题项

变量	代码	条目
神经质	A1	我常常感到担忧
	A2	我对未来的生活感到迷茫
	A3	面对压力，我有种快要崩溃的感觉
	A4	我常常不相信自己能够独立完成任务
	A5	事情不如意时我经常感到沮丧
宜人性	A6	我倾向于把人往好的方面想
	A7	如果被人误解，我会尽量宽恕和忘记
	A8	无论何时我不会损害别人的利益
	A9	我常为那些遭遇不幸的人感到难过

续表

变量	代码	条目
尽责感	A10	通常我会尽力考虑周全
	A11	我是一个倾尽全力做事的人
	A12	确定了目标，我会坚持努力实现它
	A13	我常常是仔细考虑以后再做决定
	A14	别人认为我是个慎重的人

8.3.1.2 组织伦理氛围的量表设计

组织伦理氛围使用是的 Victor 等（1987）编制的组织伦理氛围量表。该量表中关怀型组织伦理氛围采用四个项目进行测量，如“组织中，员工都把集体利益放在首位”“组织中，员工普遍把同事的利益放在心上”等；自利型组织伦理氛围由三个项目进行测量，如“组织中，员工只关注自身利益”“组织中，员工喜欢占小便宜”等；规则型组织伦理氛围用四个项目进行测量，如“组织中，遵守规章制度非常重要”“组织中，员工普遍按规矩办事”等。具体内容如表 8-2 所示。

表 8-2 组织伦理氛围测量题项

变量	代码	条目
关怀型组织伦理氛围	B1	组织中，员工彼此之间都互相关照
	B2	组织中，员工都把集体利益放在首位
	B3	组织中，员工普遍把同事的利益放在心上
	B4	组织非常关注所有员工的整体利益
规则型组织伦理氛围	B5	组织希望员工做有利于大众的事情
	B6	组织中，遵守规章制度非常重要
	B7	组织中，员工普遍按规矩办事
	B8	组织希望每个员工都严格遵守规章制度

续表

变量	代码	条目
自利型 组织伦理氛围	B9	组织中，员工喜欢占小便宜
	B10	组织中，员工个人的道德和价值判断是不被重视的
	B11	组织中，员工只关注自身利益

8.3.1.3 组织网络偏离行为的量表设计

组织网络偏离行为采用晏芬等（2016）编制的中国情境下的组织网络偏离行为量表。该量表将其作为一个整体概念从社交行为、利己行为、兴趣行为三个维度进行测量，共包括 12 个题项，本章根据原文献提供的各条目的因素载荷量，挑选出载荷量较高的题项，最终得到一份 9 个题项的简版问卷，包括“上班期间接收或发送私人电子邮件”“上班期间收集或下载与工作无关的文档资料”等。具体内容如表 8-3 所示。

表 8-3 组织网络偏离行为测量题项

变量	代码	条目
组织网络 偏离行为	C1	上班期间使用 QQ、微信、MSN 等进行私人聊天
	C2	上班期间接收或发送私人电子邮件
	C3	上班期间炒股、看基金、买彩票
	C4	上班期间进行团购、网购（如淘宝、京东、当当等）
	C5	上班期间收集或下载与工作无关的文档资料
	C6	上班期间浏览网页（看新闻、QQ 空间、八卦等）
	C7	上班期间玩游戏（如棋牌游戏等）
	C8	上班期间听音乐、看电子书、网络小说
	C9	上班期间逛论坛、BBS、发帖

8.3.1.4 控制变量

本章还测量了性别、年龄、受教育程度、工作年限、工作单位的性质等人口学变量，拟作为控制变量。

8.3.2 预调研

正式调查前，本章先进行问卷的预调研，选择一本高校在武汉的部分MBA学员作为调查对象，共发放问卷91份，去除9份内容缺失或者填写明显存在问题的问卷，回收有效问卷82份，有效回收率90%。对回收的问卷进行小样本预测试，通过对测量题项校正的项总计相关性（CITC）值分析及信度分析，对问卷的题项进行筛选。如果某题项的CITC值小于0.3，去掉此题项后，问卷的内部一致性系数增加，那么就去掉此题项来提高问卷的可靠性（卢纹岱，2002）。另外，问卷的信度必须符合大于0.7的标准。结果发现，表8-4中每个问题的CITC值均大于0.3，即使删除某题后Cronbach's α值也无法明显提升，因此不存在需要去除的单个条款。问卷整体α系数为0.867，符合上述要求，说明问卷具有较好的内部一致性。具体结果如表8-4所示。

表8-4 预调研各量表内部一致性分析

变量	校正的项总计相关性	删除该题后的α系数	Cronbach's α
人格特质	—	—	0.809
神经质	—	—	0.839
A1	0.642	0.806	—
A2	0.702	0.789	—
A3	0.647	0.805	—
A4	0.563	0.827	—
A5	0.655	0.803	—
宜人性	—	—	0.745
A6	0.592	0.658	—
A7	0.508	0.703	—
A8	0.503	0.707	—

续表

变量	校正的项总计相关性	删除该题后的α系数	Cronbach's α
A9	0.555	0.677	—
尽责感	—	—	0.877
A10	0.667	0.860	—
A11	0.653	0.864	—
A12	0.792	0.831	—
A13	0.756	0.839	—
A14	0.677	0.859	—
组织伦理氛围	—	—	0.802
关怀型	—	—	0.851
B1	0.635	0.835	—
B2	0.735	0.793	—
B3	0.812	0.755	—
B4	0.605	0.845	—
规则型	—	—	0.790
B5	0.539	0.768	—
B6	0.733	0.677	—
B7	0.656	0.708	—
B8	0.489	0.793	—
自利型	—	—	0.818
B9	0.612	0.807	—
B10	0.713	0.706	—
B11	0.693	0.728	—
组织网络偏离行为	—	—	0.924
C1	0.583	0.929	—
C2	0.686	0.918	—

续表

变量	校正的项总计相关性	删除该题后的 α 系数	Cronbach's α
C3	0.759	0.914	—
C4	0.785	0.912	—
C5	0.799	0.911	—
C6	0.641	0.922	—
C7	0.795	0.912	—
C8	0.824	0.911	—
C9	0.773	0.913	—

8.3.3 数据收集

本次研究的正式调查问卷采用网络问卷与纸质问卷相结合的形式发放。调查对象为武汉、长沙、深圳等地区的企事业单位员工。正式问卷共发放 240 份，在剔除无效问卷及团队中成员有效问卷占团队总数的比例不到 50%的问卷之后，最终回收 34 个团队共 204 份有效问卷，有效回收率为 85%（问卷见附录 7）。

8.3.4 描述性统计

由表 8-5 问卷样本的描述性统计分析得出：①在性别方面，男性员工占 61.76%，女性员工占 38.24%，男性比例高于女性。②在年龄方面，25~34 岁的员工最多，占员工总数的 59.31%，这说明样本中新生代员工居多。③在受教育程度方面，本科学历占 60.29%，硕士及以上占 30.89%，这说明本研究中员工的学历普遍较高。④在职位层次方面，一般员工占 27.45%，基层管理者占 46.08%，中层管理者占 20.59%，高层管理者占 5.88%。

表 8-5 问卷样本的描述性统计

项目	类别	样本量	所占比（%）	累计占比（%）
性别	男	126	61.76	61.76
	女	78	38.24	100
年龄	25 岁以下	13	6.37	6.37
	25~34 岁	121	59.31	65.68
	35~44 岁	69	33.82	99.50
	45~54 岁	1	0.50	100
教育程度	高中及以下	2	0.98	0.98
	专科/技校	16	7.84	8.82
	本科	123	60.29	69.11
	硕士及以上	63	30.89	100
单位性质	政府机关	27	13.24	13.24
	事业单位	39	19.12	32.36
	国有企业	90	44.12	76.48
	民营/私营企业	46	22.54	99.02
	外资企业	2	0.98	100
职位层次	一般员工	56	27.45	27.45
	基层管理者	94	46.08	73.53
	中层管理者	42	20.59	94.12
	高层管理者	12	5.88	100
工作年限	1 年以下	2	0.98	0.98
	1~3 年	30	14.71	15.69
	3~5 年	38	18.63	34.32
	5~10 年	66	32.35	66.67
	10 年以上	68	33.33	100

8.4 研究结果

8.4.1 信度与效度分析

经过小范围预调查对所用测量量表进行修订以后，开展了大范围问卷量表的信度和效度检验并正式进行理论假设模型的检验。

8.4.1.1 信度分析

量表的信度分析采用与预调研问卷中相同的 Cronbach's α 系数法，内部一致性系数大于 0.7 说明量表的可信度较高。本章使用 SPSS17.0 对大样本数据进行信度检验，各变量的信度系数如表 8-6 所示，结果显示，所有变量的信度系数都大于 0.7，说明问卷的可靠性较高。

表 8-6 测量量表的信度分析结果

变量	项目数	Cronbach's α 值
神经质	5	0.823
宜人性	4	0.832
尽责感	5	0.917
关怀型伦理氛围	4	0.821
自利型伦理氛围	4	0.761
规则型伦理氛围	3	0.840
组织网络偏离行为	9	0.883

8.4.1.2 效度分析

使用 SPSS 和 AMOS 检验问卷的效度。第一，使用 SPSS17.0 进行问卷的

Bartlett 球形检验和 KMO 值分析，看适不适合做因子分析；第二，进行探索性因子分析，对各个变量进行聚类；第三，用 AMOS 进行验证性因子分析，检验模型的合理性。

（1）探索性因子分析。采用探索性因子分析的方法对各量表的效度进行检验，得出 KMO 值和 Bartlett 检验值，分析结果如表 8-7 所示。KMO 值在 0~1，越趋近于 1 表明越适合做因子分析，如果 KMO 值大于 0.6，则因子分析的效果最好，如果 KMO 值小于 0.5，则不适合做因子分析；Bartlett 检验值小于 0.01，则可以进行因子分析。本章的三个量表的 KMO 值依次为 0.876、0.793、0.861，且 Bartlett 检验值均为 0.000，表明三个量表均适合进行因子分析。

表 8-7　各量表的效度检验结果

量表名称	KMO 值	Bartlett's 值
人格特质	0.876	0.000
组织伦理氛围	0.793	0.000
组织网络偏离行为	0.861	0.000

接下来进行探索性因子分析，最终得到人格特质、组织伦理氛围及组织网络偏离行为的三个主量表的探索性因子检验结果，如表 8-8 所示。

表 8-8　各量表探索性因子分析结果

一级变量	二级变量	题项	因子载荷	主成分累计贡献率（%）
人格特质	神经质	A1	0.737	26.855
		A2	0.810	
		A3	0.789	
		A4	0.655	
		A5	0.751	

续表

一级变量	二级变量	题项	因子载荷	主成分累计贡献率（%）
人格特质	宜人性	A6	0.719	48.113
		A7	0.802	
		A8	0.706	
		A9	0.716	
	尽责感	A10	0.756	68.420
		A11	0.738	
		A12	0.803	
		A13	0.849	
		A14	0.751	
组织伦理氛围	关怀型	B1	0.725	25.788
		B2	0.834	
		B3	0.879	
		B4	0.649	
	规则型	B5	0.759	50.554
		B6	0.916	
		B7	0.625	
		B9	0.828	
	自利型	B11	0.787	69.630
		B12	0.829	
		B13	0.830	
组织网络偏离行为		C1	0.664	60.548
		C2	0.643	
		C3	0.718	
		C4	0.762	
		C5	0.766	

续表

一级变量	二级变量	题项	因子载荷	主成分累计贡献率（%）
组织网络偏离行为		C6	0.684	60.548
		C7	0.728	
		C8	0.776	
		C9	0.769	

（2）验证性因子分析。结构效度是指理论模型与验证结果之间的匹配程度，本章通过 AMOS 软件对研究变量进行验证性因子分析，根据模型的拟合优度来判断量表的结构效度。验证性因子分析常用适配度指标如表 8-9 所示。

表 8-9 常用适配度指标

统计检验量	适配标准
χ^2/df	$1.000<\chi^2/df<3.000$
GFI	>0.900
AGFI	>0.900
RMR	<0.050
RMSEA	<0.080
NFI	>0.900
CFI	>0.900
PGFI	>0.500

在 AMOS 中，画出人格特质、组织伦理氛围、组织网络偏离行为三个潜变量的验证性因子分析路径图，如图 8-2、图 8-3、图 8-4 所示。

运用 AMOS 软件分别对三个潜变量进行拟合，导入调查问卷有效数据并分别计算出三个潜变量模型的结构适配度指标，结果如表 8-10 所示。数据表明，本章中各量表的适配度指标均在标准范围之内，由此可知，各量表的因素结构模型与样本数据具有较好的适配度，量表具有较好的结构效度。

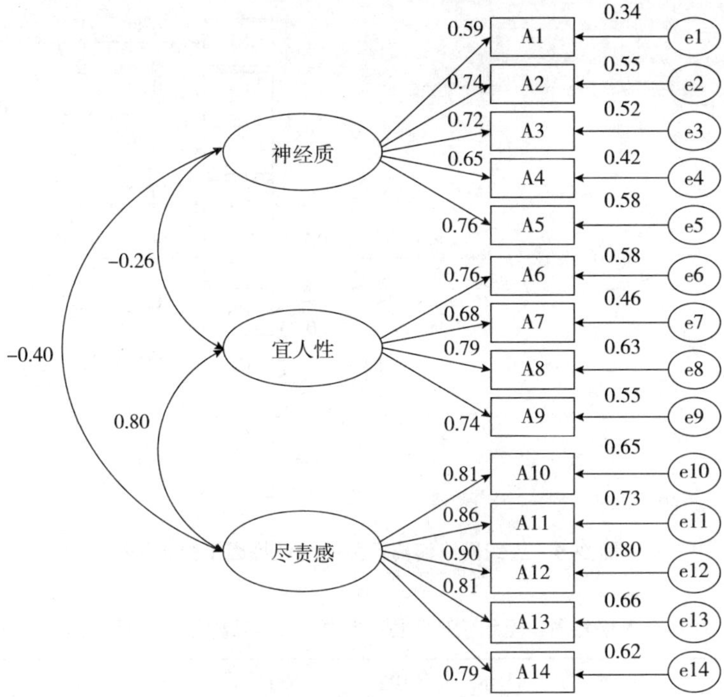

图 8-2　人格特质的验证性因子分析路径

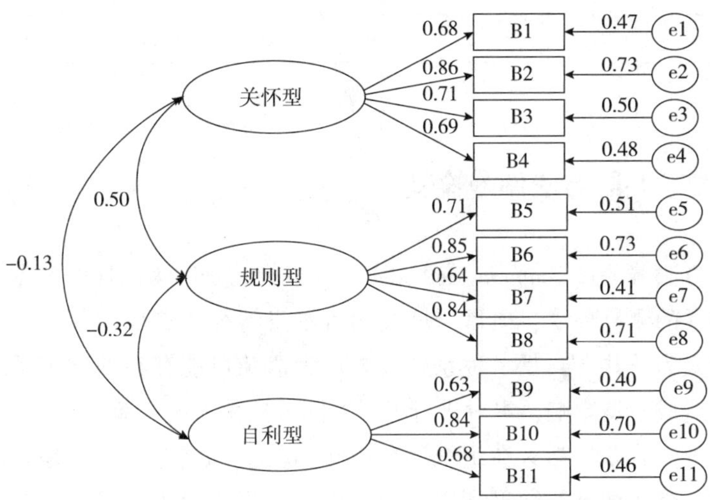

图 8-3　组织伦理氛围的验证性因子分析路径

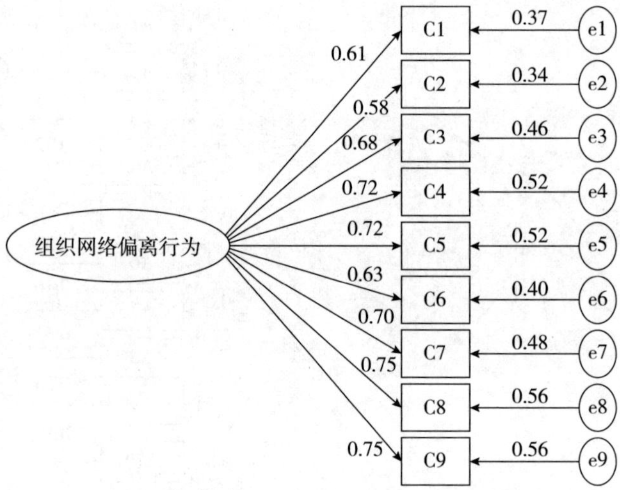

图 8-4　组织网络偏离行为的验证性因子分析路径

表 8-10　人格特质、组织伦理氛围、组织网络偏离行为的模型结构适配度

变量	χ^2/df	GFI	NFI	CFI	RMSEA	RMR
人格特质	1.834	0.921	0.932	0.911	0.077	0.046
组织伦理氛围	2.940	0.906	0.912	0.867	0.063	0.053
组织网络偏离行为	2.012	0.954	0.903	0.920	0.055	0.048

8.4.2　共同方法偏差检验

共同方法偏差（Common Method Biases）指的是因为同样的数据来源或评分者、同样的测量环境、项目语境及项目本身特征所造成的预测变量与效标变量之间人为的共变，是一种系统误差。为避免可能存在的这种系统误差对研究结果造成不良影响，本章进行了对共同方法偏差的检验。

共同方法偏差是学者在组织研究中相当关注的问题，主要是采用员工自评的方式，因此调查的结果肯定会出现误差。现在检验此误差最广泛的做法是 Harman 单因素检验，具体而言，即把全部的数据放在一起开始因子分析。

这要求得出的因子数目要在 1 个以上，首先出现的因子对模型的解释程度要小于 40%，这就说明共同方法偏差问题不严重（Podsakoff & MacKenzie，2003）。通过因子分析得出，首先出现的因子的累积贡献程度是 29.429%，符合标准。经过不断地发展和完善，许多专家认为 Harman 单因素检验误差太大（陈颖媛等，2017），即使 Harman 单因素检验结果满足标准，也不可以认为不存在共同方法偏差，因此本章中使用 AMOS 建立单因子、七因子和八因子模型来验证各个模型的合理性，在进行模型拟合优度的比较后，给出合理解释。如表 8-11 所示，结果表明，加入共同方法偏潜变量后，七因子模型的拟合优度仍优于八因子模型。在加入潜在因子后，模型的适配度指标没有改善，说明不存在共变差异。

表 8-11　共同方法偏差检验

模型	χ^2/df	GFI	NFI	CFI	RMSEA	RMR
单因子	8.753	0.457	0.564	0.462	0.152	0.134
七因子	2.255	0.923	0.931	0.914	0.056	0.048
八因子	2.682	0.898	0.901	0.880	0.061	0.084

8.4.3　基本信息的方差分析

通过对人口统计变量进行单因素方差分析（性别为独立样本 T 检验），检验其对于员工组织网络偏离行为的影响是否存在显著差异。研究发现，年龄、单位性质和职位层次对组织网络偏离行为的影响呈显著性差异（$P<0.05$），而性别、工作年限对组织网络偏离行为的影响不显著。其中，年龄大的员工行为倾向要高于年龄小的员工，在政府机关工作的员工行为倾向要低于其他单位员工，职位层次为中层管理者的倾向要高于其他职位层次的员工。具体统计结果如表 8-12 所示。

表 8-12　不同人口统计变量对组织网络偏离行为的影响（N=204）

项目	类别	样本量	均值	标准差	F	显著性
性别	男	126	2.235	0.735	0.434	0.511
	女	78	2.155	0.908		
年龄	25岁以下	13	3.291	0.666	9.770	0.000
	26~34岁	121	2.098	0.773		
	35~44岁	69	2.222	1.040		
	45~54岁	1	1.833	—		
教育程度	高中及以下	2	2.000	0.000	1.564	0.200
	专科/技校	16	1.807	0.373		
	本科	123	2.256	0.875		
	硕士及以上	63	2.222	0.690		
单位性质	政府机关	27	2.163	0.673	3.832	0.005
	事业单位	39	2.621	1.056		
	国有企业	90	2.062	0.713		
	民营/私营企业	46	2.179	0.650		
	外资企业	2	1.667	0.000		
职位层次	一般员工	56	1.976	0.537	3.495	0.017
	基层管理者	94	2.294	0.900		
	中层管理者	42	2.122	0.727		
	高层管理者	12	2.704	0.780		
工作年限	1年以下	2	2.278	0.393	0.298	0.879
	1~3年	30	2.106	0.635		
	3~5年	38	2.263	0.838		
	5~10年	66	2.263	0.833		
	10年以上	68	2.149	0.806		

8.4.4　假设检验

8.4.4.1　各变量间的相关性分析

本章对各变量间进行了相关性分析，检验结果如表 8-13 所示。

表 8-13　各变量的均值、标准差与相关系数矩阵（N=204）

变量	M	SD	1	2	3	4	5	6
神经质	3.04	1.00						
宜人性	4.70	1.03	-0.23**					
尽责感	4.77	1.00	-0.34**	0.70**				
关怀型	4.07	0.89	-0.15*	0.48**	0.47**			
规则型	4.81	0.96	-0.23**	0.58**	0.61**	0.50**		
自利型	3.37	1.05	0.20**	-0.19**	-0.19**	-0.10	-0.21**	
组织网络偏离行为	2.21	0.80	0.22**	-0.43**	-0.28**	-0.24**	-0.36**	0.24**

注：** 表示在 0.01 水平（双侧）上显著相关。* 表示在 0.05 水平（双侧）上显著相关。

由表 8-13 可得，组织网络偏离行为与神经质显著正相关（r=0.22，P<0.01），与尽责感显著负相关（r=-0.28，P<0.01），与宜人性也存在显著负相关（r=-0.43，P<0.01）；组织网络偏离行为与自利型伦理氛围显著正相关（r=0.24，P<0.01），与关怀型伦理氛围显著负相关（r=-0.24，P<0.05），与规则型伦理氛围也显著负相关（r=-0.36，P<0.01）。这些初步分析都与本章前面的预期相一致。

8.4.4.2　多层次线性模型分析

根据相关分析，人格特质与组织网络偏离行为、组织伦理氛围与组织网络偏离行为的相关性明显，但还要对三者之间的关系进行更深入的研究。接下来采用多层次线性模型来验证组织伦理氛围、人格特质与组织网络偏离行为的交互作用。

使用 HLM 前需要对数据进行聚合：①检验调查数据是否具有内部一致性，用 Rwg 来检验，如果 Rwg >0.7，说明变量的内部一致性较高，上一层次的变量的调查数据可以根据员工自评的结果来表示（Mathieu & Schulze，2006）。根据运算得出，34 个团队组织伦理氛围的 Rwg 值是 0.78，符合大于 0.7 的标准。②检验模型的组间差异，通常用 ICC（1）和 ICC（2）来衡量，如果 ICC（1）>0.05，ICC（2）>0.5，说明组间是有区别的，结果变量是由不同层次的变量共同决定的。ICC（1）值的测量可以通过对问卷回收数据进行 HLM 零模型检验获得，ICC（2）值可通过 ICC（1）值计算获得。本章研究中 ICC（1）= 0.218，满足大于 0.05 的要求，ICC（2）= 0.645，满足大于 0.5 的要求。

根据前文对于人格特质、组织伦理氛围、组织网络偏离行为之间关系的分析，建立四个回归方程，并用 HLM 进行检验。

- 零模型

L1：组织网络偏离行为 $=\beta_0+r$

L2：$\beta_0=\gamma_{00}+\mu_0$

- Level 1 主效应

L1：组织网络偏离行为 $=\beta_0+\beta_1$(神经质) $+\beta_2$(宜人性) $+\beta_3$(尽责感) $+r$

L2：$\beta_0=\gamma_{00}+\mu_0$

$\beta_1=\gamma_{10}+\mu_1$

$\beta_2=\gamma_{20}+\mu_2$

$\beta_3=\gamma_{30}+\mu_3$

- Level 2 主效应

L1：组织网络偏离行为 $=\beta_0+\beta_1$(神经质) $+\beta_2$(宜人性) $+\beta_3$(尽责感) $+r$

L2：$\beta_0=\gamma_{00}+\gamma_{01}$(关怀型) $+\gamma_{02}$(规则型) $+\gamma_{03}$(自利型) $+\mu_0$

$\beta_1=\gamma_{10}+\mu_1$

$\beta_2=\gamma_{20}+\mu_2$

$\beta_3=\gamma_{30}+\mu_3$

- 交互效应

L1：组织网络偏离行为 $=\beta_0+\beta_1$(神经质) $+\beta_2$(宜人性) $+\beta_3$(尽责感) $+r$

$$L2:\ \beta_0=\gamma_{00}+\gamma_{01}(\text{关怀型})+\gamma_{02}(\text{规则型})+\gamma_{03}(\text{自利型})+\mu_0$$

$$\beta_1=\gamma_{10}+\gamma_{11}(\text{关怀型})+\gamma_{12}(\text{规则型})+\gamma_{13}(\text{自利型})+\mu_1$$

$$\beta_2=\gamma_{20}+\gamma_{21}(\text{关怀型})+\gamma_{22}(\text{规则型})+\gamma_{23}(\text{自利型})+\mu_2$$

$$\beta_3=\gamma_{30}+\gamma_{31}(\text{关怀型})+\gamma_{32}(\text{规则型})+\gamma_{33}(\text{自利型})+\mu_3$$

具体分析结果如表 8-14 所示。

表 8-14　多层线性模型分析结果

变量名称	组织网络偏离行为			
	M1	M2	M3	M4
截距	2. 21***	3. 16***	3. 08***	2. 51***
个体层面变量				
神经质		0. 12*	0. 10	0. 09*
宜人性		-0. 36***	-0. 30***	-0. 26**
尽责感		-0. 18**	-0. 14**	-0. 12*
组织层面变量				
关怀型			-0. 10**	0. 20**
规则型			-0. 15**	-0. 15**
自利型			0. 10*	-0. 17**
交互作用				
神经质 * 关怀型				-0. 07*
宜人性 * 关怀型				-0. 25**
尽责感 * 关怀型				-0. 11
神经质 * 规则型				-0. 12*
宜人性 * 规则型				-0. 24**
尽责感 * 规则型				-0. 19*
神经质 * 自利型				0. 05
宜人性 * 自利型				0. 20**
尽责感 * 自利型				0. 14**

续表

变量名称	组织网络偏离行为			
	M1	M2	M3	M4
层 1 的残差	0. 350	0. 313	0. 307	0. 288
层 2 的斜率残差	0. 718	0. 648	0. 606	0. 613
χ^2	238. 77	234. 26	230. 55	217. 20
df	193	193	190	190

M1 是零模型。

M2 是以人格特质各维度为自变量、以组织网络偏离行为为因变量建立的线性回归模型，验证人格特质各维度对组织网络偏离行为的影响。结果表明，神经质对组织网络偏离行为有显著正向影响（$\gamma=0.12$，$P<0.05$）、宜人性对组织网络偏离行为有显著负向影响（$\gamma=-0.36$，$P<0.001$）、尽责感对组织网络偏离行为有显著负向影响（$\gamma=-0.18$，$P<0.01$）。假设 H1a、假设 H1b、假设 H1c 得以验证。

M3 是以组织伦理氛围各维度作为自变量、以 M2 中的截距为因变量建立的线性回归模型，验证组织伦理氛围各维度对组织网络偏离行为的影响。结果表明，关怀型伦理氛围对组织网络偏离行为有显著负向影响（$\gamma=-0.10$，$P<0.01$）、规则型伦理氛围对组织网络偏离行为有显著负向影响（$\gamma=-0.15$，$P<0.01$）、自利型伦理氛围对组织网络偏离行为有显著正向影响（$\gamma=0.10$，$P<0.05$）。假设 H2a、假设 H2b、假设 H2c 得以验证。

M4 检验团队层和个体层的交互效应。以组织伦理氛围各维度和人格特质各维度的乘积作为自变量、以层次 1 方程中的系数为因变量建立线性回归模型，结果表明，关怀型伦理氛围与神经质的乘积项的一致性系数为-0. 07，显著性水平小于 0. 05，跨层次交互效应明显；关怀型伦理氛围与宜人性的乘积项的一致性系数为-0. 25，显著性水平小于 0. 01，跨层次交互效应明显；关怀型伦理氛围与尽责感的乘积项的一致性系数为-0. 11，显著性水平大于 0. 05，跨层次交互效应不明显，因此假设 H3a 只得到部分验证。

规则型伦理氛围与神经质的乘积项的一致性系数为-0. 12，显著性水平小于 0. 05，跨层次交互效应明显；规则型伦理氛围与宜人性的乘积项的一致性系数为-0.24，显著性水平小于0.01，跨层次交互效应明显；规则型伦理氛围与尽责感的乘积项的一致性系数为-0.19，显著性水平小于0.05，跨层次交互效应明显，因此假设H3b得到验证。

自利型伦理氛围与神经质的乘积项的一致性系数为0.05，显著性水平大于0.05，跨层次交互效应不明显；自利型伦理氛围与宜人性的乘积项的一致性系数为0.2，显著性水平小于0.01，跨层次交互效应明显；自利型伦理氛围与尽责感的乘积项的一致性系数为0.14，显著性水平小于0.01，跨层次交互效应明显，因此假设H3c得到部分验证。

将高于调节变量均值1个SD与低于调节变量均值1个SD的值进行简单斜率检验，绘成组织伦理氛围各维度调节效应图，如图8-5、图8-6、图8-7所示。可以看出，随着关怀型伦理氛围加强，尽责感与组织网络偏离行为的负向关系被加强，神经质与组织网络偏离行为的正向关系被削弱；随着规则型伦理氛围加强，尽责感、宜人性与组织网络偏离行为的负向关系被加强，神经质与组织网络偏离行为的正向关系被削弱；随着自利型伦理氛围加强，尽责感、宜人性与组织网络偏离行为的负向关系被削弱。

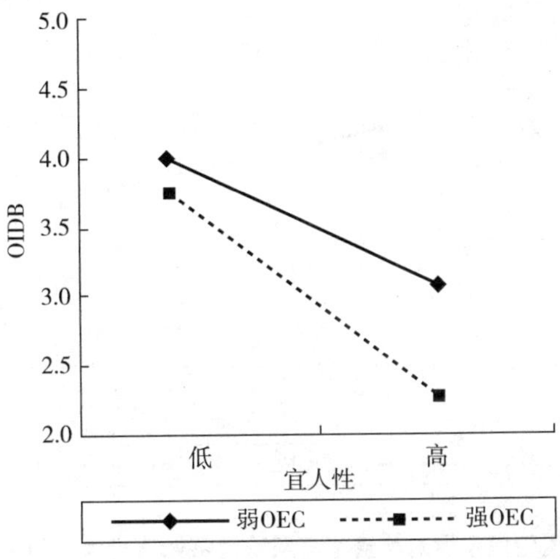

图8-5　关怀型伦理氛围对宜人性与组织网络偏离行为之间关系的调节作用

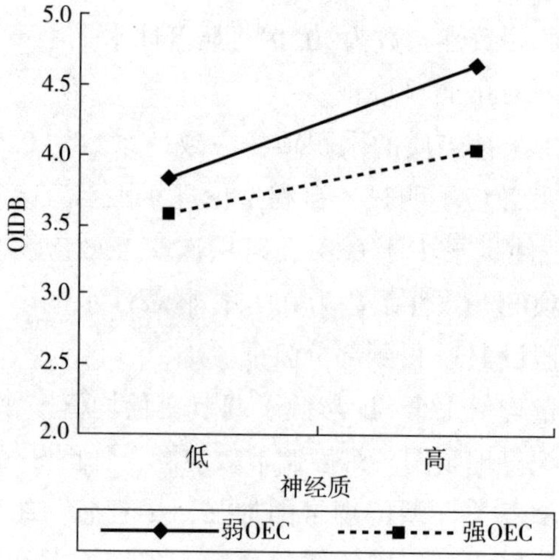

图 8-6　规则型伦理氛围对神经质与组织网络偏离行为之间关系的调节作用

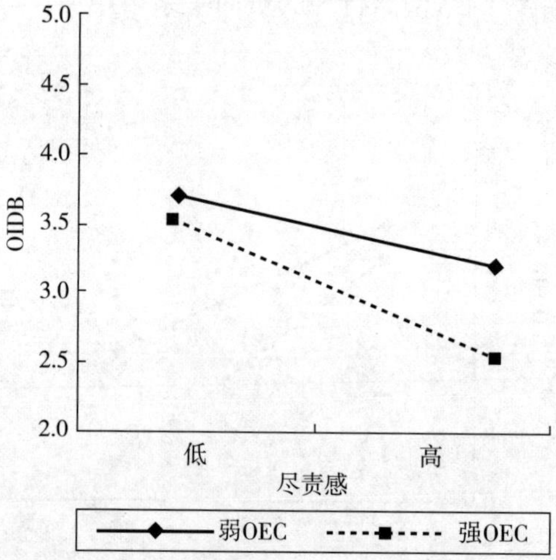

图 8-7　自利型伦理氛围对尽责感与组织网络偏离行为之间关系的调节作用

8.5　分析与讨论

8.5.1　研究结论

本章运用多层次线性模型对组织网络偏离行为进行跨层次的研究，分析了组织网络偏离行为的形成机制，主要涉及以下内容：第一，研究了人格特质和组织伦理氛围各维度对组织网络偏离行为的影响；第二，考虑跨层次交互作用情况下，两个层面之间的交互效应对组织网络偏离行为的影响。

研究结论如下：

（1）背景变量中，年龄、单位性质和职位层次对组织网络偏离行为的影响呈显著性差异，而性别、工作年限对组织网络偏离行为的影响不显著。

（2）员工的神经质对组织网络偏离行为具有显著的正向影响，而员工的尽责感和宜人性对组织网络偏离行为具有显著的负向影响。

（3）自利型伦理氛围对组织网络偏离行为有显著的正向影响，关怀型伦理氛围和规则型伦理氛围对组织网络偏离行为有显著的负向影响。

（4）关怀型伦理氛围可以调节神经质、宜人性和组织网络偏离行为之间的关系，关怀型伦理氛围越强，神经质和组织网络偏离行为之间的正向关系越弱，宜人性和组织网络偏离行为之间的负向关系越强，而对尽责感和组织网络偏离行为之间的关系影响不显著；规则型伦理氛围可以调节人格特质和组织网络偏离行为之间的关系，规则型伦理氛围越强，神经质和组织网络偏离行为之间的正向关系越弱，而尽责感、宜人性和组织网络偏离行为之间的负向关系越强；自利型伦理氛围可以调节宜人性、尽责感与组织网络偏离行为之间的关系，自利型伦理氛围越强，宜人性、尽责感与组织网络偏离行为之间的负向关系越弱，而对神经质和组织网络偏离行为之间的关系影响不显著。

本章运用了多种不同的方法对研究假设进行了检验，接下来将对实证结果进行具体分析。

首先，本章采用独立样本 T 检验与单因素方差方法分析了背景变量对组织网络偏离行为的影响。结果发现，年龄、单位性质和职位层次对组织网络偏离行为的影响呈显著性差异，而性别、工作年限对组织网络偏离行为的影响不显著。其中，年龄大的员工组织网络偏离行为倾向要低于年龄小的员工，这可能是因为年龄大的人在公司待得太久，容易产生感情，对组织的归属感也比较高，希望公司能够一直健康地成长，他们希望自己能起带头作用，为公司的发展努力，从而表现出更低的组织网络偏离行为倾向。单位性质方面，在政府机关工作的员工组织网络偏离行为倾向要低于其他单位的员工，这可能是由于政府机关中更加重视按规章制度办事，员工不会轻易违反规章制度，因而出现组织网络偏离行为的可能性较低。职位层次方面，中层管理者的组织网络偏离行为倾向要高于其他职位层次的员工，这可能是因为中层管理者处于组织中承上启下的中介联络位置，较多时间从事沟通协调，使用电脑网络的时间与机会较多，为其组织网络偏离行为的发生提供了便利。而对于基层管理者来说，他们往往希望通过努力工作来给上司留下好的印象，提高晋升的可能性，从而表现出更低的组织网络偏离行为倾向；而对于高层管理者来说，他们是企业的领头人，需要为下面的员工树立好的榜样，因而也不会出现较多的组织网络偏离行为。

其次，本章基于资源保存理论对员工的神经质、尽责感和宜人性与组织网络偏离行为之间的关系进行了分析和检验。结果发现，员工的神经质对组织网络偏离行为具有显著的正向影响，而员工的尽责感和宜人性对组织网络偏离行为具有显著的负向影响，这支持了以往学者关于人格特质与组织网络偏离行为的研究。与以往研究不同，本章将尽责感、宜人性和神经质视为一种影响员工对于工作资源需求的个性特征，它们只能决定员工对于资源的需求，在一定程度是可以通过适当的方式进行有效调节的。比如，管理者可以通过为高神经质的员工提供安静的工作环境、组织团队活动增进员工之间的关系等来满足其对于资源的需求，从而减少其组织网络偏离行为的出现；也可以通过为高尽责感和高宜人性的员工提供有挑战性的工作、培训和晋升的机会等来满足其获得更多资源的需求，进而有效地控制其组织网络偏离行为的出现。相较于人格特质的稳定性特征而言，从合理分配资源角度来减少组织网络偏离行为往往更容易实施，因而，如何让个体在工作过程中的资源需求得到满足是未来需要关注的重点。

再次，本章采用社会交换理论分析了伦理氛围对组织网络偏离行为的影响。结果发现，自利型伦理氛围对组织网络偏离行为有显著的正向影响，这是因为在自利型伦理氛围下，员工只顾及自身的好坏，而忽视其他人的需求，为了缓和情绪便可能会通过组织网络偏离行为来向组织表达他们的不满意感；规则型伦理氛围对组织网络偏离行为有显著的负向影响，规则型伦理氛围下，组织的规章制度决定了员工行为的合理性，员工会将公司的制度规定和工作流程作为自己的行为准则，从而减少出现组织网络偏离行为的可能性；与以往研究不同的是，本章研究证明了关怀型伦理氛围对组织网络偏离行为的负向影响关系。这是因为个体在关怀型伦理氛围的组织中会得到他人的关爱与帮助，这会增进个体与其他成员之间的关系，同时员工也会感觉自己与组织之间联系密切，提高了员工对组织的公平和信任的感知，减少员工的负面情绪，加强其对组织的归属感，从而减少了组织网络偏离行为。

最后，本章还发现：第一，关怀型伦理氛围对神经质、宜人性和组织网络偏离行为之间的关系具有显著的调节作用。关怀型伦理氛围越强，神经质和组织网络偏离行为之间的正向关系越弱，宜人性和组织网络偏离行为之间的负向关系越强，而对尽责感和组织网络偏离行为之间的关系影响不显著。这可能是因为对于高尽责感的员工来说，他们认真工作的目的是得到组织的认可与支持，他们希望自己的付出能够得到回报，因而他们认为在付出之后得到组织的关怀是理所应当的，缺乏对组织善意关怀的感知。

第二，规则型伦理氛围能够调节人格特质和组织网络偏离行为之间的关系。规则型伦理氛围越强，神经质和组织网络偏离行为之间的正向关系越弱，而尽责感、宜人性和组织网络偏离行为之间的负向关系越强。由于中国传统文化的影响，按规矩办事的思想已深深扎根于人们的脑海，而规则型的伦理氛围正好迎合了这种传统思想，越发容易为员工所接受。当不同人格特质的员工处于规则型伦理氛围为主导的团队或组织中时，员工都乐意接受按规矩办事这种工作方式，认同“没有规矩，无以成方圆”，一般不会做与工作无关的事情，因而出现组织网络偏离行为的可能性也就会降低。

第三，自利型伦理氛围可以调节宜人性、尽责感与组织网络偏离行为之间的关系。自利型伦理氛围越强，宜人性、尽责感与组织网络偏离行为之间的负向关系越弱，而对神经质和组织网络偏离行为之间的关系影响不显著。根据资源保存理论，资源损失对人的影响最大，高神经质的员工情绪不稳定，容易损失情绪资源，当他们处于自利型伦理氛围为主导的团队或组织中时，由于团队或组织成员只关注自身利益使他们无法获得更多的资源，为了防止情绪资源进一步损失，他们也不会表现出更多的组织网络偏离行为。

8.5.2 研究的贡献与不足

8.5.2.1 理论贡献

本章的目的主要是探究组织网络偏离行为的形成机制，相较而言，创新之处主要包括以下两方面：

（1）研究内容上，本章形成了以组织伦理氛围为调节变量、人格特质为前因变量、组织网络偏离行为为结果变量的研究框架。

（2）研究结果上，本章在国内外有关组织网络偏离行为的作用机制的研究基础上，在实证研究多以单一方面的研究为主，跨层次研究比较缺乏的条件下，选择用多层次线性模型来检验人格特质、组织伦理氛围与组织网络偏离行为三者之间的跨层次交互作用。

8.5.2.2 实践意义

随着信息时代的到来，网络已逐步与组织工作融为一体。在员工的网络行为管理当中，管理者如果能正确地引导组织网络行为，帮助员工及时发现问题与解决问题，将会对组织健康有序的发展产生至关重要的影响。基于研究结论，人格特质、组织伦理氛围与组织网络偏离行为联系紧密，组织可以从以下几个方面着手，正确引导组织网络行为，进而促进组织持续健康发展。

（1）灵活管理不同人格特质类型的员工。越来越多的研究证实，人格特质是预测员工行为的重要指标之一。本章也证实了神经质、尽责感与宜人性能够预测组织网络偏离行为。因此，企业在配置人员时也可以考虑根据员工的人格特质分配工作，使其在岗位上发挥他们的最大作用，如宜人性的员工可以安排从事员工关系管理的工作等。考虑到不同人格特质类型对于资源的需求不同，企业可以依据员工的人格特质类型来制定不同的管理政策，做到高效管理。例如，高尽责感的员工可以让其自行安排工作时间，提供宽松的工作环境，提供有挑战性的工作、培训和晋升的机会等，增强其对企业的归属感；高神经质的员工则要经常性地帮助他们调节自身情绪，多给予鼓励和赞扬，不要一味地进行惩罚，给予更多的关怀，减轻他们的工作压力。

（2）通过规章制度管控组织网络偏离行为。实证研究证明，规则型伦理氛围不仅负向影响组织网络偏离行为，还能负向调节人格特质与组织网络偏离行为之间的关系。这说明企业通过规章制度建设在一定程度上是能够有效管控组织网络偏离行为的。具体而言，可以从以下两方面进行操作：①形成规范的网络使用制度。随着互联网时代的来临，禁用网络显然是不合理的，这会严重影响组织的效率，但是，组织可以有选择性地开放网络，这些都应该与不同岗位对于网络使用的要求相适应；对于使用移动资源上网的行为，组织灵活地控制 Wi-Fi 的使用。当然，企业也必须强调组织中的网络资源的公有性，需要合理利用，组织中不允许出现利用网络危害企业的行为，工作过程中也要明确哪种类型的组织网络偏离行为是允许的。②使用特殊软件管理网络行为，通过对员工的上网行为进行监测，来减少员工不规范的上网行为。一方面根据实际情况，拦截与工作无关的访问内容，另一方面加强对上网流量进行控制。但是，利用监控软件控制网络偏离行为时也要把握好度，既要让制度明朗化，在实施规定之前公开告知员工，让他们做好心理准备，又要将组织网络偏离行为纳入绩效考核，根据员工出现组织网络偏离行为的频率及严重程度，对员工进行不同程度的处罚，这一流程一定要保持公平公正公开，以免员工出现心理不平衡的现象。

（3）努力培育积极的组织伦理氛围。本章研究表明，自利型伦理氛围不仅正向影响网络偏离行为，还会正向调节宜人性、尽责感与组织网络偏离行为之间的关系；而关怀型伦理氛围不仅负向影响网络偏离行为，还会负向调节神经质、宜人性与组织网络偏离行为之间的关系。这就表明，积极的组织伦理氛围是能够有效干预组织网络偏离行为的。因此，组织的管理者更应注重对员工的关爱，为员工营造合适的工作环境，让员工体会到来自组织的关爱，这样一来，员工不仅会减少消极的行为，还会产生较高水平的组织归属感，愿意为组织付出，不做有损组织利益的事情。在当前背景下，通过规章制度管控组织网络偏离行为的效果往往不如从营造积极的伦理氛围角度对组织网络偏离行为进行非正式管控。这是因为：第一，组织中知识型员工越来越多，员工趋于年轻化，他们追求自主性，渴望拥有自己的空间，不太愿受规则的约束，依靠规章制度管理往往得不到太好的结果。第二，如果规则过于死板，或当规则不合适，容易激起员工的逆反心理；而当组织自觉形成某种约定，形成特定的伦理氛围时，员工往往会自觉遵守。总之，对于组织网络偏离行为的管控，依靠规章制度必不可少，但是努力培育良好的组织伦理氛围，促进组织和谐，让员工自觉远离组织网络偏离行为往往会更加有效。

8.5.2.3 未来研究方向

本章研究还存在一定的不足。第一，本章虽然考察了组织伦理氛围在组织网络偏离行为作用过程中所起的跨层次调节作用，却忽视了其他因素（如情绪）可能在人格特质与组织网络偏离行为之间所起的中介作用。未来的研究可进一步深入，从“个人—团队—组织”角度引入组织层面的变量，进行三层交互效应的研究。第二，本章研究采用被试自评的方法收集数据，不可避免地存在同源误差，未来研究有必要增加更多客观的评分方法，如分不同时间阶段多次收集数据、不同时间相同群体再次收集数据、收集数据时进行配对处理等，以提高解释力。

8.6 研究小结

互联网的发展使组织网络偏离行为成为组织内普遍存在的现象，不仅导致了组织资源的浪费，也影响了组织绩效，给组织管理带来了挑战。员工是组织网络偏离行为的主体，如何有效地管理组织网络偏离行为，不仅是组织管理的难点，同时也是理论研究的重要问题。根据社会心理学的观点，个体的行为是由个体的内在特质及个体所处的环境共同决定的。从个体与环境的跨层次交互视角来研究组织网络偏离行为是当前研究的一种新趋势。交互视角既包含了个体特质对组织网络偏离行为的影响，又强调了环境因素的重要性，具有重要的指导价值。

现有研究分别探讨了人格特质和组织伦理氛围对组织网络偏离行为的影响，但较少有研究将三者置于同一系统进行跨层次的交互效应研究，为了更深入地探究并解释组织网络偏离行为的形成机制，本章基于 34 个团队的 204 名企事业单位员工的调查问卷，运用多层次线性模型对跨层次数据进行统计分析，考察了员工人格特质、组织伦理氛围对组织网络偏离行为的跨层次交互作用，主要结论如下：①人格特质中的尽责感和宜人性与组织网络偏离行为呈负相关关系，而神经质与组织网络偏离行为呈正相关关系。②自利型、关怀型和规则型组织伦理氛围不仅直接对组织网络偏离行为产生显著影响，而且跨层次调节人格特质与组织网络偏离行为之间的关系。根据研究结论，本章从灵活管理不同人格特质类型的员工、重视规章制度建设、营造积极的组织伦理氛围等角度为管理者提供了针对性意见，期望能够为管理者有效地管控组织网络偏离行为提供帮助。

9

组织网络偏离行为的影响效应

9.1 影响的多面性：正向、负向与不确定

组织网络偏离行为是指员工在工作时间、工作地点，利用组织互联网资源或移动网络资源进行的与工作无关的各种在线行为。它主要包括三类行为，即社交行为、兴趣行为和利己行为。关于组织网络偏离行为的后效影响，大部分学者通过相关的实证研究与理论推导，指出组织网络偏离行为是一种组织不良行为，对组织有效性有典型的负向影响；也有部分学者通过实证研究证实组织网络偏离行为也存在补偿效应，体现为对组织有效性的正向影响。还有部分学者指出，组织网络偏离行为的影响具有情境性与不确定性，需要随着客观条件的变化，权变地、因地制宜地进行认知与分析。

9.2 负向影响效应

关于组织网络偏离行为的影响的研究，大部分学者的实证研究结果表明，这类行为是一种不良行为，它给组织带来的负面效应十分明显，普遍认为其危害性或风险主要表现在以下四个方面。

9.2.1 工作效率降低风险

员工网络滥用行为虽然可以使员工单调的工作生活不枯燥，在缓释压力的同时影响员工的工作效率，但它是不可取的、是非生产性活动，这些行为将直接导致公司的生产力损失（Mastrangelo，2006），很大程度上会造成员工消极怠工、“拖延症”等不良行为的出现。中国人力资源网（2017）的调查数据显示，中国绝大多数员工会对工作任务进行拖延，54%的员工任何事都有可能拖延，35%是在日常生活琐事上拖延，24%是在常规的行政事务上拖延，10%是在大事，如重要报告、产品设计等方面拖延。而42%的员工认为导致拖延的首因是“大量时间花在非工作事务上，如上网、聊天、玩游戏等”。员工每天的工作时间是有限的，当员工将时间花费在浏览网页、团购、炒股、在线游戏等活动上时，势必要占据其正常工作的时间，并且工作和休闲的切换也会使员工难以马上进入工作状态，从而影响其工作效率。

9.2.2 组织成本增加风险

组织网络偏离行为会增加组织运营成本，如会增加购买宽带的费用（Friedman，2000），会给企业带来上亿元的收入损失（Stewart，2000）。一项基于萨拉托加研究所人力资源部关于员工工作场所互联网滥用行为的成本估计的调查发现，如果一家公司的1000名员工每人每天浏览网页一小时，按小时计费该公司每年要承担3500万美元的经济负担。员工进行的与工作无关的网页浏览、在线游戏等行为会占用企业的宽带流量，企业还要承担员工下载图片、电影等的最后处理的额外宽带费用。互联网广播和流视频还可能阻塞网络通道，导致网络性能减慢，严重的甚至可以导致网络通信中断。

Vault. com曾在2000年做出估计，员工滥用互联网导致每年的生产力损失成本约为540亿美元。Conlin（2000）从计算机经济学的角度出发，通过调查发现，约有25%的企业员工有在工作时间进行网上购物、炒股、买房买车及浏览色情网站等行为，而这些行为直接导致公司53亿美元的生产力损失。

9.2.3 信息系统安全风险

组织网络偏离行为可能威胁组织信息系统安全。Friedman（2000）通过研究发现，互联网使用的增加带来的安全问题以及访问不必要网站还将带来恶意病毒等。企业情报在传输的过程中更容易被黑客攻击。还有一种情况就是犯罪嫌疑人利用员工的信息登录企业网址并窃取公司资料、员工档案。此外，从可疑网站下载的软件可能包含病毒或可能增加将侵犯版权、公司机密信息的文件发送出去的可能性。Ghosh 和 Swaminatha（2001）从企业信息系统安全的角度分析指出，网上办公依赖于员工间的信任与合作的程度，以及收集机密信息和传播虚假信息之间的信任和合作的程度。由于无线设备开发的平台和语言没有采取基本的安全概念，因此加密的通信协议（如保证组织内部核心资料保密性、完整性和认证服务等）是必要的。然而，无线网络的恶意代码等的破坏，如签名、身份验证和加密等安全技术问题是企业不可避免的安全隐患。Forrester（2008）的一项调查发现，78%的 IT 组织关注员工驱动的风险、未经批准的 Web 2.0 工具使用风险及网络技术风险。因为在全球一体化的环境中，网络作为企业办公的重要工具，意味着高度开放性和可扩展性。当局域网内的员工（可以轻而易举地获取内网数据“可信用户”）通过 FTP、E-mail、聊天工具等互联网工具与外部通信时，企业内部数据会有意或无意地被有所企图的人接收，从而导致源代码在互联网上泄露，商业机密被当作新闻一样在网上流传。

9.2.4 法律与声誉风险

组织网络偏离行为可能引致法律和声誉风险。随着互联网在工作中的普及，由于员工工作场所互联网滥用行为的隐蔽性使该行为难以被明确地界定，当企业认为员工在滥用互联网并勒令其终止时，员工就会根据相关法律法规来控告该公司的不当终止，而由于如今并没有出台相关的处置企业员工工作场所互联网滥用行为的法律，这种控告往往会使企业承担一定的法律责任。此外，一些员工通过网络进行种族主义、性骚扰、不法材料传递及网上犯罪等行为也会使企业承担相关的法律责任。

Young（2000）通过对700家公司的管理人员、高级信息技术人才、信息技术和人力资源经理关于工作场所网络滥用问题的调查发现，83%的企业关注雇员不适当的互联网使用及由此带来的负面宣传。并且研究发现，工作场所互联网滥用给企业造成的负面影响与企业类型、规模及受访者的职称有关。典型的相关事件如《纽约时报》解雇22名发送潜在的攻击性电子邮件的员工事件；施乐公司解雇40名在工作时间浏览色情网站和购物网站的员工事件等。在无法补救骚扰的情况下，企业往往面临着巨大的民事案件的判决，还面临着作为一个整体在社会上的声誉损失。

9.3 正向影响效应

由于工作和生活边界正越来越难以区分，边界模糊化使组织网络偏离行为不仅可以减轻工作压力，激发员工创造力，而且可以让员工变得更满意和更有生产力（Friedman，2000）。有学者认为，非工作上网也可以是一种功能性行为，具有一定的建设性。

有学者实证研究发现，组织网络偏离行为可能对组织产生积极的影响（Greengard，2000；Eastin et al.，2007），产生的是一种“非正式补偿效应”，并且这种行为不仅是合理的而且应该是合理化的（Claire et al.，2008）。Stanton（2002）认为，非工作上网让部分员工变得更加满意和更有生产率。Anandarajan和Simmers（2004）提出，非工作上网不仅可以激发创造力、灵活性、友爱和培育学习型环境，而且还能帮助员工学习重要的知识和技能，而这些知识和技能对于个人的职业发展和组织的适应能力非常具有价值。Lim和Chen（2012）的实证研究也发现，浏览类非工作上网能对员工和工作产生积极的影响和促进作用。在社会方面，有学者研究发现，网络偏离行为对员工生理上和心理上都有帮助。

总结上述学者的观点，可以得出组织网络偏离行为的建设性主要体现在四个方面，表现为四种效应。

9.3.1 缓释效应：缓解工作压力

当员工长时间开展工作，或者从事重复性工作，或者处于角色模糊、角色冲突等压力环境中时，浏览网页、玩游戏、网上购物或其他一些娱乐性组织网络偏离行为将能有效地释放焦虑、缓解压力、放松身心，从而为下一阶段的工作拓展视野、累积能量。从这个意义上讲，组织网络偏离行为对员工具有压力、疲劳的缓解作用。

Griffiths、Yuen 和 Lavin（2000）从心理视角指出，部分组织网络偏离行为是因为抑郁、孤独等心理问题所致，同时，组织网络偏离行为也能缓解工作压力。Friedman（2000）指出，组织网络偏离行为可以减轻工作压力，激发员工创造力。Anadaraja 等（2004）提出，组织网络偏离行为不仅可以引发创造力、灵活性、友爱，还能培育学习型环境，帮助员工学习重要的知识和技能，而这些知识和技能对于组织非常有价值。组织网络偏离行为（无论是网上闲逛还是聊天交友等）都可以使员工暂时放下手头的工作，暂时忘掉工作的压力，从生理和心理上都有所放松。这时组织网络偏离行为对组织员工的补偿作用主要体现为对员工压力及疲劳的缓解，不仅对员工有很大的帮助，也会在缓解员工压力和疲劳的同时提高员工的工作效率，进而提高组织绩效。

9.3.2 补偿效应：平衡工作家庭

现今开放、弹性和自主的工作环境使工作与家庭的边界变得日益模糊，工作不一定在企业、在上班时间完成，员工可能会在家里工作，会在办公室待得很晚，或在周末、节假日工作等。这些在家庭生活方面所做的牺牲使员工觉得有必要在工作时间让企业的网络为个人所用，从而追求工作和家庭的平衡。

从某种意义上讲，网络偏离行为可以满足员工的社交需要。在组织中，员工的网络偏离行为的主要表现形式便是通过社交网络满足自己的社交需求。社交网络在一定程度上拓宽了人们的交往范围和交往方式，对人际传播有着不可忽视的作用。随着组织间竞争的日益加剧，为了获得更大的竞争力，要求员工加班已是很平常的事。加班更多地占用了员工的私人时间，因此传统的交友方式便不能得到满足。社交网络的出现使人们有了新型的交友方式。此时，组织员工便利用组织易获得的网络资源满足自己的交友需求，实现对自己时间被占用的补偿。有学者研究证明，当组织网络偏离行为对员工的补偿作用体现在满足员工社交需求方面时，不仅对员工的私人交友有益处，有时也可能由此拓宽人脉，影响到组织的发展。

9.3.3　促进效应：追求职业兴趣与个人发展

组织网络偏离行为也可以为员工的个人及职业发展提供场地，从而促进员工职业兴趣的发展，因为员工的网络使用也包括寻找高级培训课程、了解专业领域的最新发展、学习新的工作技能等行为，而这些行为可以帮助员工学习知识、提升技能，从而提高员工自身的创造力和竞争力。

从这个意义上讲，组织网络偏离行为对员工具有兴趣爱好的培养作用。内部动机，即活动本身就能满足活动者的需求。Deci 和 Ryan（1985）曾概括了内部动机的四个特征：没有任何明显的外在奖励；由个体自身的兴趣引起；满足个体内在心理需要；具有一定的挑战性。由于个体的内部动机与其先天的需要和积极的倾向紧密联系，因此，人的内部动机就能反映出人本性中一些积极的潜力，如好问、好奇和好动等。这样，由内部动机支配的行为不仅容易成为个体人格的组成部分，同时也能增进主体的幸福感。由于工作占用员工的私人时间与精力，员工的内部动机有时会促使员工在工作时间利用组织的网络资源从事与工作无关的事情。组织网络偏离行为此时便是为了维持或培养自己的一贯兴趣，使自己的兴趣爱好不至于因为工作太忙而被荒废。

9.3.4　提高效应：提高工作效率

对于需要创造性、灵活性思维的当代信息工作者和知识型员工来说，组织网络偏离行为不仅可以激发创造力、灵活性、友爱和培育学习型环境，而且还能帮助员工学习重要的知识和技能，从而让员工变得更加满意和更具生产效率。

9.4 不确定性影响效应

有学者认为，组织网络偏离行为的影响具有不确定性。Beugre（2009）指出，组织网络偏离行为的影响并非绝对的消极或积极，其破坏性或建设性取决于环境和使用者的意图，比如有的员工非工作上网是为了逃避工作或消极怠工，而有的是为了休息片刻或释放焦虑。根据以上判断，提出了三项判断标准：是否偏离规范；是否降低了个人绩效；是否对组织的绩效、成本和声誉产生不良影响。只有当非工作上网违背了企业的网络使用制度，或者降低了个人和组织的绩效时，它才是具有破坏性的。从这些意义上看，组织网络偏离行为的影响具有情境性与不确定性，要随着情境变化客观地、仔细地分析。

9.5 组织网络偏离行为补偿效应的实证研究

9.5.1 研究背景与意义

计算机、网络技术和移动通信技术的快速发展及其广泛应用，一方面满足了组织在数据交换，以及与员工、供应商、客户等利益相关方沟通等方面的多种需要；另一方面，网络资源的丰富性和易获取性使员工工作更迅速与便捷，完成任务更快，极大地提高了生产力。员工利用组织的网络资源出现的组织网络偏离行为也成为组织中普遍存在的现象。为了规范此行为，组织通过制定严格的管理措施，购买上网行为管理产品，采用有效拦截、禁止登录、记录 IP 等技术手段对员工的上网行为进行管控，以期应对其引致的生产力下降、流量浪费、信息安全，及法律责任和对组织声誉的负面影响等问题。

但是，这些管控措施效果并不理想，实践表明，要完全杜绝员工网络偏离行为已不太可能，而且对员工上网行为的严格管控措施与人性化、网络化管理趋势的冲突也使管理者陷入困境。组织网络偏离行为为什么“禁而不止”，是否有其存在的合理性和积极效应，如何从建设性视角正确认知、预防与管理组织网络偏离行为已成为新时代管理者必须面对的难题。

9.5.2　研究假设

组织网络偏离行为指员工在工作时间、工作地点，利用组织互联网资源进行的与工作无关的各种在线行为。本书将组织网络偏离行为分为三大类：社交行为、兴趣行为、利己行为。社交行为是指员工在上班期间利用公司的网络资源与社会他人沟通交流，以及让他人取得与自己交流的机会，通过网上渠道了解信息，满足自己社交的需求，如接收或发送私人邮件等。兴趣行为是指员工在上班期间利用公司网络资源进行娱乐消遣，根据自己的喜好有目的地搜索和查询，查找自己感兴趣的产品或服务，目的是满足个人的需求，如玩游戏等。利己行为是指员工在上班期间利用公司网络资源获取物质利益或者间接物质利益，属于个人收益活动的行为，如网上购物等。

弗洛伊德认为，补偿心理源自个体挫折后的心理防御机制。补偿指个人因身心某个方面有缺陷不能达到某种目标时，有意识地采取其他能够获取成功的活动来代偿某种能力缺陷，从而弥补因失败造成的自卑感。阿德勒最初把自卑补偿理论限于生理上的缺陷，后来将其从生理学扩展到心理学领域，他指出，生活中所有不完美的感觉，“包括任何身体的、精神的或者社会的障碍，不管是真实的或想象的障碍”，都会使人产生自卑感，促使个体进行补偿。补偿心理是一种心理适应机制。个体在适应社会的过程中总有一些偏差行为需要得到补偿。从心理学上看，这种补偿其实就是一种“移位”，即为克服自己生理上的缺陷或心理上的自卑，而发展自己其他方面的长处、优势，赶上或超过他人的一种心理适应机制，这让自卑感成为许多成功人士的动力，自卑感越强的人，寻求补偿的愿望就越大。

本章将补偿效用界定为个体试图用种种方法来弥补其因生理或心理缺陷，以其他可能成功的活动来代替，从而减轻其不适感的一种心理防御。这种引起心理上产生不适感的缺陷，可能是事实，也可能仅仅是一种想象。从这个意义上，补偿效用是指个体使用此机制来追求弥补真实或想象中的不如意部分。其方式可分为直接、间接、过度三方面。直接补偿是指个体越来越希望在失败或不足的部分重新获得成功。间接补偿是指个体希望由某领域的成功来补偿其他领域的失败。过度补偿是对补偿性的一种努力，个体以牺牲为代价，提高在生活中的适应能力。

9.5.2.1 组织网络偏离行为与补偿效用的关系

从员工的角度看，Simmers（2015）发现许多员工将组织网络偏离行为看作他们对组织所做贡献的一种非正式补偿。组织网络偏离行为对工作投入时浪费的私人时间与精力等起到一定的补偿效用，而且对于组织来说并不一定都会带来不好的影响。组织网络偏离行为对员工的补偿效用即员工通过组织网络偏离行为给员工自身带来的因工作而浪费的私人精力、时间等的补偿。组织网络偏离行为的影响是好是坏，从组织与员工的不同角度，其影响是不同的。本章主要从员工的角度出发，探讨组织网络偏离行为对员工的补偿效用。

组织网络偏离行为是员工为了组织利益在个人生活中做出的牺牲的一种非正式补偿，这种行为不仅是合理的，而且应该采取一定的手段使之合理化。

当员工的目的是逃避常规的做法和释放焦虑，平衡工作与生活或是寻求个人与职业发展时，组织网络偏离行为便成为建设性的行为。从心理视角来看，部分员工发生组织网络偏离行为是因为抑郁、孤独等心理问题，但是与此同时，组织网络偏离行为也能缓解工作压力。Stanton（2002）在研究中发现，经常上网的用户工作满意度水平高于不频繁上网的用户。在工作中提供娱乐性的互联网使用，允许个人在不受工作场所要求的情况下使用，使他们能够以更好的精力及广阔的视野来面对未来的任务。同时，组织网络偏离行为可以作为一个“办公室玩具”，用来减少工作压力，激发创造力。互联网的预期生产率收益和组织网络偏离行为之间存在正相关关系。短暂地参与工作无关的任务可能有积极的作用，其中包括缓解烦闷、疲劳或压力，产生更大的工作满意度和创造力，增加了福利、娱乐和恢复幸福。组织网络偏离行为与恢复情绪和缓解身体疲劳之间存在正相关关系，员工疲惫水平越高，越容易以组织网络偏离行为来恢复，而不是发展、越轨或成瘾行为。利用下班时间浏览网页可能有助于提高生产力。因此，当务之急是学者们要研究组织网络偏离行为如何及何时对工作产生积极的影响，使其潜在的好处得以被利用。网民由于种种原因不能如愿，“理想自我”与“现实自我”间出现矛盾，为缓和矛盾，便到网上寻求心理补偿，寻找心灵的慰藉，期望在网络中找到自我，并通过网络来满足自己。适当地把握对网络的依赖度，可以起到非常好的正面作用。

9.5.2.2　组织网络偏离行为对员工具有获取个人利益的补偿作用

Beugre（2009）提出，网络偏离行为是员工表达工作不满或寻求个人满足的一种手段。当员工感到自己的付出与组织的回报不相称时，就会产生不公平感，选择组织网络偏离行为等来“磨洋工”，以降低自己的劳动付出来弥补这种心理差距，寻求一种变相的平衡。员工在寻求心理平衡时，组织网络偏离行为是一种有效途径。当员工产生组织不公正感时，组织网络偏离行为给员工带来的补偿效用体现出一种经济效益的补偿，即员工免费使用组织网络资源时产生的一种物质利益补偿效用。由此，提出以下假设：

H1：组织网络偏离行为对员工具有获取个人利益的补偿作用。

H1a：社交行为对员工具有获取个人利益的补偿作用。

H1b：兴趣行为对员工具有获取个人利益的补偿作用。

H1c：利己行为对员工具有获取个人利益的补偿作用。

9.5.2.3　组织网络偏离行为对员工具有压力、疲劳的缓解作用

Griffiths（2000）、Yuen 和 Lavin（2004）从心理视角指出，部分员工出现组织网络偏离行为是因为抑郁、孤独等心理问题，同时，组织网络偏离行为也能缓解工作压力。组织网络偏离行为（无论是网上闲逛还是聊天交友等），都可以使员工暂时放下手头的工作，暂时忘掉工作的压力，从生理和心理上都有所放松。这时组织网络偏离行为对组织员工的补偿作用主要体现为对员工压力及疲劳的缓解，不仅对员工有很大的帮助，也会在缓解员工压力和疲劳的同时提高员工的工作效率，进而提高组织绩效。由此，提出以下假设：

H2：组织网络偏离行为对员工具有压力、疲劳的缓解作用。

H2a：社交行为对员工具有压力、疲劳的缓解作用。

H2b：兴趣行为对员工具有压力、疲劳的缓解作用。

H2c：利己行为对员工具有压力、疲劳的缓解作用。

9.5.2.4 组织网络偏离行为可以满足员工的社交需要

在组织中，组织网络偏离行为的主要表现形式是员工通过社交网络满足自己的社交需求。社交网络在一定程度上拓宽了人们的交往范围和交往方式，对人际传播有着不可忽视的作用。随着组织间竞争的日益加剧，为了获得更大的竞争力，要求员工加班已是很平常的事。加班更多地占用了员工的私人时间，因此传统的交友方式便不能得到满足。社交网络的出现使人们有了新型的交友方式。此时，员工便利用组织易获得的网络资源满足自己的交友需求，实现对自己时间被占用的补偿。当组织网络偏离行为对员工的补偿作用体现在满足员工社交需求方面时，不仅对员工的私人交友有益处，有时也可能由此拓宽人脉，影响到组织的发展。由此，提出以下假设：

H3：组织网络偏离行为可以满足员工的社交需要。

H3a：社交行为可以满足员工的社交需要。

H3b：兴趣行为可以满足员工的社交需要。

H3c：利己行为可以满足员工的社交需要。

9.5.2.5 组织网络偏离行为对员工具有兴趣爱好的培养作用

Deci 和 Ryan（1985）研究指出，由于个体的内部动机与其先天的需要和积极的倾向紧密联系，因此，人的内部动机能反映出人本性中的好问、好奇等积极的潜力。由内部动机支配的行为不仅容易成为个体人格的组成部分，也能增进主体的幸福感。员工的内部动机有时会促使员工在工作时间利用组织的网络资源从事与工作无关的活动。员工在工作时间基于兴趣、社交、利己等内部动机而产生的非工作上网行为在一定程度上满足了员工的兴趣爱好不至于因工作太忙而荒废的需要，从而对员工的兴趣爱好也起到了维持或培养的作用。由此，提出以下假设：

H4：组织网络偏离行为对员工具有兴趣爱好的培养作用。

H4a：社交行为对员工具有兴趣爱好的培养作用。

H4b：兴趣行为对员工具有兴趣爱好的培养作用。

H4c：利己行为对员工具有兴趣爱好的培养作用。

9.5.2.6　组织网络偏离行为可以帮助员工激发创造力

Friedman（2000）和 Stanton（2002）认为，随着工作与生活边界的模糊化，偏离行为可以减轻工作压力，激发员工创造力，让员工变得更满意和更有生产力。有时员工的上网行为可能与工作无关，但员工可通过上网获取更多的知识，接受更多的观点。员工的学习精神与成长需求不仅仅局限在通过工作来表现，创造力的激发也可以通过不断地吸取与否定别人的观点来实现。此时，组织网络偏离行为对员工的补偿作用便体现为对员工创造力的激发，使员工满足自我实现的需要。由此，提出以下假设：

H5：组织网络偏离行为可以帮助员工激发创造力。

H5a：社交行为可以帮助员工激发创造力。

H5b：兴趣行为可以帮助员工激发创造力。

H5c：利己行为可以帮助员工激发创造力。

9.5.3　研究方法

9.5.3.1　数据的收集与样本描述

本章的调查对象主要是湖北，广东广州、深圳，浙江等城市或地区企业中的知识型员工。首先进行问卷预测试，通过互联网发放 60 份问卷，获得有效问卷 59 份，有效问卷回收率是 98.3%。预测试后进行正式问卷发放，调查问卷主要通过 MBA 课堂和网络发放，问卷共计 297 份，其中有效问卷有 279 份，有效问卷回收率为 93.9%。调查的员工中，男性占 46.8%，女性占 53.2%；29 岁及以下占 70%，30~39 岁占 20.5%，40 岁及以上占 9.5%；硕士及以上占 15.9%，本科学历占 67.3%，大专及以下学历占 16.8%；高层管理者占 1.8%，中层管理者占 20.5%，基层管理者占 23.2%，普通员工占 54.5%；工作年限 2 年以下占 13.2%，2~5 年占 52.3%，5~10 年占 16.3%，

10年以上占18.2%；国有企业占26.4%，政府机关和事业单位占27.7%，民营企业占35.4%，其他占10.5%。

9.5.3.2 变量测量

组织网络偏离行为主要参考晏芬（2016）的量表，从社交行为、兴趣行为、利己行为三个维度进行测量，共12个题项。量表采用李克特5点量表测量，1表示从不发生，5表示总是发生。预测试网络偏离行为量表内部一致性系数为0.932，KMO值为0.89，Bartlett球形检验结果小于0.05。

员工补偿效用量表主要参考Lim（2012）的组织网络偏离行为的消极影响与积极影响的测量项，并总结其他参考文献中提及的对组织网络偏离行为积极作用的描述，用"认知""情感""意向"来测量员工的态度。量表包括获取个人利益、缓解压力与疲劳、满足社交需求、兴趣爱好与维持、激发创造力、激发创造力五个因子，共15个题项。量表采用李克特5点量表测量，1表示非常不同意，5表示非常同意。预测试员工补偿效用量表内部一致性系数为0.966，KMO值为0.91，Bartlett球形检验结果小于0.05。

9.5.4 研究结果

9.5.4.1 人口统计学变量差异分析

本章对性别与员工补偿效用进行独立样本T检验，结果显示，不同性别的员工在出现组织网络偏离行为与对组织网络偏离行为的态度方面的差异不显著。

同理，进行单因素方差分析，检验发现，员工的年龄、工作岗位、电脑使用情况、单位类型对组织网络偏离行为及对组织网络偏离行为的态度不存在显著性影响。但是不同教育程度和工作年限的员工在组织网络偏离行为方面存在显著性差异，教育程度为高中及以下的员工明显倾向于组织网络偏离行为，而工作年限在2~5年的员工也有明显的组织网络偏离行为倾向，如表9-1所示。

表 9-1 方差分析结果

	组织网络偏离行为		组织网络偏离行为补偿效用	
	F	Sig.	F	Sig.
年龄	1.735	0.143	1.399	0.236
学历	4.410	0.002*	2.350	0.055
职位	1.437	0.233	1.368	0.254
使用电脑	2.290	0.079	1.663	0.176
工作年限	3.443	0.009*	2.158	0.075
单位类型	0.556	0.668	0.437	0.782

注：* 表示在 0.05 水平上显著相关。

9.5.4.2 信效度分析

本章利用 SPSS18.0 统计分析软件进行信度与效度分析。两个量表信效度如表 9-2 所示。

表 9-2 两个量表信效度分析

		组织网络偏离行为量表	员工补偿效用量表
Cronbach's α		0.918	0.949
KMO		0.905	0.939
Bartlett's 检验值	Approx. Chi-Square	1599.040	0.939
	df	66	105
	Sig.	0.000	0.000

由表 9-2 可以看出，两个量表的信度 α 值大于 0.9，效度 KMO 值大于 0.6，Bartlett 球形检验结果小于 0.05，且各项目的公因子方差均大于 0.4，说明组织网络偏离行为量表和员工补偿效用量表具有较好的信效度。

9.5.4.3 相关分析

本章采用 Pearson 相关系数的大小及显著性来确定相关性情况。组织网络偏离行为与员工补偿效用的相关关系如表 9-3 所示。

表 9-3 组织网络偏离行为与补偿效用的相关关系（N=279）

	组织网络偏离行为	社交行为	兴趣行为	利己行为
组织网络偏离行为	1	1	1	1
获取个人利益	0.643**	0.547**	0.524**	0.708**
缓解疲劳与压力	0.557**	0.538**	0.515**	0.428**
满足社交需要	0.644**	0.630**	0.559**	0.527**
兴趣爱好的培养与维持	0.652**	0.620**	0.567**	0.565**
激发创造力	0.640**	0.615**	0.573**	0.521**

注：** 表示在 0.01 水平上显著相关。

由表 9-3 可知，组织网络偏离行为、组织网络偏离行为中“社交行为”“兴趣行为”“利己行为”与员工补偿效用的各个维度都显著相关，说明组织网络偏离行为、组织网络偏离行为中“社交行为”“兴趣行为”“利己行为”均具有获取个人利益、缓解压力与疲劳、满足社交需求、兴趣爱好的培养与维持及激发创造力的效用。但从相关系数的比较中可以看出，社交行为更有利于满足社交需求，其次是兴趣爱好的培养与维持及激发创造力，最后是缓解压力与疲劳及获取个人利益。兴趣行为在激发创造力及兴趣爱好的培养与维持方面有更显著的作用，而在获取个人利益、缓解压力与疲劳及满足社交需求方面的作用较不显著。利己行为更有利于获取个人利益，对满足社交需求、兴趣爱好的培养与维持及激发创造力的作用次之，最不利于缓解压力与疲劳。

9.5.5 分析与讨论

本章所有的假设均得到检验，研究表明，组织网络偏离行为对员工确有建设性作用，可以使员工在工作的同时获得个人利益的补偿、缓解压力与疲劳、满足社交需求、维持和培养兴趣爱好及激发创造力。组织网络偏离行为的三类行为（社交行为、兴趣行为、利己行为）与员工补偿效用的相关度的显著性不一样，说明这三类行为在获取个人利益、兴趣爱好的培养与维持、缓解压力与疲劳、满足社交需求及激发创造力方面有不同的作用。

组织网络偏离行为对员工具有获取个人利益的补偿作用。根据组织行为中的人性理论，从复杂人的观点出发，并不要求管理人员采取完全不同于经济人与社会人两种人性观的新措施，而是要根据具体的人、具体的情境灵活地采取不同的管理措施。在人性管理越来越被重视的今天，在对待员工网络偏离行为方面，也应秉持人性管理的态度。根据不同的员工、不同的动机来采取控制措施，而不应一味地将其作为危害行为来对待，打击员工的积极性。

组织网络偏离行为对员工具有缓解压力、疲劳的作用。文化环境塑造人。在全体一心努力工作的企业氛围感召之下，每位员工都会专心工作，减少上网浏览行为；当员工融入一个和谐温馨的大集体时，就不会感觉无聊空虚，网聊则成为多余；当企业文化开展得有声有色时，网购、炒股行为自然就会退避三舍。因此，加强企业文化建设，举行形式多样、喜闻乐见、健康向上的文化娱乐活动，提振企业士气与正气，也是一种管理员工网络偏离行为的重要“软手段”。

组织网络偏离行为可以满足员工的社交需要。社交需要是人的基本需要之一，员工的组织网络偏离行为中，沟通和交流占了较多的内容，因此，不妨顺应员工需求，引导员工的网络行为。例如，公司可以设置内部交流平台（论坛或 QQ 群），允许员工匿名发表对企业经营管理的各种观点，管理层设置专人来负责信息的反馈，使对公司不利的消息消化在萌芽状态；开发高管邮箱，定期回复员工的各种疑问；鼓励企业管理者通过微信、微博、博客展现自己的思想和魅力，传达公司正面的信息和认可的行为等。还可根据员工发生的网络偏离行为的不同类型而采取不同的疏导措施。

组织网络偏离行为具有兴趣爱好的培养作用。组织可制定网络使用作息时间，将上网时段分为上班和下班两个时段，将互联网资源分时间开放。在上班时间，根据不同的部门只开放工作允许的网络资源，在关键的网络业务高峰时段，则限制部分员工上网或禁止使用某些网络；下班时间，给员工 1~2 小时上网时间，让员工在紧张的工作之余舒缓、调解一下紧绷的神经，保持员工活力。

组织网络偏离行为可以帮助员工激发创造力。组织网络偏离行为出现的原因之一是产生了组织不公平感，可以设置合理的绩效考核与薪酬制度，规范薪酬发放制度，将绩效与奉献挂钩，使员工感到付出得到收获，从而消除不公平感。通过公平的升职加薪等措施提高员工对组织公平感的感知，使员工产生较高的横向比较与纵向比较的公平感，减少危害组织的网络偏离行为。同时，还可将上网行为纳入绩效考核中，明确规范员工的上网行为。“公生明，偏生暗”。组织的分配，程序和互动公平有助于提升员工的工作满意度，有利于员工创造力的激发与形成。

从员工角度考虑的管理措施，可以更好地管理员工的组织网络偏离行为，使组织网络偏离行为在发挥对员工的补偿效用的同时，提高员工各方面的能力，同时提高组织绩效。

9.5.6 研究小结

由于研究条件的局限，本章对组织网络偏离行为和补偿效用的测量采用的是员工自评法，虽然在研究设计时已经从量表的提问角度、方式和题项设计等方面考虑避免同源误差问题，但分析结果仍存在同源误差的影响。在今后的研究中，可采取员工自评与主管评价配对的方式进行测量。

本章在调查问卷的基础上，根据实证研究提出了管理实践建议，但对组织网络偏离行为与员工补偿效用的关系只是一个探索性的研究，未在具体组织中检验其效果，相关研究有待进一步深入。

组织网络偏离行为对员工与组织的影响是多方面的，具有复杂性。从建设性的补偿效用角度的研究有利于全面正确地认知和界定组织网络偏离行为，适应人性化管理大趋势，有效管理新环境下的此类新行为。

10

组织网络偏离行为管理策略

10.1 组织网络偏离行为的诊断

组织网络偏离行为并不必然就是消极的或者是积极的，其破坏性或建设性取决于使用者的意图和使用时的情境。比如，有的员工非工作上网是为了减少投入来逃避工作或报复企业，而有的员工则是为了学习知识，或者是放松身心，或者是释放焦虑，显然前者是反生产性行为，而后者是建设性行为。

组织网络偏离行为具有普遍存在性，具体表现为利己行为、兴趣行为和社交行为等，有研究发现，组织网络偏离行为具有双重影响效应。具体地，兴趣行为对任务绩效存在显著的负向影响，但同时对人际促进和创新绩效两个方面存在显著正向影响；利己行为对任务绩效存在显著的负向影响，但对人际促进存在显著的正向影响，同时对创新绩效存在一定的正向影响；社交行为对任务绩效、人际促进和创新绩效均存在负向影响，但影响不显著（鲁金玉，2011）。因此，为了更好地管理组织网络偏离行为，识别其破坏性或者建设性，企业必须建立一套判别标准对组织网络偏离行为进行诊断、分析与有效管理。

研究认为，以下三项标准可以有效判别组织网络偏离行为的破坏性或者建设性：

首先，组织网络偏离行为是否违反了企业的上网管理制度。一般来说，每个企业应根据自己的行业和企业特点制定符合自己的网络使用条例。通常意义上，企业网络的开放和使用是希望员工做一些与工作相关的事情，如果网络被长时间地用来做与工作无关的事情，如下载影音文件、聊天、网购或刷微博等，则组织网络偏离行为被认为是破坏性的。

其次，组织网络偏离行为是否降低了员工个人的绩效。如前所述，组织网络偏离行为并不必然就是消极的或者积极的，如果经过绩效考核，发现组织网络偏离行为并没有降低员工的工作绩效，甚至对提高员工的工作效率和工作满意度是有帮助的，则组织网络偏离行为被认为是建设性的。

最后，组织网络偏离行为是否对组织的绩效、成本和声誉等产生不良影响。如果组织网络偏离行为导致企业有形成本增加、效益流失，造成企业订单流失、意外事件发生、管理效率下降等无形损失，以及对团队精神造成不良影响，如组织效率低下、纪律涣散、文化低迷等，甚至将企业置于安全和法律风险中，引来灾难性的后果，则组织网络偏离行为无疑是破坏性的。

基于上述标准，我们认为，只有当组织网络偏离行为违背了企业的网络使用条例或上网行为管理制度，或者降低了员工个人绩效和组织绩效时，它才是具有破坏性的。

因此，识别组织网络偏离行为的真实影响，而不是简单地认为它一定是破坏性的或者一定是建设性的，对于企业的管理实践具有十分重要的意义。

10.2 组织网络偏离行为管理的原则

10.2.1 前置干预与后继管控相结合

如前所述，组织网络偏离行为的产生有其形成机制，产生后有其影响机制。了解其形成机制，对于管理组织网络偏离行为而言，可以从企业员工入职、招聘时进行前置干预，为组织挑选合格与合适的员工；同时，一旦发现此类行为，强调及时管控措施的实施与运用，也能降低此类行为的破坏性影响。所以，组织网络偏离行为的管理应注意前置干预与后继管控相结合，防控结合有利于将此类行为的不利影响降至最小、建设性效用扩至最大。

10.2.2　慎用管控，强调疏导

前述研究表明，组织管理者需要重新认识和定位组织网络偏离行为，在思维上明确并不是所有的组织网络偏离行为都是完全有害于组织的；应对员工组织网络偏离行为进行疏导，以“疏”代“堵”，同时依据组织管理的侧重点，考虑对不同类别的组织网络偏离行为采取有针对性的疏导措施。

组织网络偏离行为的双重影响告诉我们，一定程度上的组织网络偏离行为是可以接受的，管理者要做的既不是严加封堵、“零容忍”，也不是不管不顾、放任自流，而是设计一种制度，帮助员工以一种更加建设性的方式使用企业网络，比如明确个人网络使用的恰当类型、限定个人网络使用的合理时间、为员工在午餐或者休息时间使用网络提供场地等。

以组织网络偏离行为的类型和时间为例，在类型上，管理者可以借鉴 Beugre（2009）等的实证研究结果，即相比较于交互类的组织网络偏离行为，浏览类和邮件类的组织网络偏离行为的破坏性要小；在时间上，恰当形式的组织网络偏离行为可以作为长时间努力工作后的一个临时调剂或放松，时间持续 10~15 分钟，而不能动辄以小时计。

相关研究表明，从组织网络偏离行为对个人绩效各个维度的显著性影响水平来看，并不是所有的组织网络偏离行为都是必然不利于员工个人绩效的，如兴趣行为对人际促进和创新绩效就存在显著的正向影响，有助于组织中员工的创造性思维方式和创造性解决问题的能力的充分发挥，从而提高员工的个人绩效，促进组织绩效的提升。

另外，从调查结果中我们可以看到，员工所在组织的性质及在本组织中所处的职务层级都会对组织网络偏离行为的发生频率和发生时间长短产生显著性的影响。关于这个方面的问题，不仅在理论研究中必须予以关注，而且组织中的管理者在管理组织网络偏离行为时，也应该避免武断、直接地采取强硬的统一的监控和管理措施来封堵“消灭”这一行为。

综上，组织中的管理者在对待组织网络偏离行为这一问题上，不能理所应当地认为组织网络偏离行为是完全不利于组织的不良行为。管理者应该从现实情况出发，站在一个相对客观的角度，合理审视组织中的组织网络偏离

行为。

对管理者而言，员工不同类别的组织网络偏离行为的管理方式方法存在差别。组织网络偏离行为中的利己行为对员工的个人绩效各个维度都存在负向影响，那么对于这类行为，管理者应该考虑进行较严格的管理控制以降低行为发生频率，提高工作绩效；对于兴趣类的组织网络偏离行为则需要区别对待：虽然其对员工的任务绩效有着显著的负向影响，但是它同时对员工的人际促进和创新绩效存在显著的正向影响。所以，与其通过严格管理措施和监控系统而试图完全铲除组织网络偏离行为的生存土壤，不如使用合理的管理手段来疏导员工的组织网络偏离行为。

管理员工组织网络偏离行为中的共性方面，同时针对不同类别采取差异化的疏导措施。由于员工组织网络偏离行为的动机不同，导致了其行为表现方式具有多样化的特点。由于组织资源的有限性，并不是所有的绩效偏差行为都需要采取管理措施，同时考虑到组织网络偏离行为并不是全然有害于组织的，对于组织网络偏离行为应该采取针对性的管理措施。此外，管理者在疏导组织网络偏离行为时，应注重与考核、激励手段相联系。

10.2.3 灵活性与原则性相统一

组织网络偏离行为是时代发展的产物，企业管理者应采取措施尽量减少行为的发生。通过实地走访发现，采用上网行为管理产品或者严格措施的企业，组织网络偏离行为并没有减少很多，反而引发员工的抱怨。企业与其通过严格管理措施、上网行为管理产品和监控系统而试图完全铲除组织网络偏离行为的生存土壤，不如使用合理的管理措施、政策与手段来疏导组织网络偏离行为，加强员工心理契约的建设，使员工真正意识到自己的主人翁地位及对企业的忠诚，意识到组织网络偏离行为给自身及组织带来的影响，以及自我行为控制对组织的重要性。将员工被动地接受网络偏离行为的管控转换为主动自我控制行为的发生。但是，并不是所有的组织网络偏离行为都有害于组织、都需要采取管理措施，所以应该采取针对性的管理措施。

另外，组织设计的上网行为管理制度应能整合组织网络偏离行为的两种作用，利用其积极影响，避免其消极影响。内容上，该制度应能对组织网络偏离行为的类型、性质、严重程度、时限、监管方式、惩罚标准等进行明确的界定，采取分类管理，尤其要明确哪些类型的组织网络偏离行为是被允许甚至提倡的，哪些类型的组织网络偏离行为是坚决禁止的；制度执行上，一定要及时、坚决而公平，一旦出现不良行为，一定要及时坚决处理，绝不能姑息；而且制度本身还要与时俱进、不断升级，以适应组织发展的需要，因为随着信息技术的发展，人们对技术的态度发生改变，如曾经被认为在工作中不合适使用的即时通信和博客技术，现在却成为某些组织与员工进行沟通的重要工具，这使组织对组织网络偏离行为的界定发生改变。

10.3 组织网络偏离行为管理：前置干预策略

10.3.1 基于人格特质类型的干预策略

越来越多的研究证实，人格特质是预测员工行为的重要指标之一。有研究表明，神经质、尽责感与宜人性能够预测组织网络偏离行为。因此，组织在选拔人才的过程中，可以引进人格测评工具，挑选合适的员工。但需要说明的是，大五人格只是代表人的五种不同特质，每个人或多或少都有几种类型的人格特质同时存在，并无好坏之分。同时，组织在配置人员时也可以考虑根据员工的人格特质分配工作，使其在岗位上发挥他们的最大作用。例如，宜人性的员工可以安排从事员工关系管理的工作等。考虑到不同人格特质类型对于资源的需求不同，组织可以依据员工的人格特质类型来制定不同的管理政策，做到高效管理。例如，高尽责感的员工可以给其设置弹性工作制，提供不受拘束的工作空间，提供有挑战性的工作、培训和晋升的机会等，增强其对企业的归属感；高神经质的员工则要照顾到他们的情绪问题，以鼓励为主，尽量减少对他们的责罚，给予更多的关怀，减轻他们的工作压力。

组织应加强人力资源管理制度建设，做好员工关系管理。首先，组织的绩效管理制度应能有效识别员工的真实绩效，并且执行上不能“走过场”，这样才能鉴别员工组织网络偏离行为的真实影响；其次，人力资源管理部门除了帮助员工设计好职业生涯通路，还要多途径、多方位帮助员工实现自己的职业发展，而不是让员工寄希望于网络；此外，应尽量帮助员工释放紧张情绪，缓解工作压力，比如设置舒适的休息室或开展一些符合员工需求的趣味活动等，转移员工对网络的注意力。

10.3.2　基于组织文化塑造的干预策略

组织网络偏离行为的发生频率与所处组织状况密切相关，即组织网络偏离行为的发生与组织环境因素存在较大的关联性。而组织文化是组织内部环境的重要组成部分，由于组织文化，特别是组织的部门文化对员工往往会产生深远的潜移默化的影响作用，因此，加强组织文化中关于“典型行为”的建设，对于管理组织网络偏离行为具有重要意义。组织管理者可以对员工上班时间进行一定程度的弹性化管理，如可以在上班时间公开宣布员工可以而且应该在这一时间内玩游戏、听音乐、看电影等达到放松自我和促进同事之间人际关系的目的，同时管理者可以合理利用员工在这一时间段中较高的创造力。通过这类行为，强化员工心中关于“组织中什么是对的行为”的认识，从而发挥文化的持续影响作用。

有研究表明，自利型伦理氛围不仅正向影响网络偏离行为，还会正向调节宜人性、尽责感与组织网络偏离行为之间的关系；而关怀型伦理氛围不仅负向影响网络偏离行为，还会负向调节神经质、宜人性与组织网络偏离行为之间的关系。这就表明，积极的组织伦理氛围是能够有效干预组织网络偏离行为的。因此，组织的管理者更应注重对员工的关爱，促成组织内积极伦理氛围的形成，让员工感受到组织的重视。当员工感受到组织的关爱和支持时，员工不仅会减少消极的行为，还会产生较高水平的组织归属感，愿意为组织付出，不做有损组织利益的事情。在当前背景下，通过规章制度管控网络偏离行为的效果往往不如从营造积极的伦理氛围角度对网络偏离行为进行非正式干预。这是因为：第一，组织中知识型员工越来越多，员工趋于年轻化，他们追求自主性，渴望拥有自己的空间，不太愿受规则的约束，依靠规章制度管理往往得不到太好的结果。第二，在中国，道德约束往往比规则更易被人们所重视。规则过于死板，当规则不合适时，容易激起员工的逆反心理，而当组织自觉形成某种约定时，员工往往会自觉遵守。总之，对于组织网络偏离行为的管控，依靠规章制度必不可少，但是努力培育良好的组织伦理氛围，促进组织和谐，让员工自觉远离组织网络偏离行为往往会更加有效。

另外，组织应培育一种良好的工作文化，促使员工负责而有效地使用网络。因为组织文化能用一种无形的力量促使员工形成共同的价值观念和行为准则，以此激发员工的积极性和创造性，引导员工为组织的发展努力工作，并增强员工的组织认同感。因此，当员工感觉到每个人都在努力工作时，就会自我施压，自觉减少上网浏览行为；当员工知觉到自己被团队接纳、被组织尊重时，上网聊天就成为多余；当员工认同组织的诚信精神时，上网购物和炒股等行为就会消失于无形。从这个角度来说，加强组织文化建设是有效管理组织网络偏离行为的一种重要“软”招式。

10.3.3　基于人岗匹配的干预策略

为有效管理组织网络偏离行为的发生，组织可从充实员工工作内容、提高工作饱和度的角度着手。具体地，可以从以下几个方面展开工作：

（1）针对工作任务量安排不合理、工作任务不明确的情况，应该规范组织的项目制度，明确各岗位的工作职责，并与员工共同制定具体的部门、项目组和个人的工作目标。

（2）可以合理安排上网时间，对员工上班时间进行一定程度的弹性化管理，如可以将时间分为工作时间和非工作时间，有针对性地开放网络资源。工作时间根据部门需要只开放其工作所需的网络资源，在下班时间可以将网络资源全部开放。这样既不耽误工作时间的工作，也不会占用员工休息时间的网络行为。也可以根据不同职位来设置权限，如技术人员只允许浏览相关的技术网站和公司即时沟通工具，对中高层管理者则全部开放权限。

（3）在工作量少时为员工提供更多培训机会。考虑到现代组织员工是知识型员工，一般希望不断自我提升、自我完善。针对这个特点，组织首先要有提高员工的专业知识和素质的学习培训体系，如技术培训、管理培训等，不断提高员工综合素质，充实员工工作饱和度低的内容，实现其对自我提升、自我实现的需要；其次，能为员工提供科学合理的职业生涯规划，技术职位可以按照严格的技术等级晋升，管理职位则采用内部晋升制。

（4）在薪酬方面，因为知识型员工的教育水平一般较高，在自己知识和技能形成的过程中投入了大量的时间成本、机会成本和物质成本，因此在薪酬体系上自然要求更多的补偿。同时，他们的能力强、外界的机会多，因此提供更高的薪资水平成为优势条件。组织可以考虑浮动工资制，考核员工的成果和能力来决定薪水。这种多劳多得的薪酬体系也可以使员工在工作饱和度低时自主工作，以获得较高的报酬，同时也能激发其能力的发挥。

10.3.4 基于心理契约构建的干预策略

由于网络偏离行为事实上可能会产生一种积极效应，管理者对这一问题的焦点应该集中于如何使管理环境更加能促进员工效率方面（Greengard，2000）。Claire 等（2008）研究指出，从组织的层面来说，组织网络偏离行为是需要组织严密监控的一种功能失调；而从员工的层面来说，这种行为是对他们为了组织利益在个人生活中做出的牺牲的一种非正式补偿，并且这种行为不仅是合理的而且应该是合理化的。

由于信息技术的广泛影响力，传统的工作方式改变，工作环境发生了巨大的变化，工作与生活的界限越来越模糊，管理员工心理与社会需求同样也将成为未来组织目标必须考虑的因素之一，因此管理者应注重心理契约在组织中的作用，利用柔性管理来满足员工需要，激励员工，使他们能真正做到心情舒畅、不遗余力地为组织做贡献。在具体管理实践中，应注意适度管控，避免组织整体行为的滑坡。对员工网络行为的管理控制应该合理掌握控制的“度”。过严的控制在一定程度上会打消员工的工作积极性，而过松的控制不能很好地起到控制效果。目前，组织中员工普遍存在的一种认知是工作时间适当的网络偏离行为可以缓解压力，是对员工高压力工作的一种补偿，是应得的一种“福利”，如果组织剥夺员工非工作上网的权利（相当于剥夺员工的福利）则会引起员工对组织的不满，且对员工网络行为进行控制则会引起员工的抵触和反抗，组织网络偏离行为管理将会变得更加困难。在这种情况下，加强组织心理契约的建设已成为必要。心理契约是联系员工与组织的心理桥梁，也是影响员工行为和态度的重要因素，组织对员工进行情感投入（如支持员工个人发展、关心其家庭生活）、经济投入等从而影响员工的工作满意度、组织承诺、对组织的忠诚及对组织的情感投入等。研究表明，心理契约与员工满意度之间呈现显著正相关，是互为因果的。管理好员工的心理契约，会增强员工对组织的认可和忠诚，员工对组织的抱怨减少，同时对组织的满意度便会提高。

10.4　组织网络偏离行为管理：后继管控策略

10.4.1　基于互联网政策的管控策略

随着互联网在工作场所的普及运用，越来越多的组织管理人员开始重视雇员不适当的互联网使用，以及由此带来的安全等方面的影响和负面效应（Young，2000）。组织对信息社会的依赖性不断增加，网络日渐成为很多组织中不可或缺的一部分，但因技术的不完善或没有采取好的防护措施，黑客攻击、非法侵入、保密信息泄露等企业安全问题时有出现。中国公安部发布的第 82 号令《互联网安全保护技术措施规定》就对企业的网络行为管理提出了要求。组织网络偏离行为管理可以依赖于不断完善组织互联网使用政策与规章。

相较于管理培训和重建员工的网络使用方式而言，为了控制员工的网络偏离行为，管理层应该在组织中建立网络使用的相关政策。而且，这也是目前被组织管理层最广泛接受的处理方式。但是，这些管理与控制措施的提出前提是认为组织中广泛存在此类行为，并且这些行为有害于组织的发展，它们是组织中待解决的问题（Young & Case，2004）。Anandaraja（2002）提出，应该从政策的角度减弱员工的网络偏离行为，同时指出，仅仅靠建立相关政策是远远不够的。Wong（2005）对 Anandaraja（2002）等的观点进行细化研究，将政策因素分为积极方面和消极方面，并以此比较调查相关组织的政策效果。调查结论显示，在组织中建立相关网络偏离行为的政策有助于员工的行为规范，能够在一定程度上降低电脑怠工行为的发生频率，同时积极的政策能够在实施效果上更加有效地改变员工的组织网络偏离行为。

Forrester. com 2008 年的一项调查发现，78%的 IT 组织关注员工驱动的风险、未经批准的 Web 2. 0 工具使用风险及网络技术风险。研究表明，相较于管理培训和重建员工的网络使用方式而言，为了控制员工的网络偏离行为，管理层应该在组织中建立网络使用的相关政策。相较于中小型组织而言，在大型组织中制定并执行网络使用相关政策对员工网络偏离行为的控制有明显的效果。在组织中建立网络使用的相关政策也是目前被组织管理层最广泛接受而且也是效果最好的处理方式之一（Young & Case，2004）。互联网可接受使用政策在一定程度上可减少员工互联网滥用行为的发生（Joseph & Pearson，2006）。在组织中建立相关网络偏离行为的政策有助于员工的行为规范，能够在一定程度上降低电脑怠工行为的发生频率，同时积极的政策比消极的政策在实施效果上能更加有效地改变员工网络偏离行为（Wong，2005）。政策与持续的电脑网络监控系统双管齐下能够显著降低组织中员工滥用互联网行为的发生频率（Joseph & Pearson，2006）。

10. 4. 2　基于监测工具的管控策略

进一步完善管理监控和监测体系。组织通过互联网使用策略、管理培训、监控、上网产品软件等各种手段管控网络行为（Sinha，2007）。但是，Sinha 等（2007）从上网过滤软件产品技术方面进行研究，提出了文本挖掘过滤技术的互联网滥用检测方法。同时，过度的监控将可能带来法律方面的问题，而对员工的监控不足又不能产生管理者所期望的监控效果（Hunter，2000）。

对员工网络行为的控制不应该只针对行为本身的控制，还应该注重组织公正等组织层面的建设（Lim，2002）。Ugrin 和 Pearson（2008）采用问卷调查的方式，证实了组织中的相关政策可以在一定程度上减少电脑怠工行为的发生，同时指出，如果在组织中辅助以持续的电脑网络监控系统，那么采用这种方法对降低组织中电脑怠工行为的发生频率的效果是比较显著的。

Griffiths（2003）提出，应该在组织中建立相关的监控措施以识别员工的偏离行为，然后采取相关的惩罚措施来控制这类行为的发生。同时他也认为，应该建立完善相关的组织政策来协助处理这类行为。

组织员工具有较高的自主意识和非合作意识。组织员工尤其是技术员工做事有自己的主见和方法，崇尚自由无约束，很难适应在不断督促、监管下的工作。在具体管理实践中，对员工网络行为的管理控制应该合理掌握控制的“度”。过于严格地控制员工网络行为虽然在短期内可以提高生产率（以降低员工满意度为代价），但是从长期来看，过于严格的控制则会降低生产率，过于宽松的控制则起不到防止行为发生的作用。

组织要完善管理监控体系：第一，要有一款智能的上网行为管理产品或者一套健全的监督管理系统。管理产品可以限制员工上网的范围，如只允许登录一些工作中会用到的网站而拦截优酷、爱奇艺等视频流媒体的登录；一套健全的企业监督管理体系可以给员工的上网意识敲响警钟，当其在工作中意图发生一些与工作无关的行为时，首先会想到组织的监控及后续的惩罚措施。第二，完善的管理控制体系也是确保组织公正的必要前提。人都有一定的跟随效应和趋同特点，当一个员工发生网络偏离而没有得到应有的惩罚时，出于从众心理的作用，会有越来越多的员工产生相同的行为，这样的结果是会使组织中网络偏离行为的范围越来越大。如果惩罚措施不到位或者不健全，则会引起员工的不满并影响对组织的认同感和对组织公正的认知。第三，对于行为结果的处理应该灵活、人性化。具体地，在组织中利用相关的软件，如网络保姆、电子监控器 EM 及 Cyber Sitte 等监控软件，对员工未发生的互联网滥用行为进行监控，通过监控工具完成保存的列表拒绝访问不适当的网站，或者阻止访问或录音访问这些网站，也可以对网络行为进行监视和回访，通过访问的 HTTP 站点情况通过 IP、MAC 直接显示用户的姓名，与使用者进行一一对应，可以在很大程度上预防、监控员工网络偏离行为的发生。还可以针对员工已经发生的互联网滥用行为进行监测，如检查可能有“问题”的员工的链接网址等［如 Atish 等（2007）从软件编程技术的角度提出了一个文本挖掘的方法来检测基于 Web 的在工作场所滥用互联网］，然后采取相关的惩罚措施来控制这类行为的发生。不同的行为造成的结果处理的手段也应不同，如轻微的行为私下警告提醒，稍重些的行为处以首次警告再次批评等，对组织正常运营产生严重影响的行为采取罚款或其他的处罚措施，但是所有的措施应确保在保护员工自尊及各种社会需求的基础条件下。

10.4.3 基于心理契约的员工网络行为管理体系建设

管理者应注重心理契约在组织中的作用，利用柔性管理来满足员工需要，激励员工，使他们能真正做到心情舒畅、不遗余力地为组织做贡献。

在具体管理实践中，应注意适度管控，避免组织整体行为的滑坡。对员工网络行为的管理控制应该合理掌握控制的“度”。过于严格的控制在一定程度上会打击员工的工作积极性，而过于放松的控制又达不到应有的控制效果。更糟糕的结果是，员工将网络行为作为组织中的一种“隐形福利”，将其视为一种保健因素。根据赫茨伯格的双因素理论，保健因素的存在不会使员工产生满意感，但是保健因素的缺失将会导致员工产生不满意感，在这种情况下，再对员工网络行为进行控制将会变得更加困难。

员工网络行为的发生频率与所处组织状况密切相关，即网络行为的发生与组织环境因素存在较大的关联性。而组织文化是组织内部环境的重要组成部分，由于组织文化，特别是组织的部门文化对员工往往会产生深远的潜移默化的影响作用，因此，加强组织文化中关于“典型行为”的建设，对于管理组织中的网络行为具有重要意义。组织管理者可以对员工上班时间进行一定程度的弹性化管理，如可以在上班时间公开宣布员工可以而且应该在这一时间内玩游戏、听音乐、看电影等达到放松自我和促进同事之间人际关系的目的，同时管理者可以合理利用员工在这一时间段中较高的创造力。通过这类行为，强化员工心中关于“组织中什么是对的行为”的认识，从而发挥文化的持续影响作用。

10.4.4 基于整合视角的管控策略

基于前述的相关研究及结论，整合各个理论路径，从态度、主观规范、知觉行为控制和行为合理化四个方面来完善相应的管理策略，有效引导员工的网络行为。

第一，态度方面。员工对网络偏离行为所持有的积极或消极的认知将对行为意向产生直接影响，企事业单位可以通过以下方式让员工对网络偏离行为的本质有更加正确、客观、深入的了解和认识：①通过培训或政策宣传将网络偏离行为给组织带来的严重后果告知员工。组织需要让员工对网络偏离行为产生的消极影响和严重后果有深刻的认识，如此才能使员工对网络偏离行为抱有负面的态度，就不会倾向于产生网络偏离行为。②对于一些深度沉迷于网络的员工，组织应该以包容的心态正确处理他们可能存在的心理障碍。建立员工网络偏离行为心理辅导机制，聘请心理顾问在组织中进行定期访谈，将心理学的方法、技术和理论合理地融入对员工的心理辅导活动中，及时了解他们的网络偏离行为动机和态度，适时安抚员工的消极情绪和不必要的心理负担，形成沟通交流机制和良性的互动。通过有效的沟通和心理疏导帮助员工培养健康的思维模式，增强对工作的归属感和责任感，从而摒弃杂念和诱惑，全身心地参与到工作中。

第二，主观规范方面。员工感知到重要他人对于网络偏离行为的评价直接影响他们的网络偏离行为意向，这是一种员工自身主观层面对客观环境的细微变化的感知，群体规范对于个体的行为会产生潜在的压力和趋同作用，主要表现在同事和上级对于网络偏离行为的支持度。因此，良好的工作氛围对于避免网络偏离行为是非常重要的。从这个层面来说，组织文化建设作为一种不可或缺的“软管理”形式，可以以较低的成本降低员工网络偏离行为发生的概率。当一个组织中网络偏离行为普遍存在的时候，领导者应该注意到员工对于组织文化的信念和认知是否出现偏差，及时地把组织文化引导到正常的轨道。在组织的大家庭中，如果周围的同事和上级领导都在进行网络偏离行为，就会营造出消极怠工的工作氛围，个体会出于对同事之间和谐关系的追求，激发出网络偏离行为的意愿；如果个体感知到周围的同事和领导都在勤奋地工作，就会给自己施加压力，自觉地避免网络偏离行为。此外，组织中的领导者应该以身作则，为普通员工树立榜样，让员工感受到周围的工作氛围对于网络偏离行为的排斥和规避，最终减少和避免组织中网络偏离行为的产生。

第三，知觉行为控制方面。员工感知到的执行网络偏离行为的难易程度正向影响行为意向，因此，组织可以从以下几个方面减少员工进行网络偏离行为的机会和资源：①完善组织中网络使用制度和规范。强调组织中的网络资源属于公有财产，需要合理利用；明文规定在组织中不允许出现利用网络侵犯隐私、散布谣言、诽谤他人等违法行为；禁止自行下载软件及拷贝或滥用组织授权的软件；根据组织和具体岗位的工作要求规定何种程度的网络偏离行为是可以接受的。②使用网络行为管理软件对组织中的上网行为进行实时监控，对获取的数据进行审计和分析。网管人员根据具体的需要，拦截禁止员工访问的网络内容，控制上网时长。另外，利用监控软件控制网络偏离行为不能一概而论、完全禁止。一是要制度明朗化，在运行政策之前公开告知员工，让他们提前有一定的心理准备，实现相互信任，尽量减少劳资争端；二是将员工的上网记录纳入绩效考核，监控软件所抓取的网页、音频、视频、在线交易数据等都有详尽和完整的记录，对员工的上网流量、上网内容和上网时长等指标进行审核，由网络管理员将这些数据的总结报告提供给人力资源部门进行定期考评，根据网络偏离行为给企业造成的影响大小分为几个等级，可以采取思想教育、警告、经济处罚、行政处分等方式对员工进行处理。同时，要把握好绩效考核严厉程度，避免让员工产生不公平和不被组织信任的感觉。

第四，行为合理化方面。员工对网络偏离行为的合理化与行为意向正相关，企业需要尽可能地降低员工对网络偏离行为合理化的可能性，即在一定程度上减少员工进行网络偏离行为的机会和资源，避免让其成为员工对网络偏离行为合理化的理由。比如，进入4G时代后，数字化、移动化的互联网是大势所趋，尽管很多组织在上班期间关闭了一些网络资源，但是员工通过手机上网依然方便。

降低组织网络偏离行为的合理化程度，可以从以下几个方面着手：①增强工作的趣味性和员工对工作的成就感。企业可以通过岗位分析，对员工工作内容的深度、广度、创造性和完整性进行评估，制定清晰的个人目标和团队目标，避免工作任务量的不足和时间分配上的模糊性；对员工进行个人特质、能力和兴趣方面的专业测评，考虑到他们的专长和个性上的差异，让员工在自己适合和能胜任的岗位上工作，感受到工作带来的乐趣和成就感。②在信息化的今天，组织网络偏离行为不可能完全禁止，因此，组织可以在工作期间，开放与工作相关的网络，即设置岗位权限，如技术开发人员允许访问技术类网站，在线客服人员允许访问规定的聊天工具；在非工作期间，开放外部网络，来舒缓紧张的工作情绪，并制定相应的使用规范；针对手机上网行为，组织可以禁止公用 Wi-Fi 或在规定的时间内开启或关闭。③建立公平的收入分配制度。员工对自身利益最大化的追求是产生网络偏离行为的重要原因，特别是上班时间进行商务交易在组织中普遍存在。当组织提供的正当薪资待遇低于行业内平均水平，甚至低于在线炒股、兼职行为所得到的劳动报酬时，就会增加员工网络偏离行为合理化的可能性，如果组织的薪资分配不平等、经营效益不佳、惩罚制度不公，就会加重员工将网络偏离行为进行合理化的程度。组织需要优化薪酬设计，开发出更有吸引力和竞争力的收入分配制度，体现多劳多得、形式多样、公平透明的奖惩条款，通过这些努力来完善员工薪酬激励分配体系，最终防范和缓解网络偏离行为。

此外，在不同类型的组织网络偏离行为中，各影响因素产生的作用大小有所差异，比如，对于产生社交行为和兴趣行为比较频繁的个体或组织，主观规范的作用大于行为合理化，因此，要更加注重工作氛围、企业文化的塑造，而对于利己行为，两者作用大小相反，所以管理的侧重点在于如何降低员工的行为合理化。

当今社会，传统的工作方式改变，工作与生活的界限逐渐模糊化，互联网作为重要的交流、信息传递工具与表达方式，组织网络偏离行为也日益成为组织管理者面临的重要管理问题。然而，它们经常被忽视或者得不到恰当的处理（如处理太迟、处理时感情用事、没有提出解决方案）。由于这类行为和员工士气、产出和潜在的法律问题有紧密的关联，所以管理者需要在充分识别员工工作场所网络偏离行为及其影响的基础上，诊断工作场所网络偏离行为产生的原因，依据管理原则有的放矢地管理组织中的工作场所网络偏离行为。

参考文献

[1] 陈传红. 网络虚拟世界的心理补偿作用 [J]. 时代经贸, 2012 (3): 26-27.

[2] 程红玲, 陈维政. 情绪调节对工作倦怠的影响作用分析 [J]. 心理科学进展, 2010, 18 (6): 971-979.

[3] 陈颖媛, 邹智敏, 潘俊豪. 资质过剩感影响组织公民行为的情绪路径 [J]. 心理学报, 2017, 49 (1): 72-82.

[4] 陈默, 梁建. 高绩效要求与亲组织不道德行为: 基于社会认知理论的视角 [J]. 心理学报, 2017, 49 (1): 94-105.

[5] 褚福磊, 王蕊, 高中华. 新员工资质过剩动态变化及作用机制: 组织社会化视角 [J]. 心理科学进展, 2018, 26 (12): 2101-2112.

[6] 戴春林, 季慧丽, 毛丽红. 网络怠工研究: 回顾与展望 [J]. 心理与行为研究, 2014, 12 (3): 418-422.

[7] 戴晓阳, 姚树桥, 蔡太生等. NEO 个性问卷修订本在中国的应用研究 [J]. 中国心理卫生杂志, 2004, 18 (3): 171-174.

[8] 邓绍敏, 周勇, 杨兰. 组织网络偏离行为意向的影响因素分析: 计划行为理论视角 [EB/OL]. 中国科技论文在线 [2018-01-23]. http: //www. paper. edu. cn/releasepaper/content/201801-141.

[9] 丁如一, 周晖, 林玛. 感激情绪的认知评估体系 [J]. 心理学报, 2014, 46 (10): 1463-1475.

[10] 韩碧. 网络怠工原因探究——基于个体视角 [D]. 对外经济贸易大学硕士学位论文, 2011.

[11] 韩宜中. 提高企业员工内部动机途径的研究 [J]. 中国劳动关系学院学报, 2010 (5): 65-69.

［12］赫亚会，周勇，王睿智，张美灵. 组织网络偏离行为研究：基于高新技术行业的组织因素的实证［EB/OL］. 中国科技论文在线［2017-01-11］. http：//www. paper. edu. cn/releasepaper/content/201701-138.

［13］胡青，孙宏伟. 情绪劳动与心理健康的关系：工作倦怠的中介作用［J］. 心理与行为研究，2016，14（5）：662-667.

［14］黄攸立，张洁. 员工建言行为对个体绩效的影响——基于资源保护视角及上下级关系的调节作用［J］. 北京航空航天大学学报（社会科学版），2017，30（3）：80-86.

［15］姜道奎，于梦晓，柏群. 人与组织匹配、信任倾向与工作绩效——一个有调节的中介模型［J］. 中国人力资源开发，2018，35（1）：37-47.

［16］姜荣萍，何亦名. 员工偏离行为理论解释及影响因素研究新进展［J］. 中国管理信息化，2013（8）：63-65.

［17］李波. 中国企业组织伦理气氛问卷编制及其结构的研究［D］. 山西大学硕士学位论文，2008.

［18］李超平，时勘. 分配公平与程序公平对工作倦怠的影响［J］. 心理学报，2003，35（5）：677-684.

［19］李锐，凌文辁，柳士顺. 传统价值观、上下属关系与员工沉默行为：一项本土文化情境下的实证探索［J］. 管理世界，2012（3）：127-140.

［20］［美］里奇·格里芬，格利高里·摩海德. 组织行为学：组织与人员的管理［M］. 刘伟译. 北京：中国市场出版社，2008.

［21］李原，郭德俊. 组织中的心理契约［J］. 心理科学进展，2002（10）：83-90.

［22］李育辉，王桢，黄灿炜等. 辱虐管理对员工心理痛苦和工作绩效的影响：一个被调节的中介模型［J］. 管理评论，2016，28（2）：127-137.

［23］李志成，王震，祝振兵. 基于情绪认知评价的员工绩效压力对亲组织非伦理行为的影响研究［J］. 管理学报，2018，15（3）：358-365.

［24］梁昊，李锡元，舒熳. 资质过剩对员工创新行为的影响——一个跨层的调节模型［J］. 软科学，2019，33（2）：122-125.

［25］梁建. 道德领导与员工建言：一个调节—中介模型的构建与检验［J］. 心理学报，2014（46）：252-264.

[26] 梁志. “网络怠工”老板还要忍多久？[N]. 中国经营报，2006-10-23（D3）.

[27] 缪佩君，谢姗姗，陈则. 幼儿教师心理弹性与职业倦怠的关系——大五人格的中介效应 [J]. 心理与行为研究，2018，16（4）：512-517.

[28] 林婧. 非工作上网危害分析与控制研究 [J]. 科技资讯，2011（25）：191.

[29] 刘冰，袁雨晴，张晓田. 中国企业团队伦理气氛类型研究 [J]. 山东大学学报（哲学社会科学版），2015（1）：91-100.

[30] 刘金培，朱磊，倪清. 组织氛围如何影响知识型员工敬业度：基于工作倦怠的中介效应研究 [J]. 心理与行为研究，2018，16（3）：394-401.

[31] 刘文彬，井润田，李贵卿等. 员工“大五”人格特质、组织伦理气氛与反生产行为：一项跨层次检验 [J]. 管理评论，2014，26（11）：141-151.

[32] 刘文彬，林志扬，汪亚明等. 员工反生产行为的组织控制策略——基于社会认知视角的实证研究 [J]. 中国软科学，2015（3）：158-171.

[33] 刘玉波. 企业伦理对组织公民行为的作用机制探讨 [J]. 商业时代，2012（8）：95-97.

[34] 刘泽银. 组织伦理氛围对员工建言行为影响的实证研究 [D]. 湖南大学硕士学位论文，2016.

[35] 鲁金玉. 员工电脑怠工行为对个人绩效影响的实证研究 [D]. 武汉科技大学硕士学位论文，2011.

[36] 卢纹岱. SPSS for Windows 统计分析 [M]. 北京：电子工业出版社，2002.

[37] 马特森. 组织行为与管理 [M]. 北京：机械工业出版社，2006.

[38] 马璐，杜明飞. 组织伦理氛围与员工反伦理行为关系的实证研究 [J]. 预测，2014，33（2）：38-43.

[39] 毛丽红. 网络怠工问卷编制及初步应用 [D]. 浙江师范大学硕士学位论文，2012.

[40] 彭移风，宋学锋. 非工作上网的行为及管理 [J]. 企业管理，2008，4（2）：78-79.

[41] 邱泽敏. 新生代员工工作绩效提升研究——基于人岗匹配和人组织

匹配［J］. 经营与管理，2018，411（9）：54-56.

［42］瞿皎姣，曹霞，崔勋. 基于资源保存理论的组织政治知觉对国有企业员工工作绩效的影响机理研究［J］. 管理学报，2014，11（6）：852-860.

［43］沈秋苹，王娟，张彩迪. 医护人员工作压力、心理弹性和工作满意度的关系［J］. 中国健康心理学杂志，2018，26（11）：1706-1710.

［44］宋良梁. 基于 Netfilter 框架的上网行为管理系统的研究与实现［D］. 中南大学硕士学位论文，2013.

［45］孙灯勇. 汉斯·艾森克心理学理论研究［D］. 华中师范大学硕士学位论文，2004.

［46］孙琳. 霍曼斯与布劳交换理论之比较分析［J］. 东南传播，2010（1）：89-90.

［47］田野，卢东，Samart. 游客的敬畏与忠诚：基于情绪评价理论的解释［J］. 旅游学刊，2015，30（10）：80-88.

［48］涂晓春，常亚平，张金隆. 员工非工作上网行为个人影响因素的实证研究［J］. 工业工程与管理，2010，15（5）：105-110.

［49］涂晓春，常亚平. 员工非工作上网行为研究：基于组织因素的实证［J］. 管理学报，2011（8）：1813-1817.

［50］涂晓春，李崇光. 员工非工作上网行为研究综述［J］. 华中农业大学学报（社会科学版），2013（5）：151-157.

［51］涂晓春，吴锦峰. 所有制类型对非工作上网行为影响因素的调节作用［J］. 当代经济，2015（34）：101-105.

［52］涂晓春，吴锦峰. 员工地位对非工作上网行为影响因素的调节作用［J］. 武汉纺织大学学报，2015（2）：13-19.

［53］涂晓春，吴锦峰. 不同类型非工作上网行为影响因素的比较研究［J］. 武汉纺织大学学报，2016，29（2）：12-18.

［54］王群，陈永进，程君等. 员工非工作上网行为的诱因分析［J］. 管理观察，2009（4）：159-160.

［55］王孟成，戴晓阳，姚树桥. 中国大五人格问卷的初步编制Ⅲ：简式版的制定及信效度检验［J］. 中国临床心理学，2011，19（4）：454-457.

［56］王琳. 员工不良行为的多理论综合实证研究［D］. 华东交通大学硕

士学位论文，2007.

［57］王桢，李旭培，罗正学. 情绪劳动工作人员心理授权与离职意向的关系：工作倦怠的中介作用［J］. 心理科学，2012，35（1）：186-190.

［58］吴明隆. 结构方程模型［M］. 重庆：重庆大学出版社，2010.

［59］徐淑英，贾良定. 管理与组织的情境化研究［A］. //组织与管理研究的实证方法［C］. 北京：北京大学出版社，2012.

［60］徐淑英，张志学. 管理问题与理论建立：开展中国本土管理研究的策略［J］. 重庆大学学报（社会科学版），2011（4）：1-7.

［61］亚当. 员工网络闲散及上网管理对策：基于拖延的视角［D］. 浙江大学硕士学位论文，2012.

［62］杨国枢. 华人社会取向的理论分析［A］. 华人本土心理学［C］. 重庆：重庆大学出版社，2008.

［63］晏芬. 组织网络偏离行为量表的开发与验证［D］. 武汉科技大学硕士学位论文，2016.

［64］袁凌，李建，贾玲玲. 基于资源保存理论的企业员工工作投入研究［J］. 东北师大学报（哲学社会科学版），2014（4）：95-101.

［65］严瑜，吴艺苑，郭永玉. 基于认知和情绪反应的工作场所无礼行为发展模型［J］. 心理科学进展，2014，22（1）：150-159.

［66］余璇，陈维政. 组织伦理气候对员工工作场所行为的影响研究——以工作疏离感为中介变量［J］. 大连理工大学学报（社会科学版），2015（4）：35-40.

［67］闫培林. 工作重塑对工作投入的影响：人—工作匹配与工作意义的作用［J］. 中国人力资源开发，2016，6（19）：6-13.

［68］杨月江，傅贵. 基于行为学的网络行为监控系统［J］. 计算机应用与软件，2008（25）.

［69］张建新，周明洁. 中国人人格结构探索——人格特质六因素假说［J］. 心理科学进展，2006，14（4）：574-585.

［70］周兴. 心理契约与企业员工工作满意度关系的研究［D］. 吉林大学硕士学位论文，2008.

［71］张燕，陈维政. 工作压力与员工工作场所偏离行为的关系探讨

[J]. 华东经济管理，2008，22（10）：90-94.

[72] 张燕，陈维政. 员工工作场所偏离行为的形成原因和控制策略 [J]. 经济管理，2008（6）：71-73.

[73] 张燕，陈维政. 基于多维度尺度法的工作场所偏离行为的分类结构研究 [J]. 软科学，2011，7（25）：131-134.

[74] 张燕，陈维政. 员工偏离行为管理：理论和实践 [M]. 北京：科学出版社，2013.

[75] 赵书. 心理控制源、组织嵌入和非工作上网行为的关系研究 [D]. 西南大学硕士学位论文，2013.

[76] 赵李晶，张正堂，宋锟泰. 同事不文明行为对员工时间侵占的影响——敌意归因偏差和心理弹性的调节作用 [J]. 商业研究，2018，35（7）：80-86.

[77] 周浩，龙立荣，王宇清. 整体公平感，情感承诺和员工偏离行为：基于多对象视角的分析 [J]. 管理评论，2016，28（11）：162-169.

[78] 周浩，龙立荣. 共同方法偏差的统计检验与控制方法 [J]. 心理科学进展，2004，12（6）：942-942.

[79] 周兴. 心理契约与企业员工工作满意度关系的研究 [D]. 吉林大学硕士学位论文，2008.

[80] 周勇，杨兰. 员工上网行为管理产品的模糊评价 [J]. 物流与工程管理，2013（3）：170-172.

[81] 周勇，王睿智. 人格特质与组织网络偏离行为的关系：一个跨层分析 [EB/OL]. 中国科技论文在线 [2018-01-17]. http：//www. paper. edu. cn/releasepaper/content/201801-100.

[82] 周勇，王睿智. 领导问责制研究的定性分析与评价 [J]. 中外领导科学，2017（1）：129-134.

[83] 朱颖俊，黄瑶佳. 组织伦理气氛与成员信息伦理行为关系的实证研究 [J]. 情报杂志，2011，30（3）：202-206.

[84] Agarwal J.，Malloy D. C. Ethical Work Climate Dimensions in a Not-for-Profit Organization：An Empirical Study [J]. Journal of Business Ethics，1999，20（1）：1-14.

[85] Ajzen I. From Intentions to Actions: A Theory of Planned Behavior [M]. Springer Berlin Heidelberg, 1985.

[86] Ajzen I. The Theory of Planned Behavior [J]. Organizational Behavior and Human Decision Processes, 1991 (50): 179-211.

[87] Akbulut Y., Dursun O., Donmez O. In Search of a Measure to Investigate Cyberloafing in Educational Settings [J]. Computers in Human Behavior, 2016, 55 (8): 616-625.

[88] Alireza Sheikh, Maryamsadat Sharifi Atashgah, Mahdi Adibzadegan. The Antecedents of Cyberloafing: A Case Study in an Iranian Copper Industry [J]. Computers in Human Behavior, 2015 (51): 172-179.

[89] Allport F. H., Allport G. W. Personality Traits: Their Classification and Measurement [J]. Journal of Abnormal Psychology & Social Psychology, 1921, 16 (1): 6-40.

[90] American Psychology Association. The Road to Resilience: What is Resilience? [EB/OL]. 2012-06-16/2012-08-18.

[91] Anandarajan M. Internet Abuse in the Workplace [J]. Communication of the ACM, 2002 (45): 53-54.

[92] Anandarajan M., Simmers C. A. Factors Influence Web Access Behavior in the Workplace: A Structural Equation Approach [A]. Internet Usage in the Workplace: A Social, Ethical and Legal Perspective [C]. Hershey: Idea Group Publishing, 2002: 44-46.

[93] Anandarajan M., Simmers C. A. Constructive and Destructive Personal Web Use in the Workplace: Mapping Employee Attitudes [A]. Personal Web Usage in the Workplace: A Guide to Effective Human Resource Management [C]. Hershey, PA: Information Science Publishing, 2004.

[94] Anandarajan M., Paravastu N., Simmers C. A. Perceptions of Personal Web Usage in the Workplace: A Q-methodology approach [J]. CyberPsychology & Behavior, 2006 (9): 325-335.

[95] Anandarajan M., Simmers C. A., D'Ovidio R. Exploring the Underlying Structure of Personal Web Usage in the Workplace [J]. Cyberpsychology Behavior &

Social Networking, 2011, 14 (10): 577-583.

[96] Andrew Ubaczewski, Leonard Jessup. Does Electronic Monitoring of Employee Internet Usage Work? [J]. Communications of the ACM, 2002, 45 (1): 80-83.

[97] Askew K., Buckner J. E., Taing M. U., et al. Explaining Cyberloafing: The Role of the Theory of Planned Behavior [J]. Computers in Human Behavior, 2014 (36): 510-519.

[98] Benjamín L., Seidman G., Mckenna K. Y. A. Employee Job Attitudes and Organizational Characteristics as Predictors of Cyberloafing [J]. Computers in Human Behavior, 2011, 27 (6): 2192-2199.

[99] Berrin E., Bauer T. N., Marã P. J. Overqualification Theory, Research, and Practice: Things That Matter [J]. Industrial and Organizational Psychology, 2011, 4 (2): 260-267.

[100] Berry C. M., Ones D. S., Sackett P. R. Interpersonal Deviance, Organizational Deviance, and Their Common Correlates: A Review and Meta-analysis [J]. Journal of Applied Psychology, 2007, 92 (2): 410-424.

[101] Beugre C. D. Exploring the Neural Basis of Fairness: A Model of Neuro-organizational Justice [J]. Organizational Behavior and Human Decision Processes, 2009, 11 (2): 129-139.

[102] Blanchard A. L., Henle C. A. Correlates of Different Forms of Cyberloafing: The Role of Norms and External Locus of Control [J]. Computers in Human Behavior, 2008, 24 (3): 1067-1084.

[103] Blau G., Yang Y., Ward-Cook K. Testing a Measure of Cyberloafmg [J]. Journal of Allied Health, 2006, 35 (1): 9-17.

[104] Bolino M. C., Feldman D. C. The Antecedents and Consequences of Underemployment among Expatriates [J]. Journal of Organizational Behavior, 2000, 21 (8): 889-911.

[105] Brittany M., Casey G., Stephan D. A Meta-analytic Investigation of Cyberloafing [J]. Career Development International, 2017, 22 (5): 87-92.

[106] Byun S., Celestino R., J. E. Mills, C. D. Ajecia et al. Internet Addic-

tion: Metasynthesis of Quantitative Research 1996-2006 [J]. CyberPsychology & Behavior, 2009 (12): 203-207.

[107] Case C. J., Young K. S. Internet Abuse in the Workplace: New Trends in Risk Management [J]. CyberPsychology & Behavior, 2004, 7 (1): 105-111.

[108] Cattell R. B., Cattell H. E. P. Personality Structure and the New Fifth Edition of the 16PF [J]. Educational & Psychological Measurement, 1995, 55 (6): 926-937.

[109] Chen J. C., Chen C. C., Yang H. H. An Empirical Evaluation of Key Factors Contributing to Internet Abuse in the Workplace [J]. Industrial Management and Data Systems, 2008, 108 (1): 87-106.

[110] Chen Z. X., S. Aryee. Delegation and Employee Work Outcomes: The Cultural Context of Mediating Processes [J]. Academy of Management Journal, 2007 (50): 226-238.

[111] Chiu J., Yang C. F. Chinese Subjects' Dilimmas: Humility and Congnitive Laziness as Problems in Using Rating Scale [J]. Bulletion of the Hong Kong Psychological Society, 1987 (18): 39-50.

[112] Chong V. K., Monroe G. S., Cahan S. The Impact of the Antecedents and Consequences of Job Burnout on Junior Accountants' Turnover Intentions: A Structural Equation Modelling Approach [J]. Accounting and Finance, 2015, 55 (1): 1- 28.

[113] Chou C. H., Atish P. Sinha, Zhao H. M. A Text Mining Approach to Internet Abuse Detection [J]. Inf Syst E-Bus Manage, 2008 (6): 419-439.

[114] Christine A. H., Anita L. B. The Interaction of Work and Organizational Sanctions on Cyberloafing [J]. Journal of Managerial Issues, 2008 (6): 383-386.

[115] Claire A. Simmers, Murugan Anandarajan, Rob D'Ovidio. Investigation of the Underlying Structure of Personal Web Usage in the Workplace [J]. Academy of Management, 2008 (1): 1-6.

[116] Colbert A. E., M. K. Mount, J. K. Harter, L. A. Witt, M. R. Barrick. Interactive Effects of Personality and Perceptions of the Work Situation on Workplace

Deviance [J]. Journal of Applied Psychology, 2004 (89): 599-609.

[117] Connor K. M., Davidson J. R. Development of a New Resilience Scale: The Connor Davidson Resilience Scale [J]. Depression and Anxiety, 2013, 18 (2): 76-82.

[118] Cullen J. B., Parboteeah K. P., Victor B. The Effects of Ethical Climates on Organizational Commitment: A Two-study Analysis [J]. Journal of Business Ethics, 2003, 46 (2): 127-141.

[119] Das T. K., Teng B. S. The Dynamics of Alliance Conditions in the Alliance Development Process [J]. Journal of Management Studies, 2002, 39 (5): 725-746.

[120] Davis R. A., Flett G. L., Besser A. Validation of a New Scale for Measuring Problematic Internet Use: Implications for Pre-employment Screening [J]. CyberPsychology & Behavior, 2002, 5 (4): 331-345.

[121] De Lara Z. M., Tacoronle V. Do Current Anti-cyberloafing Disciplinary Practices Have a Replica in Research Findings? A Study of the Effects of Coercive Strategies on Workplace Internet Misuse [J]. Iraernet Research, 2006, 16 (4): 450-467.

[122] Deci E., Ryan R. Intrinsic Motivation and Self-determination in Human Behaviour [M]. Plenum, New York, 1985.

[123] Deconinck J. B. The Effects of Ethical Climate on Organizational Identification, Supervisory Trust, and Turnover among Salespeople [J]. Journal of Business Research, 2011, 64 (6): 617-624.

[124] Doane L. S. Schumm J. A. Hobfoll S. E. The Positive, Sustaining, and Protective Power of Resources: Insights from Conservation of Resources Theory [M]. Springer New York: Handbook of Social Resource Theory, 2012: 301-310.

[125] Dongil K., Jee Eun K. N., Jung Su O., Min C. K. A Latent Profile Analysis of the Interplay between PC and Smartphone in Problematic Internet Use [J]. Computers in Human Behavior, 2016 (56): 360-368.

[126] Dworkin A. G., Saha L. J., Hill A. N. Teacher Burnout and Perceptions of a Democratic School Environment [J]. International Education Journal, 2003, 2

(4): 99-113.

[127] Eastin M. S., Glynn C. J., Griffiths. Psychology of Communication Technology Use in the Workplace [J]. CyberPsychology & Behavior, 2007 (10): 436-443.

[128] Enzmann D., Schaufeli W. B., Janssen P. Dimensionality and Validity of the Burnout Measure [J]. Journal of Occupational and Organizational Psychology, 2011, 71 (4): 331-351.

[129] Erdogan B., Bauer T. N. Overqualified Employees: Making the Best of a Potentially Bad Situation for Individuals and Organizations [J]. Industrial and Organizational Psychology, 2011, 4 (2): 215-232.

[130] Everton W. J., Mastrangelo P. M., Jolton J. A. Personality Correlates of Employees' Personal Use of Work Computers [J]. CyberPsychology & Behavior, 2005, 8 (2): 143-153.

[131] Falkenberg L., Herremans I. Ethical Behaviours in Organizations: Directed by the Formal or Informal Systems? [J]. Journal of Business Ethics, 1995, 14 (2): 133-143.

[132] Farh J. L., P. C. Earley, S. C. Lin. Impetus for Action: A Cultural Analysis of Justice and Organizational Citizenship Behavior in Chinese Society [J]. Administrative Science Quarterly, 1997 (42): 421-444.

[133] Fine S. Overqualification and Selection in Leadership Training [J]. Journal of Leadership and Organizational Studies, 2007, 14 (1): 61-68.

[134] Fine S. Too Smart for Their Own Good? A Study of Perceived Cognitive Overqualification in the Workforce [J]. International Journal of Human Resource Management, 2008, 19 (2): 346-355.

[135] Fine S., Edward M. Breaking the Rules, Not the Law: The Potential Risks of Counterproductive Work Behaviors among Overqualified Employees [J]. International Journal of Selection and Assessment, 2017, 25 (1): 401-405.

[136] Friedman W. H. Is the Answer to Internet Addiction, Internet Interdiction? [A]. Proceedings of the 2000 American Conference on Information Systems, California. AMCIS Long Beach, 2000: 1562-1564.

[137] Fishbein M., Ajzen I. Belief, Attitude, Intention and Behavior: An Introduction to Theory and Research [M]. New York: John Wiley & Sons, 1975.

[138] Galletta D. F., Polak P. An Empirical Investigation of Antecedents of Internet Abuse in the Workplace [A]. Proceedings of the Second Annual Workshop on HCI Research in MIS, Seattle, 2003: 47-51.

[139] Garrett R. K., Danziger J. N. Disaffection or Expected Outcomes: Understanding Personal Internet Use During Work [J]. Journal of Computer-Mediated Communication, 2008 (13): 937-958.

[140] Garrett R. K., Danziger J. N. On Cyberslacking: Workplace Status and Personal Internet Use at Work [J]. CyberPsychology & Behavior, 2008, 11 (3): 287-292.

[141] Garmezy N. Stress-resistant Children: The Search for Protective Factors [J]. Book Supplement to the Journal of Child Psychology & Psychiatry, 1985 (4): 213-233.

[142] Gooding P. A., Hurst A., Johnson J. Psychological Resilience in Young and Older Adults [J]. International Journal of Geriatric Psychiatry, 2012, 27 (3): 262-270.

[143] Griffiths M. Does Internet and Computer "Addiction" Exist? Some Case Study Evidence [J]. CyberPsychology & Behavior, 2000, 3 (2): 211-218.

[144] Griffiths M. Internet Abuse in the Workplace: Issues and Concerns for Employers and Employment Counselors [J]. Journal of Employment Counseling, 2003, 40 (2): 87-96.

[145] Guo Y. F., Luo Y. H., Lam L. Burnout and Its Association with Resilience in Nurses: A Cross-sectional Study [J]. Journal of Clinical Nursing, 2018, 27 (2): 441-449.

[146] Guthrie R., Gray P. Junk Computing: Is It Bad for an Organization? [J]. Information Systems Management, 1996 (13): 23-28.

[147] Hobfoll S. E. Conservation of Resources [J]. American Psychologist, 1989, 44 (3): 513-524.

[148] Hobfoll S. E., Lilly R. S. Resource Conservation as a Strategy for Com-

munity Psychology [J]. Journal of Community Psychology, 1993, 21 (2): 128-148.

[149] Hobfoll S. E. The Influence of Culture, Community, and the Nested-self in the Stress Process: Advancing Conservation of Resources Theory [J]. Applied Psychology, 2001, 50 (3): 337-421.

[150] Hobfoll S. E., Schröder K. E. Distinguishing between Passive and Active Prosocial Coping: Bridging Inner-city Women's Mental Health and AIDS Risk Behavior [J]. Journal of Social and Personal Relationships, 2001, 18 (2): 201-217.

[151] Hogan J., Hogan R., Gregory S. Validation of a Sales Representative Selection Inventory [J]. Journal of Business & Psychology, 1992, 7 (2): 161-171.

[152] Hosseini M. H., Daraei M. R., MostafaAbdol-Alivandi F. An Experimental Study of Influential Elements on Cyberloafing from General Deterrence Theory Perspective Case Study: Tehran Subway Organization [J]. International Business Research, 2015 (8): 91-98.

[153] Hsieh H. H., Wang Y. D. Linking Perceived Ethical Climate to Organizational Deviance: The Cognitive, Affective, and Attitudinal Mechanisms [J]. Journal of Business Research, 2016, 69 (9): 3600-3608.

[154] Huma Z. E., Hussain S., Thurasamy R., Malik M. I. Determinants of Cyberloafing: A Comparative Study of a Public and Private Sector Organization [J]. Internet Research, 2017, 27 (1): 97-117.

[155] Humphries A., Woods M. A Study of Nurses' Ethical Climate Perceptions: Compromising in an Uncompromising Environment [J]. Nursing Ethics, 2016, 23 (3): 265-276.

[156] Jandaghi G., Alvani S. M., Matin H. Z., et al. Cyberloafing Management in Organizations [J]. Iranian Journal of Management Studies, 2015, 8 (3): 335.

[157] Jeremy G., Marilyn P., Benjamin B. M. Shao. To Monitor or not to Monitor: Effectiveness of a Cyberloafing Countermeasure [J]. Information & Man-

agement, 2015 (52): 170-182.

[158] Jesssica V., Julia C., Robert LaRose. Personal Internet Use at Work: Understanding Cyberslacking [J]. Computers in Human Behavior, 2011 (27): 1751-1759.

[159] Jia H., Jia R., Karau S. Cyberloafing and Personality: The Impact of the Big Five Traits and Workplace Situational Factors [J]. Journal of Leadership & Organizational Studies, 2013, 20 (3): 358-365.

[160] Kathleen T., Janyec D. Resilience: A Historical Review of the Construct [J]. Holistic Nursing Practice, 2004, 18 (1): 3-10.

[161] Ke Michael Mai, Aleksander P. J. Ellis, David T. Welsh. The Gray Side of Creativity: Exploring the Role of Activation in the Link Between Creative Personality and Unethical Behavior [J]. Journal of Experimental Social Psychology, 2015, 60 (9): 76-85.

[162] Kevin A., John E. B., Meng U. T., Alex I., Jeremy A. B., Michael D. C. Explaining Cyberloafing: The Role of the Theory of Planned Behavior [J]. Computers in Human Behavior, 2014 (36): 510-519.

[163] Khan L. J., Morrow P. C. Objective and Subjective Underemployment Relationships to Job Satisfaction [J]. Journal of Business Research, 1991, 22 (3): 211-218.

[164] Kim S. J., Byrne S. Conceptualizing Personal Web Usage in Work Contexts: A Preliminary Framework [J]. Computers in Human Behavior, 2011, 27 (6): 2271-2283.

[165] Kim S. J. What Increases Public Employees' Turnover Intention? [J]. Public Personnel Management, 2015, 44 (4): 496 -519.

[166] Kim K., María D. C. T., Chung K., et al. When Do Employees Cyberloaf? An Interactionist Perspective Examining Personality, Justice, and Empowerment [J]. Human Resource Management, 2016, 55 (6): 1041-1058.

[167] Koay K. Y., Patrick C. H. Should Cyberloafing be Allowed in the Workplace? [J]. Human Resource Management International Digest, 2018, 26 (7): 45-57.

[168] König C. J., Caner D. L., Guardia M. E. Exploring the Positive Side of Personal Internet Use at Work: Does It Help in Managing the Border between Work and Nonwork [J]. Computers in Human Behavior, 2014, 30 (1): 355-360.

[169] Krishnan S., Lim V. K. G., Teo T. S. H. How does Personality Matter? Investigating the Impact of Big-Five Personality Traits on Cyberloafing [C]. International Conference on Information Systems, ICIS 2010, Saint Louis, Missouri, Usa, December. DBLP, 2010: 6.

[170] Kristof-Brown A. L., Zimmerman R. D., Johnson E. C. Consequences of Individuals' Fit at Work: A Meta-analysis of Person-job, Person-organization, Person-group, and Person-supervisor Fit [J]. Personnel Psychology, 2005, 58 (2): 281-342.

[171] LaRose R. The Problem of Media Habits [J]. Communication Theory, 2010 (20): 194-222.

[172] Lee O., Lin. K. H., Wong W. M. Why Employees do Non-work-related Computing: An Exploratory Investigation through Multiple Theoretical Perspective [C]. Proceedings of the 38th Hawaii International Conference on System Sciences, 2005: 185-195.

[173] Lee S., Kim B. G. Factors Affecting the Usage of Intranet: A Confirmatory Study [J]. Computers in Human Behavior, 2009, 25 (1): 191-201.

[174] Leonard R. Games at Work: The Recreational Use of Computer Games during Working Hours [J]. CyberPsychology & Behavior, 2009 (12): 461-465.

[175] Liao Q., Luo X., Gurung A., et al. Workplace Management and Employee Misuse: Does Punishment Matter? [J]. Journal of Computer Information Systems, 2010, 50 (2): 49-57.

[176] Liberman B., Gwendolyn S., Katelyn Y. A., McKenna L. E. Employee Job Attitudes and Organizational Characteristics as Predictors of Cyberloafing [J]. Computers in Human Behavior, 2011 (27): 2192-2199.

[177] Lim V. K. G. The IT Way of Loafing on the Job: Cyberloafing, Neutralizing and Organizational Justice [J]. Journal of Organizational Behavior, 2002 (23): 675-694.

[178] Lim V. K. G., Teo S. H. Prevalence, Perceived Seriousness, Justification and Regulation of Cyberloafing in Singapore: An Exploratory Study [J]. Information & Management, 2005 (42): 1081-1103.

[179] Lim V. K. G., Chen D. J. Q. Cyberloafing at the Workplace: Gain or Drain on Work? [J]. Behaviour and Information Technology, 2012, 31 (4): 343-353.

[180] Liu S., Wang M. Perceived Overqualification: A Review and Recommendations for Research and Practice [J]. Research in Occupational Stress and Well Being, 2012, 10 (1): 1-42.

[181] Liu S., Luksyte A., Zhou L. Overqualification and Counterproductive Work Behaviors: Examining a Moderated Mediation Model [J]. Journal of Organizational Behavior, 2015, 36 (2): 250-271.

[182] Lobene E. V., Meade A. W. The Effects of Career Calling and Perceived Overqualification on Work Outcomes for Primary and Secondary School Teachers [J]. Journal of Career Development, 2013, 40 (6): 508-530.

[183] Luksyte A., Spitzmueller C., Maynard D. C. Why do Overqualified Incumbents Deviate? Examining Multiple Mediators [J]. Journal of Occupational Health Psychology, 2011, 16 (3): 279-296.

[184] Lu A. C. C., Gursoy D. Impact of Job Burnout on Satisfaction and Turnover Intention: Do Generational Differences Matter? [J]. Journal of Hospitality and Tourism Research, 2016, 40 (2): 210-235.

[185] Mahatanankoon P., Anandarajan M., Igbaria M. Development of a Measure of Personal Web Usage in the Workplace [J]. CyberPsychology & Behavior, 2004, 7 (1): 93-104.

[186] Mahatanankoon P. Predicting Cyber-production Deviance in the Workplace [J]. International Journal of Internet and Enterprise Management, 2006 (4): 314-330.

[187] Martin K. D. Cullen J. B. Continuities and Extensions of Ethical Climate Theory: A Meta-analytic Review [J]. Journal of Business Ethics, 2006, 69 (2): 175-194.

[188] Mathieu J. E., Schulze W. The Influence of Team Knowledge and Formal Plans on Episodic Team Process-performance Relationships [J]. Academy of Management Journal, 2006, 49 (3): 605-619.

[189] Mastrangelo P. M., Everto W., Jolton J. A. Personal Use of Work Computers: Distraction versus Destruction [J]. CyberPsychology & Behavior, 2006 (9): 730-741.

[190] Maslach C., Leiter M. P. Early Predictors of Job Burnout and Engagement [J]. Journal of Applied Psychology, 2008, 93 (3): 498-512.

[191] Masten A. S. Resilience in Developing Systems: Regress and Romise as the Fourth Wave Rises [J]. Development and Psychopathology, 2007, 4 (19): 921-930.

[192] Mastrangelo P. M., Everton W., Jolton J. A. Personal Use of Work Computers: Distraction versus Destruction [J]. CyberPsychology & Behavior, 2006 (9): 730-741.

[193] Maynard D. C., Joseph T. A., Maynard A. M. Underemployment, Job Attitudes, and Turnover Intentions [J]. Journal of Organizational Behavior, 2010, 27 (4): 509-536.

[194] Maynard D. C., Parfyonova N. M. Perceived Overqualification and Withdrawal Behaviours: Examining the Roles of Job Attitudes and Work Values [J]. Journal of Occupational and Organizational Psychology, 2013, 86 (3): 435-455.

[195] McCrae R. R., Costa P. T. Toward a New Generation of Personality Theories: Theoretical Contexts for the Five-factor Model [A]. Wiggins JS (ed.): The Five-Factor Model of Personality: Theoretical Perspectives [C]. Guilford, New York, 1996.

[196] Mercado B. K., Giordano C., Dilchert S. A Meta-analytic Investigation of Cyberloafing [J]. Career Development International, 2017, 22 (5): 546-564.

[197] Moody G. D., Siponen M. Using the Theory of Interpersonal Behavior to Explain Non-work-related Personal Use of the Internet at Work [J]. Information & Management, 2013, 50 (6): 322-335.

[198] Mount M., Ilies R., Johnson E. Relationship of Personality Traits and Counterproductive Work Behaviors: The Mediating Effects of Job Satisfaction [J]. Personnel Psychology, 2006, 59 (3): 591-622.

[199] Oh I. S., Guay R. P., Kim K. Fit Happens Globally: A Meta-analytic Comparison of the Relationships of Person-environment Fit Dimensions with Work Attitudes and Performance across East Asia, Europe, and North America [J]. Personnel Psychology, 2014, 67 (1): 99-152.

[200] Oravec J. A. Constructive Approaches to Internet Recreation in the Workplace [J]. Communications of the ACM, 2002, 45 (1): 84-87.

[201] Ozler D. E., Polat G. Cyberloafing Phenomenon in Organizations: Determinants and Impacts [J]. International Journal of eBusiness and eGovernment Studies, 2012, 4 (2): 2146-2218.

[202] Pee L. G., Woon I. M. Y., Kankanhalli A. Explaining Non-work-related Computing in the Workplace: A Comparison of Alternative Models [J]. Information & Management, 2008 (45): 120-130.

[203] Podsakoff P. M., Mackenzie S. B., Podsakoff N. P., et al. The Mismeasure of Man (agement) and its Implications for Leadership Research [J]. The Leadership Quarterly, 2003, 14 (6): 615-656.

[204] Pozveh A. Z., Karimi F. The Relationship between Organizational Climate and the Organizational Silence of Administrative Staff in Education Department [J]. International Education Studies, 2016, 9 (6): 120-129.

[205] Prasad S., Lim V. G., Chen. J. Q. Self-regulation, Individual Characteristics and Cyberloafing [A]. PACIS Proceedings, 2010: 159.

[206] Liao Q. Y., Luo X., Gurung A., Li L. Workplace Management and Employee Misuse: Does Punishment Matter? [J]. Journal of Computer Information Systems, 2009 (Winter): 49-57.

[207] Rammstedt B., John O. P. Measuring Personality in One Minute or Less: A 10-item Short Version of the Big Five Inventory in English and German [J]. Journal of Research in Personality, 2007, 41 (1): 203-212.

[208] Restubog S. L. D., Patrick R. J. M., Garcia L. S. T., Rajiv K. A.

Yielding to (cyber) -temptation: Exploring the Buffering Role of Self-control in the Relationship between Organizational Justice and Cyberloafing Behavior in the Workplace [J]. Journal of Research in Personality, 2011 (45): 247-251.

[209] Richard A. D., Gordon L., Flett A. B. Validation of a New Scale for Measuring Problematic Internet Use: Implications for Pre-employment Screening [J]. CyberPsychology & Behavior, 2002 (5): 331-344.

[210] Rousseau D. Assessing Psychological Contracts: Issues, Alternatives and Measures [J]. Journal of Organizational Behavior, 1998 (19): 679-695.

[211] Sampat B, Basu P. A. Cyberloafing: The Digital Way of Loafing on the Job [J]. Journal of Organizational Behavior, 2017, 16 (1): 19-41.

[212] Shani P., Alexandra K., Paul E. S. Cyberloafing as a Coping Mechanism: Dealing with Workplace Boredom [J]. Computers in Human Behavior, 2018, 8 (6): 41-58.

[213] Shin J., Taylor M. S., Seo M. G. Resources for Change: The Relationships of Organizational Inducements and Psychological Resilience to Employees' Attitudes and Behaviors toward Organizational Change [J]. Academy of Management Journal, 2012, 55 (3): 727-748.

[214] Shirom A. Job-related Burnout: A Review [J]. Handbook of Occupational Health Psychology, 2003, 31 (7): 245-264.

[215] Silver M., Sabini J. Procrastinating [J]. Journal for the Theory of Social Behavior, 1981, 11 (2): 207-221.

[216] Simmers. Work-family Role Integration and Personal Well-being: The Moderating Effect of Attitude towards Personal Web Usage [J]. Computers in Human Behavior, 2015 (52): 159-167.

[217] Skaalvik E. M., Skaalvik S. Teacher Job Satisfaction and Motivation to Leave the Teaching Profession: Relations with School Context, Feeling of Belonging, and Emotional Exhaustion [J]. Teaching and Teacher Education, 2011, 27 (6): 1029-1038.

[218] Spector P. E., Bauer J. A., Fox S. Measurement Artifacts in the Assessment of Counterproductive Work Behavior and Organizational Citizenship Behav-

ior: Do We Know What We Think We Know? [J]. Journal of Applied Psychology, 2010, 95 (4): 781-801.

[219] Stanton J. M. Company Profile of the Frequent Internet User [J]. Communications of the ACM, 2002, 1 (45): 55-59.

[220] Swider B. W., Zimmerman R. D. Born to Burnout: A Meta-analytic Path Model of Personality, Job Burnout, and Work Outcomes [J]. Journal of Vocational Behavior, 2010, 76 (3): 487-506.

[221] Teo T. S. H., Lim V. K. G., Lai R. Y. C. Users and Uses of the Internet: The Case of Singapore [J]. International Journal of Information Management, 1997 (17): 325-336.

[222] Tett R. P., Burnett D. D. A Personality Trait-based Interactionist Model of Job Performance [J]. Journal of Applied Psychology, 2003 (88): 500-511.

[223] Tim B., Cheryl V. The Moderating Effect of Individuals' Percetions of Ethical Work Climate on Ethical Judgments and Behavior Intertions [J]. Journal of Business Ethics, 2000, 27 (4): 351-362.

[224] Triandis H. C. Attitude and Attitude Change [M]. New York: John Wiley & Sons, 1971.

[225] Triandis H. C., Chen X. P., Chan K. S. Scenarios for the Measurement of Collectivism and Individualism [J]. Journal of Cross-Cultural Psychology, 1998, 29 (2): 275-289.

[226] Trevino L. K. Ethical Decision Making in Organizations: A Person-situation Interactionist Model [J]. Academy of Management Review, 1986, 11 (3): 601-617.

[227] Ugrin J. C., Michael P. J. The Effects of Sanctions and Stigmas on Cyberloafing [J]. Computers in Human Behavior, 2013, 29 (3): 812-820.

[228] Vasilis S., Kyriaki A., Frosso M. Flow and Telepresence Contributing to Internet Abuse: Differences According to Gender and Age [J]. Computers in Human Behavior, 2013 (29): 1941-1948.

[229] Vitak J., Crouse J., Larose R. Personal Internet Use at Work: Under-

standing Cyberslacking [J]. Computers in Human Behavior, 2011, 27 (5): 1751-1759.

[230] Victor B., Cullen J. B. A Theory and Measure of Ethical Climate in Organizations [J]. Research in Corporate Social Performance and Policy, 1987, 9 (1): 51-71.

[231] Victor B., Cullen J. B. The Organizational Bases of Ethical Work Cimates [J]. Administrative Science Quarterly, 1988, 33 (1): 101-125.

[232] Walter Block. Cyberslacking, Business Ethics and Managerial Economics [J]. Journal of Business Ethics, 2001 (33): 225-231.

[233] Wang J. J., Tian J., Shen Z. The Effects and Moderators of Cyberloafing Controls: An Empirical Study of Chinese Public Servants [J]. Information Technology and Management. 2013, 14 (4): 269-282.

[234] Weatherbee, Terrance G. Counterproductive Use of Technology at Work: Information and Communications Technologies and Cyber Deviancy [J]. Human Resource Management Review, 2010 (20): 35-44.

[235] Whitmore A., Agarwal A., Xu L. D. The Internet of Things: A Survey of Topics and Trends [J]. Information Systems Frontiers, 2015, 17 (2): 261-274.

[236] Whitty M. T., Carr A. N. New Rules in the Workplace: Applying Object-relations Theory to Explain Problem Internet and Email Behaviour in the Workplace [J]. Computers in Human Behavior, 2006, 22 (2): 235-250.

[237] Williams L. J., Anderson S. E. Job Satisfaction and Organizational Commitment as Predictors of Organizational Citizenship and In-role Behaviors [J]. Journal of Management, 1991, 17 (3): 601-617.

[238] Wimbush J. C., Shepard J. M. Toward an Understanding of Ethical Climate: Its Relationship to Ethical Behavior and Supervisory Influence [J]. Journal of Business Ethics, 1994, 13 (8): 637-647.

[239] Wong W. M., Lee O., Lin. K. H. Managing Non-Work Related Computing within an Organization: The Effects of Two Disciplinary Approaches on Employees' Commitment to Change [A]. Proceedings of the 9th Pacific Asia Confer-

ence on Information Systems [C]. Bangkok, Thailand, 2005: 441-454.

[240] Yoav Vardi, Ely Weitz. Misbehavior in Organization [M]. Mahawah, NY: Lawrence Erlbaum, 2004.

[241] Young K. S. Internet Addiction: The Emergence of a New Clinical Disorder [J]. CyberPsychology & Behavior, 1996, 1 (3): 237-244.

[242] Young. K. S. Internet Addiction: A New Clinical Phenomenon and Its Consequences [J]. American Behavioral Scientist, 2004, 48 (4): 402-415.

[243] Young K. S. The Evaluation and Treatment of Internet Addiction [J]. Innovations in Clinical Practice, 1999, 17 (4): 19-31.

[244] Yuen N. C., Lavin M. J. Internet Dependence in the Collegiate Population: The Role of Shyness [J]. CyberPsychology & Behavior, 2004, 7 (4): 379-383

[245] Zhang H., Zhao H., Liu J., et al. The Dampening Effect of Employees' Future Orientation on Cyberloafing Behaviors: The Mediating Role of Self-control [J]. Frontiers in Psychology, 2015 (6).

[246] Zhang M. J., Law K. S., Lin B. You Think You are Big Fish in a Small Pond? Perceived Overqualification, Goal Orientations, and Proactivity at Work [J]. Journal of Organizational Behavior, 2016, 37 (1): 61-84.

[247] Zhou Y., Zhang M. L. Internet Abuse in the Workplace: Diagnosis, Understanding and Managing [A]. BMEI2012 [C]. Piscataway, IEEE, 2012: 54-58.

附 录

附录 1：

员工网络行为开放式问卷—网络行为调查问卷

尊敬的女士/先生：

您好！本调查的目的在于了解组织中员工网络行为表现，为组织科学管理提供基本依据。请您根据自己的实际情况填写问卷内容。本调查纯属学术研究，匿名填写，绝对保密。由于问卷的每一选答对我们的研究都是十分宝贵的资料，关系到分析结论的正确与否，因此，特别请您每题都答；您对本问卷的措辞有任何不理解，或有任何改进意见，可写在问卷的任何位置。谢谢您的支持配合！

武汉科技大学员工网络行为研究课题组

第一部分：请在符合自己实际情况的相应选项打“√”。

<table>
<tr><td>性别</td><td>①男 ②女</td><td>政治面貌</td><td>①中共党员 ②团员 ③群众 ④其他</td></tr>
<tr><td colspan="2">年龄（周岁）</td><td colspan="2">①30 岁以下 ②31~40 岁 ③41~50 岁 ④51 岁及以上</td></tr>
<tr><td colspan="2">工龄（周年）</td><td colspan="2">①2 年以下 ②3~5 年 ③6~10 年 ④11~15 年 ⑤16~20 年 ⑥21 年以上</td></tr>
<tr><td colspan="2">现工作单位所属行业</td><td colspan="2">①远程通信/高科技 ②房地产/建筑 ③能源/公用事业 ④制造业 ⑤食品/餐饮 ⑥娱乐/多媒体 ⑦金融/保险 ⑧咨询/服务 ⑨零售 ⑩交通运输/配送 ⑪医药 ⑫事业单位（学校/非营利性组织） ⑬政府机关 ⑭其他</td></tr>
</table>

<table>
<tr><td colspan="2">现工作单位性质</td><td>①国有企业 ②合资企业 ③独资企业
④民营企业 ⑤事业单位 ⑥政府机关</td></tr>
<tr><td colspan="2">现工作岗位</td><td>①高层管理者 ②中层管理者 ③基层管理者 ④一般职员 ⑤其他</td></tr>
<tr><td rowspan="2">教育情况</td><td>最高学历</td><td>①大专以下 ②大专 ③本科 ④研究生及以上教育</td></tr>
<tr><td>所学专业</td><td>①经济学/管理学类 ②文学/哲学/教育学/历史学/法学类 ③理学
④工学 ⑤农学 ⑥医学 ⑦其他</td></tr>
</table>

第二部分：员工网络行为中有一类行为被概括为“组织网络偏离行为”，它是指员工在工作时间、工作地点，利用组织的互联网资源或者移动数据流量进行的与工作无关的各种在线活动的行为。请根据您的理解与观察对下列问题进行回答。

第一，根据上述描述，请您谈谈对“组织网络偏离行为”定义的理解。

第二，请尽可能列举您所在的组织中存在的此类具体行为。

第三，您所在的组织对上述行为是否有相应的管理措施？效果如何？请予以说明。

附录 2：

探索性因子分析和验证性因子分析问卷—网络行为调查问卷

尊敬的女士/先生：

您好！非常感谢您参与本调查。本调查的目的在于了解组织中员工网络行为表现，为组织科学管理提供基本依据。由于问卷的每一选答对我们的研究都是十分宝贵的资料，关系到分析结论的正确与否，所以请您根据自己的实际情况匿名填写问卷。再次谢谢您的支持！

武汉科技大学 OIDB 课题组

第一部分：以下是您的个人与单位基本信息，请根据实际情况填写，在相应选项上打“√”。

性别	①男　②女
最高学历	①大专以下　②大专　③本科　④研究生
年龄（周岁）	①30 岁以下　②31~40 岁　③41~50 岁　④51 岁及以上
现工作岗位	①高层管理者　②中层管理者　③基层管理者　④一般员工
工龄（周年）	①2 年以下　②3~5 年　③6~10 年　④11~15 年　⑤16~21 年　⑥21 年以上
现工作单位性质	①国有企业、国有控股企业　②外资企业　③合资企业 ④事业单位（医院、学校等）　⑤民营企业　⑥国家行政机关、政府

第二部分：请根据实际情况回答下列问题，并且在相应的数字上打“√”。(1 表示从不；2 表示偶尔；3 表示时常；4 表示经常；5 表示总是)

序号	题项内容	您的实际情况是				
T1	上班期间登录 QQ、MSN、飞信等进行私人聊天	1	2	3	4	5
T2	上班期间刷微信	1	2	3	4	5
T3	上班期间使用微博、博客	1	2	3	4	5
T4	上班期间接收或发送私人电子邮件	1	2	3	4	5
T5	上班期间发布私人消息、图片、文档、小道消息等	1	2	3	4	5
T6	上班期间炒股、看基金、买彩票	1	2	3	4	5
T7	上班期间团购、网购（如淘宝、京东、当当等）	1	2	3	4	5
T8	上班期间做兼职、赚外快	1	2	3	4	5
T9	上班期间收集或下载与工作无关的文档资料	1	2	3	4	5
T10	上班期间下载音乐、电影、视频、图片	1	2	3	4	5
T11	上班期间浏览网页（看新闻、QQ 空间、八卦等）	1	2	3	4	5
T12	上班期间看电视剧、电影、视频	1	2	3	4	5
T13	上班期间玩游戏（如 QQ 斗地主、棋牌游戏等）	1	2	3	4	5
T14	上班期间听音乐、看电子书、网络小说	1	2	3	4	5
T15	上班期间逛论坛、BBS、发帖	1	2	3	4	5
T16	上班期间上网预订私人旅游	1	2	3	4	5

第三部分：请根据实际情况回答下列问题，并且在相应的数字上打“√”。(1 表示从不；2 表示偶尔；3 表示时常；4 表示经常；5 表示总是)

序号	题项内容	您的实际情况是				
T17	在上班时未经允许的迟到或早退	1	2	3	4	5
T18	工作时心不在焉	1	2	3	4	5
T19	上班时间做自己的私事（发私人 E-mail、炒股等）	1	2	3	4	5
T20	传播公司或主管的流言	1	2	3	4	5
T21	更改数据、虚报假账	1	2	3	4	5
T22	工作不尽力	1	2	3	4	5
T23	上班懒散（如打瞌睡、吃东西、打私人电话等）	1	2	3	4	5
T24	故意把工作场所弄脏或弄乱	1	2	3	4	5

附录 3：

量表初步应用所用问卷—网络行为调查问卷

尊敬的女士/先生：

您好！非常感谢您参与本调查。本调查的目的在于了解组织中员工网络行为表现，为组织科学管理提供基本依据。由于问卷的每一选答对我们的研究都是十分宝贵的资料，关系到分析结论的正确与否，所以请您根据自己的实际情况匿名填写问卷。再次谢谢您的支持！

武汉科技大学 OIDB 课题组

第一部分：以下是您的个人与单位基本信息，请根据实际情况填写，在相应选项上打“√”。

性别	①男　②女
最高学历	①大专以下　②大专　③本科　④研究生
年龄（周岁）	①30 岁以下　②31~40 岁　③41~50 岁　④51 岁及以上

续表

现工作岗位	①高层管理者 ②中层管理者 ③基层管理者 ④一般员工
工龄（周年）	①2年以下 ②3~5年 ③6~10年 ④11~15年 ⑤16~21年 ⑥21年以上
现工作 单位性质	①国有企业、国有控股企业 ②外资企业 ③合资企业 ④事业单位（医院、学校等） ⑤民营企业 ⑥国家行政机关、政府

第二部分：请根据实际情况回答下列问题，并且在相应的数字上打"√"。(1表示从不；2表示偶尔；3表示时常；4表示经常；5表示总是)

序号	题项内容	您的实际情况是				
T1	上班期间登录QQ、MSN、飞信等进行私人聊天	1	2	3	4	5
T2	上班期间刷微信	1	2	3	4	5
T4	上班期间接收或发送私人电子邮件	1	2	3	4	5
T5	上班期间发布私人消息、图片、文档、小道消息等	1	2	3	4	5
T6	上班期间炒股、看基金、买彩票	1	2	3	4	5
T7	上班期间团购、网购（如淘宝、京东、当当等）	1	2	3	4	5
T9	上班期间收集或下载与工作无关的文档资料	1	2	3	4	5
T11	上班期间浏览网页（看新闻、QQ空间、八卦等）	1	2	3	4	5
T13	上班期间玩游戏（如QQ斗地主、棋牌游戏等）	1	2	3	4	5
T14	上班期间听音乐、看电子书、网络小说	1	2	3	4	5
T15	上班期间逛论坛、BBS、发帖	1	2	3	4	5
T16	上班期间上网预订私人旅游	1	2	3	4	5

第三部分：请根据实际情况回答下列问题，并且在相应的数字上打"√"。(1表示完全不同意；2表示基本不同意；3表示基本同意；4表示同意；5表示完全同意)

序号	题项内容	您的实际情况是				
T25	我能完成必要的分内职责	1	2	3	4	5
T26	我能履行职务说明书中规定的职责	1	2	3	4	5
T27	我能完成公司期望我完成的任务	1	2	3	4	5
T28	我完成工作中义不容辞的任务	1	2	3	4	5

续表

序号	题项内容	您的实际情况是				
T29	我积极参加能直接影响到我的绩效评价的活动	1	2	3	4	5
T30	我在工作时故意忽略自己有义务执行的事情	1	2	3	4	5
T31	我在工作期间不履行基本职责	1	2	3	4	5

附录 4：

员工网络行为调查问卷

尊敬的女士/先生：

您好！首先请原谅我们打搅了您的工作和休息！

本调查的目的在于了解网络行为产生的原因，为探索如何使员工更好地发展提供基本依据，希望能够获得您的支持与协助。本问卷纯属学术研究，匿名填写，绝对保密。由于问卷的每一选答对我们的研究都是十分宝贵的资料，关系到分析结论的正确与否，因此，特别请您每题都答。谢谢您的支持与配合！

武汉科技大学 OIDB 课题组

第一部分：请在符合您情况的表格里打“√”。

1	性别	男		女			
2	年龄（周岁）	20 岁及以下	21~30 岁	31~40 岁	41~50 岁	50 岁及以上	
3	教育情况	高中、中专	大专	本科	硕士及以上		
4	工作岗位	普通员工	基层管理者	中层管理者	高层管理者		
5	您平时工作需要电脑辅助的程度	全部需在电脑上完成	大部分在电脑上完成	一半需在电脑上完成	很少需要电脑	完全不需要	
6	工作年限	3 年以下	3~5 年	6~10 年	11~15 年	15 年以上	
7	单位类型	国有企业	民营企业	政府机关	事业单位	非营利性组织（协会/慈善机构等）	其他

第二部分：网络行为是指员工在工作时间、工作地点，利用组织的互联网资源进行的与工作无关的各种在线活动的行为。此处规定工作时间不包括上班前、下班后、加班、休息时间。请在符合您的实际情况的数字上打“√”。

	上班时，您会有下列行为倾向吗？	从不	很少	有时	较多	总是
T1	使用QQ、MSN、飞信进行私人聊天	1	2	3	4	5
T2	刷微信	1	2	3	4	5
T3	接收或发送私人电子邮件	1	2	3	4	5
T4	发布私人消息、图片、文档、小道消息	1	2	3	4	5
T5	炒股、看基金、买彩票	1	2	3	4	5
T6	团购、网购（如淘宝、京东等）	1	2	3	4	5
T7	收集或下载与工作无关的文档资料	1	2	3	4	5
T8	浏览网页（看新闻、八卦等）	1	2	3	4	5
T9	玩游戏（如斗地主、棋牌等）	1	2	3	4	5
T10	听音乐、看电子书、网络小说	1	2	3	4	5
T11	逛论坛、BBS、发帖	1	2	3	4	5
T12	上网预定私人旅游	1	2	3	4	5

第三部分：请根据实际情况回答下列问题，并且在相应的数字上打“√”。

	您对网络行为的看法以及工作现状的描述	非常不同意	不同意	一般	同意	非常同意
T13	我认为这种行为是可以接受的	1	2	3	4	5
T14	我认为单位禁止这些行为是没有必要的	1	2	3	4	5
T15	我的上司认为这种行为是可以接受的	1	2	3	4	5
T16	我的同事认为这种行为是可以接受	1	2	3	4	5
T17	单位里，我的好友认为这种行为是可以接受的	1	2	3	4	5
T18	我在乎的重要他人认为这种行为是可以接受的	1	2	3	4	5
T19	工作需要用电脑完成，上网很方便	1	2	3	4	5

续表

	您对网络行为的看法以及工作现状的描述	非常不同意	不同意	一般	同意	非常同意
T20	智能手机功能丰富，手机办公也很容易	1	2	3	4	5
T21	单位制度里没有规定上班时间不能上网做与工作无关的事	1	2	3	4	5
T22	我总是能够在规定的时间内完成工作任务	1	2	3	4	5
T23	工作时可以在网上多学习一些感兴趣的业余爱好以及其他有用的知识	1	2	3	4	5
T24	当私人朋友找我帮忙上网做与工作无关的事时，即使在工作，我也不会拒绝	1	2	3	4	5
T25	我发现周围的同事经常上网做与工作无关的事	1	2	3	4	5
T26	为了获得报酬，我必须完成工作任务，但工作本身对我而言并无意义	1	2	3	4	5

问卷到此结束，再次感谢您的支持！

附录 5：

组织网络行为研究调查问卷（预调研）

尊敬的女士/先生：

您好！非常感谢您参与本调查。本调查的目的在于了解组织中员工网络行为的作用机制，为组织科学管理提供基本依据。本调查不是测验，答案没有对错之分。本研究结果的科学性与可靠性取决于您是否表达自己真实的想法。我们郑重承诺，本问卷仅作学术研究之用，您提供的任务信息绝对保密，不会对您个人和公司造成任何影响。请根据下列各部分的指标圈出适合您观点的对应数字，不要遗漏任何一道题。再次谢谢您的支持与合作！

武汉科技大学组织网络行为课题组

第一部分：基本信息

请根据您的实际情况，在相应的框内打“√”。

1. 您的性别：

○男　　○女

2. 您的年龄段：

○25岁以下　　○25~34岁　　○35~44岁

○45~54岁　　○55岁及以上

3. 您的受教育程度：

○高中及以下　　○专科/技校　　○本科　　○硕士及以上

4. 您在所在单位的职位：

○高层管理者　　○中层管理者　　○基层管理者　　○一般员工

5. 您在现单位的工作年限：

○1年以下　　○1~3年　　○3~5年　　○5~10年　　○10年以上

6. 您所在工作单位的性质：

○国有企业　○外资企业　○政府机关　○事业单位　○民营/私营企业

第二部分：问卷量表

（一）请根据您的实际情况，在相应的框内打“√”。其中1~6表示从完全不符合到完全符合。

条目	1	2	3	4	5	6
1. 我的工作所要求的学历低于我现在的学历						
2. 我所拥有的工作经验对于成功完成这些工作不是必需的						
3. 我的一些工作技能在目前工作岗位上用不上						
4. 比我学历低的人同样可以把这份工作做得很好						
5. 我以前接受的培训对这份工作没多大用处						
6. 我的很多知识在当前岗位上用不着						
7. 我的教育水平比我工作所要求的高						
8. 比我工作经验少的人同样可以把这份工作做得很好						
9. 我的能力高于工作要求的						

（二）请根据您的实际情况，在相应的框内打“√”。其中1~6表示完全不符合到完全符合。

条目	1	2	3	4	5	6
1. 工作让我感觉身心俱疲						
2. 下班的时候我感觉精疲力竭						
3. 早上起床不得不去面对一天的工作时，我感觉非常累						
4. 整天工作对我来说确实压力很大						
5. 工作让我有快要崩溃的感觉						
6. 自从开始干这份工作，我对工作越来越不感兴趣						
7. 我对工作不像以前那样热心了						
8. 我怀疑自己所做的工作的意义						
9. 我对自己所做的工作是否有贡献越来越不关心						
10. 我能有效地解决工作中出现的问题						
11. 我觉得我在为公司作有用的贡献						
12. 在我看来，我擅长于自己的工作						
13. 当完成工作上的一些事情时，我感到非常高兴						
14. 我完成了很多有价值的工作						
15. 我自信自己能有效地完成各项工作						

（三）请根据您的实际情况，在相应的框内打“√”。其中1~6表示完全不符合到完全符合。

条目	1	2	3	4	5	6
1. 最近我总能从幽默的角度看待事情						
2. 最近我能处理好压力						
3. 最近我知道从何处寻求帮助						
4. 最近我倾向于带头解决问题						
5. 最近我能承受做出艰难决定的压力						
6. 最近我能够处理好自己的不良情绪						
7. 最近我有很强的目标感						
8. 最近我觉得生活尽在掌握						

（四）请根据您的实际情况，在相应的框内打“√”。其中 1~6 表示完全不符合到完全符合。

条目	1	2	3	4	5	6
1. 上班期间使用 QQ、MSN、飞信等进行私人聊天						
2. 上班期间刷微信						
3. 上班期间接收或发送私人电子邮件						
4. 上班期间发布私人消息、图片、文档、小道消息						
5. 上班期间炒股、看基金、买彩票						
6. 上班期间团购、网购（如淘宝、京东等）						
7. 上班期间收集或下载与工作无关的文档资料						
8. 上班期间浏览网页（看新闻、八卦等）						
9. 上班期间玩游戏（如斗地主、棋牌等）						
10. 上班期间听音乐、看电子书、网络小说						
11. 上班期间逛论坛、BBS、发帖						
12. 上班期间上网预订私人旅游						

本次调查到此结束，

再次感谢您的支持与帮助，祝您工作顺利、生活愉快！

附录 6：

组织网络行为研究调查问卷（正式）

尊敬的女士/先生：

您好！非常感谢您参与本调查。本调查的目的在于了解组织中员工网络行为的作用机制，为组织科学管理提供基本依据。本调查不是测验，答案没有对错之分。本研究结果的科学性与可靠性取决于您是否表达自已真实的想法。我们郑重承诺，本问卷仅作学术研究之用，您提供的任务信息绝对保密，不会对您个人和公司造成任何影响。请根据下列各部分的指标圈出适合您观点的对应数字，不要遗漏任何一道题。再次谢谢您的支持与合作！

武汉科技大学组织网络行为课题组

第一部分：基本信息

请根据您的实际情况，在相应的框内打“√”。

1. 您的性别：

○男　　○ 女

2. 您的年龄段：

○25 岁以下　　○25~34 岁　　○35~44 岁

○45~54 岁　　○55 岁及以上

3. 您的受教育程度：

○高中及以下　　○专科/技校　　○本科　　○硕士及以上

4. 您在所在单位的职位：

○高层管理者　　○中层管理者　　○基层管理者　　○一般员工

5. 您在现单位的工作年限：

○1 年以下　　○1~3 年　　○3~5 年　　○5~10 年　　○10 年以上

6. 您所在工作单位的性质：

○国有企业　○外资企业　○政府机关　○事业单位　○民营/私营企业

第二部分：问卷量表

(一) 请根据您的实际情况，在相应的框内打“√”。其中 1~6 表示完全不符合到完全符合。

条目	1	2	3	4	5	6
1. 我的工作所要求的学历低于我现在的学历						
2. 我所拥有的工作经验对于成功完成这些工作不是必需的						
3. 我的一些工作技能在目前工作岗位上用不上						
4. 我以前接受的培训对这份工作没多大用处						
5. 我的很多知识在当前岗位上用不着						
6. 我的教育水平比我工作所要求的高						
7. 比我工作经验少的人同样可以把这份工作做得很好						
8. 我的能力高于工作要求的						

（二）请根据您的实际情况，在相应的框内打“√”。其中 1~6 表示完全不符合到完全符合。

条目	1	2	3	4	5	6
1. 工作让我感觉身心俱疲						
2. 下班的时候我感觉精疲力竭						
3. 早上起床不得不去面对一天的工作时，我感觉非常累						
4. 整天工作对我来说确实压力很大						
5. 工作让我有快要崩溃的感觉						
6. 自从开始干这份工作，我对工作越来越不感兴趣						
7. 我对工作不像以前那样热心了						
8. 我怀疑自己所做的工作的意义						
9. 我对自己所做的工作是否有贡献越来越不关心						
10. 我能有效地解决工作中出现的问题						
11. 我觉得我在为公司作有用的贡献						
12. 在我看来，我擅长于自己的工作						
13. 当完成工作上的一些事情时，我感到非常高兴						
14. 我完成了很多有价值的工作						
15. 我自信自己能有效地完成各项工作						

（三）请根据您的实际情况，在相应的框内打“√”。其中 1~6 表示完全不符合到完全符合。

条目	1	2	3	4	5	6
1. 最近我总能从幽默的角度看待事情						
2. 最近我能处理好压力						
3. 最近我知道从何处寻求帮助						
4. 最近我倾向于带头解决问题						
5. 最近我能承受做出艰难决定的压力						
6. 最近我能够处理好自己的不良情绪						

续表

条目	1	2	3	4	5	6
7. 最近我有很强的目标感						
8. 最近我觉得生活尽在掌握						

（四）请根据您的实际情况，在相应的框内打“√”。其中1~6表示完全不符合到完全符合。

条目	1	2	3	4	5	6
1. 上班期间使用QQ、MSN、飞信等进行私人聊天						
2. 上班期间刷微信						
3. 上班期间接收或发送私人电子邮件						
4. 上班期间发布私人消息、图片、文档、小道消息						
5. 上班期间炒股、看基金、买彩票						
6. 上班期间团购、网购（如淘宝、京东等）						
7. 上班期间收集或下载与工作无关的文档资料						
8. 上班期间浏览网页（看新闻、八卦等）						
9. 上班期间玩游戏（如斗地主、棋牌等）						
10. 上班期间听音乐、看电子书、网络小说						
11. 上班期间逛论坛、BBS、发帖						
12. 上班期间上网预定私人旅游						

本次调查到此结束，

再次感谢您的支持与帮助，祝您工作顺利、生活愉快！

附录7：

组织网络行为研究调查问卷

尊敬的女士/先生：

您好！非常感谢您参与本调查。本调查的目的在于了解组织中员工网络行为的作用机制，为组织科学管理提供基本依据。由于问卷的每一选答对我们的研究都是十分宝贵的资料，关系到分析结论的正确与否，所以请您根据自己的实际情况匿名填写问卷。再次谢谢您的支持！

武汉科技大学组织网络行为课题组

第一部分：以下是您的个人与单位基本信息，请根据实际情况填写，在相应选项上打“√”。

性别	①男　②女
受教育程度	①高中及以下　②专科/技校　③本科　④硕士及以上
年龄（周岁）	①25 岁以下　②25~34 岁　③35~44 岁　④45~54 岁　⑤55 岁及以上
职位层次	①高层管理者　②中层管理者　③基层管理者　④一般员工
工作年限	①1 年以下　②1~3 年　③3~5 年　④5~10 年　⑤10 年以上
工作单位性质	①国有企业　②外资企业　③政府机关　④事业单位　⑤民营/私营企业

第二部分：以下是关于大五人格的量表，请根据实际情况回答下列问题，并且在相应选项的方框内打“√”。

序号	题项内容	完全不符合	比较不符合	有点不符合	部分符合	比较符合	完全符合
T1	我常常感到担忧						
T2	我对未来的生活感到迷茫						
T3	面对压力，我有种快要崩溃的感觉						
T4	我常常不相信自己能够独立完成任务						
T5	事情不如意时我经常感到沮丧						
T6	我倾向于把人往好的方面想						
T7	如果被人误解，我会尽量宽恕和忘记						
T8	无论何时我不会损害别人的利益						
T9	我常为那些遭遇不幸的人感到难过						
T10	通常我会尽力考虑周全						

续表

序号	题项内容	完全不符合	比较不符合	有点不符合	部分符合	比较符合	完全符合
T11	我是一个倾尽全力做事的人						
T12	确定了目标，我会坚持努力实现它						
T13	我常常是仔细考虑以后再做决定						
T14	别人认为我是个慎重的人						

第三部分：以下是关于组织伦理氛围的量表，请根据你所在组织的实际情况回答下列问题，并且在相应选项的方框内打“√”。

序号	题项内容	完全不符合	比较不符合	有点不符合	部分符合	比较符合	完全符合
T15	组织中，员工彼此之间都互相关照						
T16	组织中，员工都把集体利益放在首位						
T17	组织中，员工普遍把同事的利益放在心上						
T18	组织非常关注所有员工的整体利益						
T19	组织中，遵守规章制度非常重要						
T20	组织中，员工普遍按规矩办事						
T21	组织希望每个员工都严格遵守规章制度						
T22	组织中，员工喜欢占小便宜						
T23	组织中，员工个人的道德和价值判断是不被重视的						
T24	组织中，员工只关注自身利益						

第四部分：以下是关于组织网络偏离行为的量表，请根据实际情况回答下列问题，并且在相应选项的方框内打“√”。

序号	题项内容	从不	很少	有时	较多	经常	总是
T25	上班期间使用 QQ、微信、MSN 等进行私人聊天						
T26	上班期间接收或发送私人电子邮件						

续表

序号	题项内容	从不	很少	有时	较多	经常	总是
T27	上班期间炒股、看基金、买彩票						
T28	上班期间进行团购、网购（如淘宝、京东、当当等）						
T29	上班期间收集或下载与工作无关的文档资料						
T30	上班期间浏览网页（看新闻、QQ 空间、八卦等）						
T31	上班期间玩游戏（如棋牌游戏等）						
T32	上班期间听音乐、看电子书、网络小说						
T33	上班期间逛论坛、BBS、发帖						

本次调查到此结束，

再次感谢您的支持与帮助，祝您工作顺利、生活愉快！